# 중국사와 국제정치

21세기 중국 역사공정의 국제정치적 함의

세계정치 38

# 중국사와 국제정치
## 21세기 중국 역사공정의 국제정치적 함의

발행인 서울대학교 국제문제연구소
주소 서울시 관악구 관악로 1(220동 504호)
전화 02-880-6311
팩스 02-872-4115
전자우편 ciscis@snu.ac.kr

2023년 7월 21일 초판 1쇄 찍음
2023년 7월 27일 초판 1쇄 펴냄

지은이 이왕휘, 이상만, 이동욱, 손성욱, 최진백, 차정미, 우성민
기획 서울대학교 국제문제연구소
책임편집 이왕휘

편집 김천희
디자인 김진운
마케팅 김현주
펴낸곳 (주)사회평론아카데미
펴낸이 권현준
등록번호 2013-000247(2013년 8월 23일)
전화 02-326-1545  팩스 02-326-1626
주소 서울시 마포구 월드컵북로6길 56
이메일 academy@sapyoung.com  홈페이지 www.sapyoung.com

ⓒ 이왕휘, 이상만, 이동욱, 손성욱, 최진백, 차정미, 우성민, 2023
ISBN 979-11-6707-113-2  94340

세계정치 38

# 중국사와 국제정치

## 21세기 중국 역사공정의 국제정치적 함의

서울대학교 국제문제연구소 편
이왕휘 책임편집

사회평론아카데미

* 이 저서는 2022년도 국제문제연구소 미래기초학문분야 기반조성 사업 및 국제문제연구소
출판지원금에 의해서 수행된 연구 결과물임.

# 21세기 중국사의 국제정치*

국제정치학계에서 중국의 부상 이후 중국적 세계질서에 대한 관심이 급증하였다. 국제정치학자들이 중국 대외정책에 내재된 '중국적 특색'을 파악하기 위해 중국사를 본격적으로 분석하고 있다(Callahan 2008; Perdue 2015; Wang 2017). 이런 배경에서 미국 학계에서는 국제정치학자와 역사학자가 중국의 대외관계사를 중심으로 다양한 대화를 진행하고 있다(Wills 2009a; Kang 2013; Park 2017a). 중국 학계에서도 중국적 또는 중국의 국제정치이론을 구성하기 위한 토대로서 중국사를 둘러싼 논쟁이 발생하였다(Qin 2007; Yan 2011).

중국사가 현대 중국의 국제관계에 영향을 미치는 방식은 다섯 가지로 분류될 수 있다. 첫째는 의제로서 역사이다. 신중국 성립 이후에도 과거에 해결되지 않은 영토 분쟁, 식민지 유산, 소수민족 통합 등은 역사적 과제로 남아 있다. 둘째는 이미지로 역사이

---

* 이번 특집호의 기고자 모두 2021년 국립외교원 외교안보연구소 외교사 연구센터와 중국연구센터가 공동으로 개최한 '중국의 국가정체성 역사학자와의 대화' 콜로키엄(총 6회) 및 동북아역사재단 '한국의 대외관계와 외교사' 동북아역사재단 전문가 간담회(총 2회)에 발표자 또는 토론자로 참여하였다(국립외교원 외교안보연구소 2022). 국제정치학과 역사학의 융합을 지원해주신 오영주 외교안보연구소 소장과 이영호 이사장께 감사드린다.

다. 중국 외교애서 불신과 편향이라는 단어는 부정적 이미지를 의미한다. 대체로 일본에 대해서는 적대적 이미지인 반면 미국에서 적대적인 동시에 우호적이라는 점에서 양면적이다. 셋째는 이슈로서 역사이다. 이는 중요한 과거사에 대한 해석의 차이에서 기인한다. 중국은 일본과는 중일전쟁 이후 군국주의, 한국과는 동북공정(특히 고구려사)에 대해서는 화해하기 어려운 입장을 고수하고 있다. 넷째는 담론으로서 역사이다. 이 문제는 국가 정체성과 세계관과 연계되어 있다. 중국이 세계의 중심이라는 조공체제, 치욕의 시대의 극복을 위한 평화적 부상, 안보에 대한 내재적 불안감 등이 대표적이다. 마지막으로 교훈으로서 역사이다. 역사적 비유를 통해 당면 문제의 해결책을 모색하려는 노력은 지속적으로 추구되어 왔다(Harding 2009).

어떤 방식을 통해 역사를 국제관계에 투영하든, 사실(史實)에 대한 해석은 다양하며 역사가 그대로 반복적이지 않기 때문에 역사의 유용성이 제한적이다. 실제로 중국사가 중국의 대외관계를 설명하는 데 얼마나 기여할 수 있을 것인가에 대한 합의는 없다. 한편에서는 투키디데스 함정이나 강대국의 비극에 대한 연구에서 중국은 세계사에 등장했던 대부분의 강대국과 동일하게 취급하고 있다. 이런 분석에서 중국적 특색은 핵심적인 요소로 간주되지 않는다. 다른 한편에서는 전통과 관행이 현재 대외관계에 중요한 영향을 미치고 있다는 주장도 있다. 이런 입장에서 위계적 질서를 상정하는 천하체계/조공질서가 중국의 공세외교―더 나아가서는 전랑(战狼)외교―의 역사적 원천이다. 이렇게 상반되는 해석과 평가에는 보편과 특수/전체와 부분이라는 철학적 문제가 내재되어 있다(신욱희 2021). 즉 전자는 강대국으로서 보편성, 후자는 중국의 특수성에 초점을 둔다(Hui 2012; Zhang 2012). 중국적 예외주의에 대한 논의는 이런 문제를 더욱 혼란스럽게 만들고 있다(Zhang 2013).

역사가 대외관계를 설명하는 데 유용하다고 인정하더라도, 어느 시대가 현재에 가장 유사한가라는 문제가 남아 있다. 중국은 5,000년 이상 지속된 문명권을 바탕으로 변화해 왔기 때문에, 통시적으로나 공시적으로 보편화하는 데 근본적인 한계가 있다(전인갑 2016). 중국사에 포함되는 역대 왕조의 영토―또는 강역―가 계속 변동해왔으며 주도하는 부족(또는 민족)도 달랐다. 따라서 어느 시점을 기준을 할 것인가라는 질문에 대한 완벽한 답은 사실상 존재하지 않는다고 할 수 있다.

역사가 권력에 의해 왜곡―대부분의 경우 남용 및 오용―되는 문제도 주의해야 한다. 신해혁명 이전에 국가의 주도로 편찬된 역사는 전 왕조의 실패에서 교훈을 얻고 현 왕조의 정통성을 확립하는 목적을 가지고 있었다. 개인들이 저술한 사서도 정치적 목표를 가지고 있었다. 신중국 출범 이후에도 역사의 정치적 활용은 반복되고 있다. 아편전쟁 이후 중국사를 치욕의 시대로 규정한 이유는 서구 제국주의를 극복하려는 의도를 내포하고 있다(Wang 2008).

마지막으로 중국의 역사적 경험이 동아시아 국제관계를 설명하는 데 가장 중요한 사례로 활용되고 있다는 점도 심각한 문제다. 동아시아 국제질서를 서구 베스트팔렌 국제질서와 비교하는 거의 대부분의 연구에서 동아시아는 중국을 의미한다(Kang 2003;

Hui 2004). 중국을 중심으로 주변국을 해석하는 중국중심적 시각은 역설적으로 중화주의 편향을 강화한다. 이 편향을 해소하기 위해서는 중국을 제외한 다른 동아시아 국가들 사이의 관계에 더 많이 주목해야 한다(Acharya and Buzan 2009; Womack 2009; Larsen 2013; Park 2017b; 최희재 2018).

'중국사와 국제정치: 21세기 중국 역사공정의 국제정치적 함의' 특집호는 중국 대외관계사 연구를 위한 국제정치학계와 역사학계의 협업이다. 그동안 역사학계가 국제정치학계보다 훨씬 더 많은 연구성과—대표적으로 동북아역사재단이 발간한 『중국 정사 외국전』, 『한국의 대외관계와 외교사』, 『구미학계의 중국사 인식과 한국사 서술 연구』—를 거두었기 때문에 이 특집호는 본격적인 의미의 공동작업이라기보다는 이를 위한 준비라고 할 수 있다(동북아역사재단 2011; 2019; 2021). 따라서 국제정치학계의 당면 과제는 역사학계가 그동안 이룩한 업적을 검토해서 그 국제정치적 함의를 도출하는 것이라고 할 수 있다. 역사학계도 국제정치학계와 공조를 통해 연구 결과가 국제정치적으로 어떻게 활용되고 있는가를 이해할 수 있을 것이다.

이런 문제의식에서 이번 특집호는 세 가지 목표를 설정하였다. 첫 번째는 중국사와 국제관계의 연계이다. 중국 대외관계사에 대한 최신 연구성과가 중국 대외정책을 이해하고 설명하는 데 어떻게 그리고 얼마나 기여할 수 있는가를 검토하였다. 두 번째는 중국적 세계질서의 해체이다. 국제정치학계에서 이 개념은 거의 무비판적으로 수용되고 있는 반면, 역사학계에서는 이 개념의 한계를 비판하고 여러 가지 대안을 모색해왔다. 마지막으로 중국사의 국제정치적 사용―거의 대부분의 경우 남용 또는 오용―이다. 천하체계의 위계성을 공세외교의 역사적 연원으로 비판하는 서구 학계나 통일적 다민족국가(統一的多民族國家)와 중화민족다원일체론(中華民族多元一論)을 정당화하기 위한 중국의 역사공정 모두 이 문제에서 자유롭지 않다.

# I 천하체계/조공책봉: 사실(史實)과 수사(修辭)

국제정치학계에서 대부분의 중국 대외관계사 연구는 중국적 세계질서를 중원을 장악한 제국(통일왕조)이 주변국을 포섭하는 천하질서/조공체제로 가정하고 있다(Harding 2009; Kang 2020). 이런 점에서 존 페어뱅크의 중국적 세계질서와 자오팅양의 천하체계 사이에는 근본적인 차이가 없다(Fairbank 1968; 趙汀陽 2005; 윤영인 2002; 2015). "페어뱅크의 사고에 미국의 잣대와 렌즈를 통해 중국을 보고 중국적 잣대와 논리로 주변을 파악하는 이중의 오리엔탈리즘이 작동하고 있음을 보여주고 있는 것이다"(홍면기 2018, 19). 이 문제의 이해와 극복은 천하체계/조공책봉의 해체를 의미한다.

　　중국적 세계질서 개념은 여러 가지 문제를 가지고 있다. 가장 근본적인 문제는 '중국적'이라는 형용사를 어떻게 정의하는가에 존재한다. 현시점에서 일반적으로 사용되는 중국이라는 단어는 1949년 성립된 중화인민공화국을 의미한다(Feuerwerker 1972). 중국사는 5,000년 동안 정사(正史)로 인정되는 25개 왕조에서 여러 차례 문명사적 변동을 겪었기 때문에, 현재의 중국을 과거의 중국과 연계하는 것은 결코 간단하지도 명확하지도 않다(Wills 2009b). 즉 현재의 관점에서 과거를 다 포괄하는 방식으로 중국을 규정하는 것은 사실상 불가능하다(葛兆光 2014; 2017; 李成珪 2005).

세계질서의 정의도 논란거리이다. 대부분의 연구에서 명·청시대 대외관계를 바탕으로 한 천하체계/조공책봉이 세계질서의 핵심적 특징으로 간주되고 있다. 그러나 천하체계/조공책봉은 한 번도 단절되거나 변질되지 않은 원칙이나 제도는 아니다. 중원을 장악하고 여러 민족을 통합한 통일왕조(단극체제)에서는 이 질서가 어느 정도 작동하였다고 볼 수 있다. 그러나 춘추전국(722-221 BC; 500년), 삼국·위·진·남북조(220-589; 370년), 5대10국(907-960; 53년), 송·요·금·원초(960-1279; 320년)에는 실질적이기보다는 명분상으로 존재했다. 통합기와 분열기에 다른 질서가 존재했다. 분열기에는 일극 체제가 아니라 양극 체제(남북조, 송·요·금·원초), 삼극 체제(삼국·위), 다극 체제(춘추전국, 5대10국)로 분류될 수 있다. 특히 송·요·금 시대의 국제관계는 중국적 세계질서보다는 동등한 국가들 속의 중국(China among Equals)으로 보는 것이 더 타당하다(Rossabi 1983; Tao 1988). 더 큰 문제는 한족 중심의 정통론은 이민족이 설립한 통합왕조인 원(몽고)과 청(여진)은 엄밀한 의미의 천하체계로 간주하지 않는다는 것이다. 이런 경우 분열기가 아닌 통일기에도 천하체계/조공책봉은 유명무실했다(陶晉生 2013, 541-551). 이런 이유에서 중국적 세계질서를 천하체계 또는 조공책봉 질서와 등치시키는 것은 명백한 오류다.

중국적과 세계질서에 대한 다양한 정의 때문에 중국적 세계질서는 여러 가지 함의를 가지게 되었다. 페어뱅크는 처음에 이 개념을 중국 국제관계와 외교의 매개 또는 기제로 보았다. 중국 역사학자 리윤촨(李云泉)은 『朝贡制度史论: 中国古代对外关系体制研究』에서 대외관의 관료적 관리 조직과 제도로 규정하였다. 영국학파의 국제사회론에서 조공 제도는 동아시아 국제사회 제도로 정의되었다(Zhang 2009; Zhang and Buzan 2012).

중국적 세계질서의 영향에 대한 평가도 상반된다. 명·청 시대 조선, 베트남, 일본 등 주변국과 교류에 천하체계/조공책봉의 특징인 외교 의례와 통상 관행이 체계적이고 안정적으로 유지되었다. 그러나 송·요·금 시대에는 천하체계/조공책봉은 명목상으로만 존재했다고 할 수 있다. 송의 황제는 요의 황제를 숙부/백부로 불렀으며 금의 황제에게는 신하를 자처하였다. 송이 거란과 여진에 바친 세폐/세공은 역조공(逆朝貢, tribute in reverse)으로 간주될 수 있다(Yang 1968; 김위현 2004). 이런 배경에서 천하체계/조공책봉이 국가 간의 권력 관계를 호도하는 '조직된 위선(organized hypocracy)'이라는 비판까지 제기되었다(Wang 2013; 박홍서 2010)

천하체계에서 공세적인 제국의 침공으로 무력 충돌이 빈번했다는 평가가 일반적이다. 그 반대로 제국이 조공책봉을 통해 주변국을 잘 관리해 평화가 지속되었다는 주장도 있다. 또한 분열기에 분쟁이 줄어든 사례도 있다. 송·요가 전연의 맹을 맺은 후 약 100년간이 무력 사용 빈도가 가장 적었다. 이런 점에서 송·요·금의 외교·통상 관계를 중국 대외관계에서 가장 이상적인 유형으로 보기도 한다(Wright 2005; Standen 2006; Wang 2011; Lorge 2015; Tackett 2017; 김성규 2020).

**표 1.** 중국적 세계의 역사에서 전쟁 빈도

| 시대 | 전쟁의 수 | 전쟁 빈도(연) | 전쟁 가능성(100) |
|---|---|---|---|
| 초기 시대(기원전 16세기-685) | 정보 빈약 | | |
| 총계(기원전 685-1989) | 3,765 | 1.408 | 100 |
| 선진 중국(기원전 685-241) | 538 | 1.212 | 86 |
| 진한 세계제국(기원전 242-기원후 219) | 431 | 0.934 | 66 |
| 중국 세계의 첫 번째 분열(220-581)<br>(삼국, 진, 남북조 시대) | 605 | 1.587 | 113 |
| 두 번째 진한 세계제국(581-904)<br>(수당 시대) | 284 | 0.879 | 62 |
| 중국 세계의 두 번째 분열(904-1279) | 624 | 1.644 | 118 |
| 5대 10국 시대(904-959) | 73 | 1.304 | 93 |
| 요, 송, 서하, 금 시대(960-1127) | 256 | 1.533 | 118 |
| 전연의 맹 시대(1005-1124) | 83 | 0.702 | 50 |
| 진, 남송, 몽고 시대(1128-1279) | 295 | 1.953 | 139 |
| 세 번째 진한 세계제국 | 1,251 | 1.955 | 139 |
| 원 시대(1271-1367) | 244 | 2.542 | 181 |
| 명 시대(1368-1643) | 579 | 2.105 | 150 |
| 청 시대(1644-1911) | 427 | 1.596 | 113 |

출처: Wang(2017, 36-37).

마지막으로 중국사의 정치적 활용도 문제다. 중국 역사학계에서는 신중국의 이념과 정책에 부합하는 새로운 역사를 서술하기 위한 노력을 경주하였다. 시진핑 정부는 역사를 '중국특색 사회주의의 위대한 승리'와 '중화민족의 위대한 부흥이라는 중국몽'의 실현을 위한 애국주의 교육의 일환으로 설정하였다. 통일적 다민족국가와 중화민족다원일체론은 56개 민족의 공존을 합리화하기 위한 역사공정을 추진하는 동시에 교과서를 개편하였다(이인철 2009). 이런 관점에서 한족과 소수민족의 갈등을 대외문제가 아니라 대내문제로 취급하였다. 이러한 재해석은 국내적으로는 소수민족의 분리독립 요구에 대응하고 국제적으로는 중국의 영토(강역)

**표 2.** 중국사에 대한 해석 비교

| 쟁점/사실/사건 | 공산당의 공식 입장 | 반대 입장 |
|---|---|---|
| 중국의 규모 | 세계 3위 | 세계 4위 |
| 인구와 민족 | 다인종 중국 민족 | 다민족 국가 |
| 중국인의 조상 | 170만 년 전 중국 | 5만 년 전 아프리카 |
| 중국사의 기점 | 5,000년 전, 황제 | 3,700년 전, 고고학적 근거 |
| 역사의 연속성 | 5,000년 동안 사회문화적 동질성이 깨지지 않은 유일한 국가/민족 | 유럽과 같이 수차례 분열되고 정복되고 변화 |
| 전국시대 | 혼란하게 분열된 국가노예제 | 중화 문명의 중국적 세계 속에서 봉건국가 |
| 기원전 201-207 | 진이 국가를 통일 봉건제가 시작 | 진이 알려진 세계를 통일 제국 체제가 봉건제를 종식 |
| 기원전 202-기원후 220 | 한 제국, 중국의 정점 유교를 신봉 | 한 세계 제국질서 진한 유가-법가 정체 |
| 960-1279 | 송, 분열된 국가 취약하고 실패했으며 치욕적인 | 송, 중국적 베스트팔렌 체제 제국적 중국의 최고 전성기 |
| 1271-1368 | "우리의" 위대한 원 왕조 | 다수 중국인(한족)이 정복당하여 노예로 전락 |
| 1644-1911 | "우리의" 위대한 청 왕조 | 다수 중국인(한족)이 정복당하여 노예로 전락 |
| 1840-1949 | 치욕의 세계 혼란한 최저점 | 실험과 진보의 세기 중국적 질서에서 강제로 떠남 |
| 1949년 10월 1일 이후 | 중화인민공화국, 신중국 | 중화인민공화국, 과거로 도약 |

출처: Wang(2017, 28).

에 대한 주변국과 분쟁에서 우위를 확보하는 데 기여하였다(吳炳守 2020; 김종학 2021).

　　이 문제는 안뿐만 아니라 밖에서도 심각하다. 미국에서는 중국 외교의 특징을 탐색하기 위한 방법으로 중국 대외관계사에 대한 연구가 시작되었다. 극단적인 반공주의를 부추긴 매카시즘은 중국-중앙아시아 관계사의 권위자인 오웬 래티모어(Owen

Lattimore)에 대한 비판에서 촉발되었다(Swaine 2009 ; 김성규 2009). 중국적 세계질서에 대한 관심도 조공체제의 위계성을 부각함으로써 중국의 부상이 주변국을 위협할 것이라는 함의를 강조하는 데 활용되었다. "조공체제와 중국적 세계질서에 대한 최신 재정의는 『중국적 세계질서』의 장들에 영향을 미친 냉전 의식을 앞서는 정책 논쟁을 의미한다"(Lieu 2017, 87). 반면, 데이비드 강(David Kang)은 동아시아에 고유한 국제질서로서 천하체제가 유럽의 베스트팔렌 체제에 비해서 전쟁의 빈도와 강도가 훨씬 적었다고 지적하였다(Kang 2010a ; 2010b ; Kelly 2012 ; Huang and Kang 2022). 그러나 이런 식의 동아시아와 유럽의 비교는 유럽중심주의와 그 미러 이미지인 오리엔탈리즘을 더 재생산할 수 있다는 문제를 내포한다(Spruyt 2017 ; Krishna 2017 ; Duara 2017).

## II 대안적 이론틀과 시기구분

중국의 대외관계를 천하질서/조공책봉 질서로 해석하는 데 불만을 가진 학자들이 대안적 이론틀과 시기구분을 제시하였다(Miller 2009 ; Hevia 2009). 역사적 기록과 유물의 보존과 관리에서 유목/북방 민족보다 농경/남방 민족이 훨씬 더 우수했기 때문에, 정사(正史)에 의존한 역사 해석은 분명한 한계가 있다. 이 문제를 극복하기 위해 유목/북방 민족 연구에서는 고고학은 물론 기상학과 지리학을 광범위하게 활용하고 있다. 내륙아시아라는 지정학적 개념을 통해 유목/북방 민족과 농경/남방 민족 사이의 갈등과 협력을 농경/남방 민족의 시각이 아닌 유목/북방 민족의 시각에서 해석하려는 연구가 20세기 후반 이후 발전해왔다(MacKay 2015).

북방민족의 역할과 영향은 정복왕조(Dynasties of Conquest)와 침투왕조(Dynasties of Infiltration)로 구분해서 볼 필요가 있다. 양자의 차이는 중원을 점령한 후 한족의 문화와 제도에 대한 태도에 있다. 5호16국 시대 북위(北魏)로 대표되는 침투왕조는 중국어로 성명을 바꾸고 한족의 의복을 입으며 율령을 도입하는 한화(漢化)를 추진하였다(沈小喜 2011). 반면, 요·금·원·청을 포괄하는 정복왕조는 고유의 제도와 문화를 고수하려 했으며 문자를 독자적으로 창제하기도 했다. 중국학계는 정복왕조 개념이 제국주의 논리와 유사하다고 비판하고 있다(윤영인 2008; 2009; 테므르 2010).

토마스 바필드는 역대 왕조를 중화 왕조, 외부 왕조, 유목 제국의 교체로 설명하는 통치 순환론을 제안하였다(Barfileld 2009).

**표 3. 통치 순환론**

| | 원 중화 왕조 | 외부 왕조 | 유목 제국 |
|---|---|---|---|
| 주기 1 | 진한(기원전 221-기원 후 220년)<br>교란기 중화 왕조(220-581년) | 3. 척발 위(368-556년) 및 전후 기타 위부 왕조 | **흉노**(기원전 209-기원후 155)<br><br>(유연) |
| 주기 2 | 4. 수당(581-907년)<br>5. 송(960-1297년) | 6. 요(거란)(907-1125년)<br>7. 금(여진)(1115-1234년)<br>8. 원(1206-1368년) | **1차 돌궐**(552-630년)<br>**2차 돌궐**(683-734년)<br>위구르(745-840년)<br><br>몽골 |
| 주기 3 | 9. 명(1368-1644년) | 10. 청(1616-1912년) | (오이라트)<br>(동몽골)<br>(준가르) |

비고: 강한 유목 민족(굵은 글씨) / 약한 유목 민족(밑줄)
출처: Barfiled(1991, 23).

흥노, 오환, 선비, 유연, 북위, 돌궐, 위구르, 당항, 오이라느, 준가르 등 중원에 진출해 통일 왕조를 세우지 못한 부족도 내륙아시아의 발전에 중요한 역할을 수행했다는 점에서 간과될 수 없다.

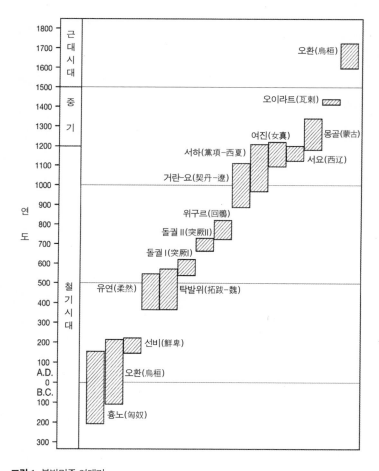

**그림 1.** 북방민족 연대기

출처: Rogers(2012, 208).

내륙 아시아에 기원을 둔 비한족 출신 북방민족에 대한 관심은 1990년대 이후 통일적 다민족국가와 중화민족다원일체론의 근본적 오류를 시정하기 위한 노력으로 발전하였다. 이를 위해 한문으로 기록되지 않은 자료와 고고학적 발굴이 적극적으로 활용되었다. 민족사의 한계를 벗어나기 위해 위로는 세계사와 아래로는 지역사에 대한 연구가 활발해졌다. 마지막으로 비한족에 공통적인 특질을 파악하기 위한 문화사 연구가 시도되었다. 가장 대표적인 사례가 청을 만주족·몽고족·장족의 연합으로 해석한 신청사이다. 신청사는 한문 자료에 내재된 편향을 극복하기 위해 만문 자료는 물론 조선왕조실록까지 검토하였다(Biran 2017).

이런 연구 성과를 종합해 보면, 중국사를 네 가지 유형으로 구분할 수 있다. 통일기에는 자발적 동의를 우선했던 국제사회적 특성을 가진 유형 1과 강압적 억제를 선호한 국제체제적 특성을 가진 유형 2로 구분될 수 있다. 분열기도 국제사회적 특성을 보유한 유형 3과 국제체제적 특성이 두드러진 유형 4로 나눠질 수 있다.

비록 완벽하지 않지만 이러한 유형화를 통한 시기별 특징을 비교·분석해야만 중국적 세계질서에 대한 정확한 이해와 평가가

**표 4.** 중국적 세계질서의 네 가지 유형

| | | 국제사회적 특성 | | 국제체제적 특성 |
|---|---|---|---|---|
| 중원의 통일 왕조 | 유형 1 | 한족 왕조(서한, 당, 북송, 명) | 유형 2 | 한족 왕조(동한, 수, 당 말기) |
| | | 호환 혼합왕조(청) | | 호한 혼합왕조(원) |
| 중원의 분열 | 유형 3 | (춘추, 전국시대) | 유형 4 | (남송, 요, 후금, 위진남북조, 5대 10국 시대) |

출처: 전재성(2009, 17-18).

가능하다. 통일적 다민족국가와 중화민족다원일체론은 정치적 필요에 의해 이런 다양성과 불균등성을 무시하고 있다. 또한 서구학계의 천하체제/조공책봉에 대한 연구는 유형 1을 중심으로 전개되어 왔기 때문에, 유형 2, 3, 4에 대한 연구는 미흡한 편이다. 이런 맥락에서 네 가지 유형의 공통점과 차이점에 대한 논의는 국제정치학과 역사학을 융합하는 출발점이라고 할 수 있다(이근명 외 2010).

## III 특집호의 구성

이 책은 크게 세 부분으로 구성되어 있다. 1장과 2장은 근대 이전 중국적 세계질서를 새롭게 보기 위한 시도이다. 3, 4, 5장은 서구 국제질서의 도전으로 중화질서가 해체되고 변용되는 시기를 다룬다. 6, 7장은 신중국 성립 이후 중국사가 어떻게 재해석되어 활용되고 있는가를 보여준다.

1장 '동아시아 세계체제에 대한 문명사적 탐색: 중국적 세계질서의 적실성을 중심으로'는 중국사를 동아시아 세계체제의 관점에서 재해석한다. 이렇게 중국사를 민족사가 아니라 세계사의 일부로 접근하게 되면, 중국적 세계질서에 내재되어 있는 동양과 서양, 전통과 현대의 이분법을 넘어설 수 있는 새로운 시각을 확보할 수 있다. 중국이 내세우는 중국사뿐만 아니라 주변국이 바라보는 중국사까지 함께 고려해야 중국적 세계질서를 극복할 수 있기 때문이다. 중국은 자국 중심의 보편적 세계관을 투영하기 위해 제국보다는 문명이라는 담론을 선호한다. 그러나 중국 내에서 확산되는 신천하질서와 중화민족주의에 대한 논의는 세계사적 보편성을 도출하기보다는 중국의 국제적 역할 확대에 중점이 맞춰져 있다. 특히 시진핑 시대에 등장한 중국몽, 신형국제질서, 인류운명공동체는 미국과 경쟁할 수 있을 정도로 신장된 국력의 대외적 투사를 정당화하는 데 활용되고 있다. 인류의 보편적 가치를 담보할 수 있는 시혜적 패권을 구축하지 못한다면, 이러한 시도는 국제적 지지를 받기 어려울 것이다.

2장 '송대 동아시아질서의 재해석: 화친과 역조공'도 한족 중심의 중국적 세계질서에 대한 대안을 모색한다. 송대 국제관계는 중국을 장악한 제국의 패권이 아니라 송, 요, 서하, 금, 고려가 합종연횡을 반복하는 세력균형에 의해 더 잘 설명된다. 북방의 위협을 군사가 아니라 외교를 통해 감소시키는 화친의 일환으로 송은 요 및 금과 형제, 숙질, 백질과 같은 의제적 친연 관계를 맺고 세폐(歲幣)를 바쳤다. 송이 수도를 함락당하고 황제가 포로가 되었을 때는 신하까지 자처하였다. 이러한 굴욕적인 태도는 한족 중심의 천하질서에 전면적으로 부합하지 않는다. 송은 평화를 위해 정치적 체면과 경제적 실리를 일부 포기하였다. 이런 경험은 경제 규모 증가가 군사력 강화로 연결된다는 논리와 부합하지 않는다. 송대 화친과 역조공은 중국적 세계질서가 중국사를 관통하는 보편적 개념이 아니라 중국사의 특정 시기에만 해당되는 특수한 개념이라는 점을 잘 보여준다. 이런 사실을 고려해 볼 때, 경제적 부상 이후 등장한 중국의 공세적/강압적 외교—더 나아가서는 전랑외교—의 역사적 기원이 천하체계/조공책봉 질서에 있다는 주장은 타당하지 않다. 즉 중국의 강압은 역사적 전통보다는 강대국의 특성이라고 할 수 있다. 이렇게 중국사에는 다양한 사례들이 많기 때문에 중국적 국제관계의 특징을 특정 시기의 분석을 통해 일반화하는 것은 바람직하지 않다.

3장 '20세기 이래 중국의 대외관계 인식과 중국근대사 서사'는 국제정치가 중국 근대사와 역사학에 어떻게 그리고 어떤 영향을 미쳤는가를 추적한다. 서구 제국주의가 청을 개방시킨 아편전쟁 이후 중국 근대사는 국제정치의 충격에 계속 시달렸다. 근대국가를 지향하는 신해혁명으로 시작된 민국시대에 중국이 서구와 같이 근대화를 추구해야 한다는 근대화사관이 등장하였다. 중일전쟁 이후에는 제국주의에 반대하는 민족주의가 역사학에 큰 영향을 미쳤다. 신중국 성립 이후에는 유물사관에 기초한 마르크스주의 역사학이 계급투쟁의 관점에서 근대사를 재해석하였다. 중국사에 대한 부정적 평가를 역사허무주의로 비판하는 시진핑 정부는 중국의 전통과 현대를 재구성하여 서구와의 경쟁에서 새로운 보편을 창조하고 세계를 주도하려는 의도를 역사학에 투사하였다.

4장 '"종번관계'론의 시원: 20세기 전반 장팅푸의 외교사 연구'는 중국 역사교과서에서 중국의 전통적 대외관계를 설명하는 개념을 활용되고 있는 종번관계를 분석한다. 중국 학계에서 이 개념은 페어뱅크의 '조공체제'와 구분되어 사용되고 있다. 대외적으로도 이 개념을 의미를 고려한 'suzerain and vassal'이라는 번역어보다는 중국어 병음인 'zongfan'으로 표기하고 있다. 그러나 이 개념의 학문적 기원은 이런 정치적 의도와 무관했다. 1930년대 장팅푸는 중국의 전통적 종주권과 서구 국제법의 종주권의 차이를 부각시키기 위해 이 개념을 사용하였다. 즉 '종번관계'는 중국과 주변국 관계 사이에 존재했던 종주국과 번속 관계를 의미했다. 최근 '종번관계' 논의에서는 이러한 역사적 기원이 언급되지 않고 있다. 그 이유는 현재 중국 학계의 목표가 서구와 차이를 설명하는 것에서 서구에 대한 대안을 모색하는 것으로 이동했다는 데 있다.

5장 '청조(淸朝)의 제국 통치와 신해혁명, 그리고 중국의 통일적 다민족국가론'은 청사에 대한 다양한 해석의 이면에 있는 정치적 고려를 설명한다. 신해혁명이 화이관에 입각한 멸청복명을 목표로 삼았기 때문에, 혁명파는 청사에 부정적 인식을 가지고 있었다. 그러나 한족 중심으로 공화국을 건설하게 되면, 청이 개척한 영토를 상실할 수 있다는 문제가 등장하였다. 이 문제를 해결하기 위해 손문은 대한족주의 입장에서 만주족, 몽고족, 장족, 회족을 포용하는 오족공화를 제창하였다. 신중국은 오족공화를 56개 민족을 중화민족으로 통합하는 중화민족 다원일체론으로 발전시켰다. 그러나 이러한 역사 재해석은 청대는 물론 민국 시대의 사실에 부합하지 않는다. 이 문제가 해소되지 않는다면 청사편수공정은 역사목적론적에 입각한 권력담론의 영향을 배제할 수 없을 것이다.

6장 '미중 전략경쟁과 중국의 역사적 비유: 치욕의 100년사와 항미원조전쟁'은 중국사가 중국의 외교정책에 어떻게 활용되고 있는가를 미중 전략경쟁 사례를 통해 설명한다. 정책을 설득하고 정치적 결속을 강화하기 위해 중국은 과거에 발생했던 유사한 사건 또는 상황과 현안을 비교·연계하는 역사적 비유를 많이 활용해왔다. 미중 무역전쟁 발발 이후에는 아편전쟁 이후 서구 제국주의의 침략 및 한국전쟁(중국에서는 항미원조전쟁으로 호칭)에 대한 언급이 부쩍 늘어났다. 즉 중국은 이러한 역사적 비유를 통해 미국의 공세에 대한 강경한 대응과 공산당 중심의 애국주의를 정당화하는 것이다. 정치적 목적을 위해 역사적 사실을 의도적으로 조작·왜곡하는 위험을 가지고 있다는 점에서, 역사적 비유의 활용과 해석은 항상 주의를 요한다.

7장 '21세기 중국 역사교과서의 국정화와 서술 변화'는 중국 역사교과서의 국정화가 한국사 연구와 한중관계에 미치는 영향을 검토한다. 중국은 2019년부터 초중고교는 물론 대학교에서도 역사교육에 국정교과서의 사용을 확대하고 있다. 국정교과서의 한반도 관련 내용에는 동북공정의 성과가 점점 더 많이 반영되고 있다. 상고 시대 한국사의 공간이 한반도로 축소되는 것은 물론 만주를 통치했던 고구려와 발해가 중국의 소수민족 지방정권으로 분류되었다. 또한 조선은 번속국으로 간주되었으며 항미원조전쟁이 이전에 비해 강조되었다. 이러한 내용은 2004년 8월 동북공정 문제에 대해 한중 외교차관이 합의한 구두양해에 부합하지 않는다는 점에서 한중관계에 부정적 영향을 미칠 수 있다.

2023년 6월
이왕휘

# 참고문헌

국립외교원 외교안보연구소. 2022. 『중국의 국가정체성 역사학자와의 대화』. 국립외교원.

김성규. 2009. "미국 및 일본에서 '전통중국의 세계질서'에 관한 연구사와 그 특징 비교." 『역사문화연구』 32.

_____. 2020. 『송대 동아시아의 국제관계와 외교의례』. 서울: 신아사.

김위현. 2004. "중원왕조의 조공사례 연구." 『고구려발해연구』 18.

김종학. 2021. 『중국의 국사 교육과 '중화민족'의 의미: 고중(高中) 통편교재(統編教材) 「歷史: 中外歷史綱要(上)」의 사례』. 국립외교원.

동북아역사재단. 2011. 『중국 정사외국전』. 서울: 동북아역사재단.

_____. 2019. 『한국의 대외관계와 외교사』. 서울: 동북아역사재단.

_____. 2021. 『구미학계의 중국사 인식과 한국사 서술 연구』. 서울: 동북아역사재단.

박홍서. 2010. "내재화된 위선?: '중국적 세계질서'의 현실주의적 재해석." 『國際政治論叢』 50(4).

신욱희. 2021. "동아시아 지역질서 연구 시론: 보편/특수에서 전체/부분의 관점으로." 『국제정치논총』 61(4).

沈小喜. 2011. "고대 동아시아 북방민족의 漢化에 대한 고찰." 『중국어문학논집』 68.

吳炳守. 2020. "시진핑 시대 중국의 역사정책과 자국사의 재구성: 『歷史: 中外歷史綱要』 과목의 개설 배경과 이데올로기." 『역사교육』 156.

윤영인. 2002. "서구 학계 조공제도 이론의 중국 중심적 문화론 비판." 『아세아연구』 45(3): 269-290.

_____. 2008. "거란·요 연구: 21세기 연구성과를 중심으로." 『중국학계의 북방민족·국가연구』. 동북아역사재단.

_____. 2009. "책머리에-북방민족과 정복왕조의 역사적 중요성." 『10~18세기 북방민족과 정복왕조 연구』. 동북아역사재단.

_____. 2015. "동아시아 다원적 국제질서의 범위와 성격에 대한 새로운 접근: '세계체제이론'과 불교문화권 시각의 가능성." 『만주연구』 20: 181-207.

홍면기. 2018. "페어뱅크 조공체제론의 비판적 검토: 중국중심주의라는 엇나간 시선의 문제." 『동북아연구』 33(2): 5-33.

李成珪. 2005. "中華帝國의 팽창과 축소: 그 이념과 실제." 『역사학보』 186.

이근명 외. 2010. 『동아 중세의 한족과 북방민족: 최근 중국 학계의 연구동향과 그 성격』. 서울: 동북아역사재단.

이인철. 2009. "中國 統一的 多民族國家의 歷史認識과 그에 대한 對應論理." 『동북아역사논총』 26.

전인갑. 2016. 『현대중국의 제국몽 - 중화의 재보편화와 100년의 실험』. 서울: 학고방.

전재성. 2009. "동아시아 전통질서 연구의 현황과 과제: 국제정치학과 역사학의 만남."

『세계정치』12.

최희재. 2018. "'중화제국질서'를 둘러싼 논의의 확산과 수렴: 조공체제론과
　　다중체제설을 중심으로."『역사문화연구』65.

테므르. 2010. "북방민족 왕조와 중국역사-중국학계의 요·금·원·청 등 왕조에 대한
　　연구."『외국학계의 정복왕조 연구 시각과 최근 동향』. 동북아역사재단.

홍면기. 2018. "페어뱅크 조공체제론의 비판적 검토: 중국중심주의라는 엇나간 시선의
　　문제."『동북아연구』33(2): 5-33.

陶晋生. 2013.『宋遼金史論叢』. 臺北: 聯經出版事業公司.

葛兆光. 2014.『何謂中國?: 疆域, 民族, 文化與歷史』. 香港: 香港中文大学出版社,
　　translated by Michael Gibbs Hill. 2018. *What Is China?* Cambridge:
　　Harvard University Press.

_____. 2017.『历史中国的内与外: 有關「中國」與「周邊」概念的再澄清』. 香港:
　　香港中文大学出版社. 김효민·송정화·정유선·최수경 역. 2019.『전통시기
　　중국의 안과 밖: '중국'과 '주변' 개념의 재인식』. 서울: 소명출판.

趙汀陽. 2005.『天下体系: 世界制度哲学导论』南京: 江苏教育出版社. 2005. 노승현 역.
　　2010.『천하체계: 21세기 중국의 세계 인식』. 서울: 길.

Acharya, Amitav, and Barry Buzan. 2009. *Non-Western International Relations
　　Theory: Perspectives On and Beyond Asia*. New York: Routledge.

Barfileld, Thomas J. 1991. "Inner Asia and Cycles of Power in China's Imperial
　　Dynastic History." in Gary Seaman and Daniel Marks (eds.). *Rulers from
　　the Steppe: State Formation on the Eurasian Periphery*. Los Angeles:
　　Ethnographics Press.

_____. 2009. "The Shadow Empires: Imperial State Formation along the
　　Chinese-Nomad Frontier." in Susan E. Alcock, Terence N. D'Altroy,
　　Kathleen D. Morrison, and Carla M. Sinopoli, (eds.). *Empires: Perspectives
　　from Archaeology and History*. Cambridge: Cambridge University Press.

Biran, Michal. 2017. "The Non-Han Dynasties." in Michael Szonyi, ed. *The
　　Blackwell Companion of Chinese History*. Oxford: Willey Blackwell.

Callahan, William. 2008. "Chinese Visions of World Order: Post-hegemonic or a
　　New Hegemony?" *International Studies Review* 10(4).

Duara, Prasenjit. 2017. "Afterword: The Chinese World Order as a Language
　　Game—David Kang's "East Asia before the West" and Its Commentaries."
　　*Harvard Journal of Asiatic Studies* 77(1).

Fairbank, John King. ed. 1968. *The Chinese World Order: Traditional China's
　　Foreign Relations*. Cambridge: Harvard University Press.

Feuerwerker, Albert. 1972. "Chinese History and the Foreign Relations of
　　Contemporary China." *Annals of the American Academy of Political and*

*Social Science* 402.

Harding, Harry. 2009. "How the Past Shapes the Present: Five Ways in Which History Affects China's Contemporary Foreign Relations." *Journal of American-East Asian Relations* 16(2).

Hevia, James L. 2009. "Tribute, Asymmetry, and Imperial Formations: Rethinking Relations of Power in East Asia." *Journal of American-East Asian Relations* 16(2).

Huang, Chin-Hao and David C. Kang. 2022. "State Formation in Korea and Japan, 400–800 CE: Emulation and Learning, Not Bellicist Competition." *International Organization* 76(1).

Hui, Victoria Tin-bor. 2004. "Toward a Dynamic Theory of International Politics: Insights from Comparing Ancient China and Early Modern Europe." *International Organization* 58(1).

_____. 2012. "History and Thought in China's Traditions." *Journal of Chinese Political Science* 17(2).

Kang, David C. 2003. "Getting Asia Wrong: The Need for New Analytical Frameworks." *International Security* 27(4).

_____. 2010a. *East Asia Before the West: Five Centuries of Trade and Tribute.* New York: Columbia University Press.

_____. 2010b. "Hierarchy and Legitimacy in International Systems: The Tribute System in Early Modern East Asia." *Security Studies* 19(4).

_____. 2013. "International Relations Theory and East Asian History: An Overview." *Journal of East Asian Studies* 13(2).

_____. 2017. "Response: Theory and Empirics in the Study of Historical East Asian International Relations." *Harvard Journal of Asiatic Studies* 77(1).

_____. 2020. "International Order in Historical East Asia: Tribute and Hierarchy Beyond Sinocentrism and Eurocentrism." *International Organization* 74(1).

Kelly, Robert. 2012. "'Confucian Long Peace' in Pre-Western East Asia?" *European Journal of International Relations* 18(3).

Krishna, Sankaran. 2017. "China is China, Not the Non-West: David Kang, Eurocentrism, and Global Politics." *Harvard Journal of Asiatic Studies* 77(1).

Larsen, Kirk W. 2013. "Comforting Fictions: The Tribute System, the Westphalian Order, and Sino-Korean Relations." *Journal of East Asian Studies* 13(2).

Lieu, Joshua Van. 2017. "The Tributary System and the Persistence of Late Victorian Knowledge." *Harvard Journal of Asiatic Studies* 77(1).

Lorge, Peter. 2015. *The Reunification of China: Peace through War under the*

*Song Dynasty*. Cambridge: Cambridge University Press.

MacKay, Joseph. 2015. "The Nomadic Other: Ontological Security and the Inner Asian Steppe in Historical East Asian International Politics." *Review of International Studies* 43(3).

Miller, Alice Lyman. 2009. "Some Things We Used to Know about China's Past and Present (But Now, Not So Much)." *Journal of American-East Asian Relations* 16(2).

Park, Saeyoung. 2017a. "Long Live the Tributary System! The Future of Studying East Asian Foreign Relations." *Harvard Journal of Asiatic Studies* 77(1).

_____. 2017b. "Me, Myself, and My Hegemony: The Work of Making the Chinese World Order a Reality." *Harvard Journal of Asiatic Studies* 77(1).

Perdue, Peter C. 2009. "China and Other Colonial Empires." *Journal of American-East Asian Relations* 16(2).

_____. 2015. "The Tenacious Tributary System." *Journal of Contemporary China* 24(96).

Qin, Yaqing. 2007. "Why is There No Chinese International Relations Theory?" *International Relations of the Asia-Pacific* 7(3).

Rogers, J. Daniel. 2012. "Inner Asian States and Empires: Theories and Synthesis." *Journal of Archaeological Research* 20(3).

Rossabi, Morris eds. 1983. *China Among Equals The Middle Kingdom and Its Neighbors, 10th-14th Centuries*. Berkeley: University of California Press.

Spruyt, Hendrik. 2017. "Collective Imaginations and International Order: The Contemporary Context of the Chinese Tributary System." *Harvard Journal of Asiatic Studies* 77(1).

Standen, Naomi. 2006. *Unbounded Loyalty: Frontier Crossing in Liao China*. Honolulu: University of Hawaii Press.

Swaine, Michael D. 2009. "The Policy Analyst and Historical Perspectives: Notes of a Practitioner." *Journal of American-East Asian Relations* 16(2).

Tackett, Nicholas. 2017. *The Origins of the Chinese Nation: Song China and the Forging of an East Asian World Order*. Cambrige University Press.

Tao, Jing-shen. 1988. *Two Sons of Heaven: Studies in Sung-Liao Relations*. Tucson: University of Arizona Press.

Wang, Ban. ed., 2017. *Chinese Visions of World Order: Tianxia, Culture, and World Politics*. Durham: Duke University Press.

Wang, Yuan-kang. 2011. *Harmony and War: Confucian Culture and Chinese Power Politics*. New York: Columbia University Press.

_____. 2013. "Explaining the Tribute System: Power, Confucianism, and War in Medieval East Asia." *Journal of East Asian Studies* 13(2).

Wang, Zheng. 2008. "National Humiliation, History Education, and the

Politics of Historical Memory: Patriotic Education Campaign in China."
*International Studies Quarterly* 52(4).

Wills, John E. 2009a. Introduction to "From 'Tribute System' to 'Peaceful Rise':
American Historians, Political Scientists, and Policy Analysts Discuss
China's Foreign Relations." *Journal of American-East Asian Relations*
16(2).

_____. 2009b. "How Many Asymmetries?: Continuities, Transformations, and
Puzzles in the Study of Chinese Foreign Relations." *Journal of American-
East Asian Relations* 16(2).

Wright, David. 2005. *From War to Diplomatic Parity in Eleventh-Century
China: Sung's Foreign Relations with Kitan Liao*. Leiden: Brill.

Womack, Brantly. 2009. "Recognition, Deference, and Respect: Generalizing
the Lessons of an Asymmetric Asian Order." *Journal of American-East
Asian Relations* 16(2).

_____. 2010. *China Among Unequals: Asymmetric Foreign Relationships in
Asia*. Singapore: World Scientific.

Yan, Xuetong. 2011. *Ancient Chinese Thought, Modern Chinese Power*. Daniel
A. Bell and Sun Zheeds eds. (translated by Edmund Ryden). Princeton:
Princeton University Press.

Yang, Lien-sheng. 1968. "Historical Notes on the Chinese World Order."
Fairbank, John King. ed. *The Chinese World Order: Traditional China's
Foreign Relations*. Cambridge: Harvard University Press.

Zhang, Feng. 2009. "Rethinking the 'Tribute System': Broadening the
Conceptual Horizon of Historical East Asian Politics." *Chinese Journal of
International Politics* 2(4).

_____. 2012. "The Tsinghua Approach and the Inception of Chinese Theories
of International Relations." *Chinese Journal of International Politics* 5(1).

_____. 2013. "The Rise of Chinese Exceptionalism in International Relations."
*European Journal of International Relations* 19(2).

Zhang, Yongjin and Barry Buzan. 2012. "The Tributary System as International
Society in Theory and Practice." *Chinese Journal of International Politics*
5(1).

## 차례

# 세부 차례

**제1장**

# 동아시아 세계체제에 대한 문명사적 탐색

## — 중국적 세계질서의 적실성을 중심으로

The Exploring the History of Civilization on the East Asian
World-System: Focus on the Adequacy of the Chinese World
Order

이상만 | 경남대학교 극동문제연구소

# 동아시아

세계체제는 이 지역에서 생활하는 사람들 자신이 아니라 이 지역에 직간접적으로 영향을 미쳤던 외부 세력의 물리적 충격에 의해 '비서구 사회' 또는 '아시아 사회 정체성'을 가진 지역으로 구조화되었다. 더욱이 동아시아 지역은 19세기 중반 근대세계체제에 마지막으로 편입(식민지)된 대규모 지역이며, 동아시아 지역이 세계체제로 편입된 후 근대세계체제는 범세계적이고 전 지구를 포함하는 최초의 세계체제(자본주의 세계체제)가 되었다. 이 과정에서 중국은 서구 자본주의 세력들에 의해 식민지로 전락하고 스스로 발전할 수 있는 길이 막혔다.

중화질서는 왕조 순환과 조공체계로 규정되고 중국 역사는 분열과 통합, 해체와 재건, 그리고 팽창과 관용이라는 자강불식 과정을 거치면서 중국 문명을 이어갔다. 이러한 인식하에서 중국은 과연 영토 중심의 민족국가의 길을 갈 것인가 아니면 관용을 잉태한 보편적 문명의 길을 갈 것인가에 대한 문제 제기는 매우 중요하다. 중국이 약탈적 제국으로 발전할 것인가 아니면 시혜적인 제국으로 발전할 것인가에 대한 깊은 논의가 요구된다.

당분간 중국제국은 팽창과 확장은 가능하겠지만 시혜와 관용을 기대하기는 어렵다. '중국 중심의 천하체계', 즉 '유교사회주의(인류운명공동체)' 담론은 중화민족주의의 해체를 통한 인류의 보편적 가치를 담보할 때 가능할 것이다. 어떠한 제국도 인류의 보편적 가치와 국제공공재 제공을 통한 시혜적 패권을 행사하지 못한다면 그 제국의 생명은 단축될 수밖에 없다.

The East Asia's World-System was structured as a region with a "Non-Westernization society" or "Retarded Asian Society" by the colonial shocks of external forces that directly or indirectly affected the region, not the people living in the region. Moreover, East Asia was the last large-scale region to be incorporated into the modern world-system in the mid-19th century, and after East Asia was incorporated into the world system, the modern world system became the first world-system (The capitalist world-system). In the process, China was reduced to a colony by Western capitalist forces and blocked the way to develop itself.

The Chinese World order were defined as the dinasty cycle and tribute system, and Chinese civilization was maintained in the process of self-discipline discourse of dismantling and rebuilding, and expansion and tolerance through the process of division and integration. Under this perception, it is very important to raise the question of whether China will go the way of a territorial-centered nation-state or a universal civilization state conceived of tolerance. In-depth discussions are required on whether China will develop into a predatory empire or a beneficial empire.

For the time being, the Chinese Empire will be able to expand and expand, but it is hard to expect benevolence and tolerance. The discourse of "China-Centered World System (Pax-Sinica)" or "Confucian socialism (A Community with a Shared Future for Mankind)" will be possible when it guarantees the universal value of mankind through the dismantling of Chinese nationalism. If no empire can exercise a benevolent hegemony that expands the universal value of mankind, the life of the empire will inevitably be shortened.

**KEYWORDS** 동아시아 세계체제 The East Asian World-System, 중화질서 Chinese Order, 천하체제 Tianxia-System, 유교사회주의 Confucian Socialism, 중화제국 Chinese Empire

# I 서론

동아시아 세계체제를 이야기할 때 먼저 부딪치는 문제는 그것이
이 지역에서 생활하는 사람들 자신이 아니라 이 지역에 직간접적
으로 영향을 미쳤던 외부 세력의 이해관계와 물리적 충격에 의해
'비서구 사회' 또는 '아시아 정체성'을 가진 지역으로 정의되어 왔
다는 점이다. 동아시아라는 명칭이 지역 전체로서의 실체를 갖는
의미는 빠르면 1960년대 말, 적어도 1970년대 이후 이 지역에서
나타난 역동적인 경제적 성장에 기인한다(The World Bank 1993).
동아시아의 공통된 정치구조, 사회체계, 행위양식, 심리상태와 문
화 등을 찾아보려는 시도 속에서 1960년대 이래 유럽 중심주의의
붕괴와 미국 헤게모니의 확립, 제3세계의 등장, 그리고 문화적 상
대주의의 보급 등에 의해 등장했다.

　　동아시아 지역은 19세기 중반 근대세계체제에 마지막으로 편
입(식민지)된 대규모 지역이며, 동아시아 지역이 세계체제로 편입
된 후 근대세계체제는 범세계적이고 전 지구를 포함하는 최초의
세계체제(자본주의 세계체제)가 되었다. 동아시아 지역체제의 연결
망은 국가권력과 상품교환 관계를 중심으로 형성된 것으로 그 당
시 동아시아 지역체제가 하나의 동일한 문명지대를 구성한 것은
아니다(Frank 1994, 259-276; Abu-Lughod 1989; Frank and Gills
1996; Hamashita 1994).[1] 동아시아체제는 과거 중국적 세계질서에

---

1　하나의 체제가 성립하기 위해서는 첫째, 그 체제 안에서의 생활이 자기 충족적이
　고, 둘째는 그 체제 내에 자기 발전의 동력이 내재되어 있어야 한다. 그런데 이러
　한 체제 성립의 조건을 만족시켰던 것은 상대적으로 작고 고도로 자율적이었던

편입되어 중국제국에 의해 동북아 지역에서 조공—책봉—기미 관계에 의한 '동아시아 국제사회 기강 확립' 차원의 영향을 받았던 경험이 있다.

또한 동아시아 지역체제는 힘의 역학이 중국 중심의 위성체제에 대한 주변국의 도전과 응전의 결과로 형성된 역사적 과거가 있다. 중국의 분열과 통합은 역시 중국 중심의 동아시아 세계체제 형성과 밀접한 관계가 있다. 중국적 체제의 안정은 주변국의 안정을 가져왔고, 중국의 혼란은 주변국의 불안정을 야기했다. 동아시아 지역은 향후 세계체제의 조건을 만족시키면서 동북아 지역 내에서 자기 충족적이고 자기 발전의 내재적 동력이 가능한 지역으로 볼 수 있다. 적어도 인도의 불교문명과 중국의 유교문명 그리고 중동의 회교문명이 서로 상당한 영향력을 갖고 독자적으로 발전을 해왔다. 이러한 문명 간의 경쟁이 최근에 와서야 비로소 유교문명 지역의 경제적 성장과 정치발전에 부응하여 동아시아 지역체제의 지문화적 우위를 차지함으로써 자본주의의 발전과 더불어 유교자본주의로 발전하게 되었고, 중국은 유교사회주의적 성격을 지향하고 있다(钱澄·李相万 2022).

이러한 동아시아에 대한 규정의 한가운데 언제나 '중국 담론'이 자리 잡고 있었다. 중국은 지난 200년 동안 역사적으로 오리엔탈리즘의 표적이 되었고, 제국주의적 질곡과 제국주의에 의한 군사적 봉쇄 그리고 공산혁명 성공 후 자본주의 세계시장질서 편입의 접근이 차단된 상태에서 '영국을 추월하고 미국을 따라잡아야

---

자급자족의 원시공동체와 세계체제뿐이었다. 왜냐하면 종족이나 공동체 국민국가가 모두 체제로서의 두 가지 필요조건을 결하고 있기 때문이다.

한다'는 자긍심을 키우면서 민족의 자존심을 포기하지 않았다. 중국은 이러한 국가적 자존 회복을 위하여 먼저 개혁개방이라는 승부수를 던져 중국의 모든 역량을 경제발전에 집중하였다. 우리는 이를 일컬어 '78년의 대전환'이라 부르고, 이후 40여 년간 개혁개방정책을 통해 이룩한 중국의 국력 성장을 국제적 자본주의 세력들은 '중국위협론'이라는 프레임을 만들어 경계의 시선을 초래하곤 했다.

현재 중국은 세계정치에서 아주 중요한 상수로 자리매김하고 있다. 중국의 부상에 대해, 앨리슨은 "미래 수십 년 동안 세계질서의 핵심적인 문제는 바로 미중 양국이 '투키디데스 함정'을 피하는가에 달려 있다"고 언급하였고(앨리슨 2018), 미어샤이어는 "중국은 평화적으로 부상할 수 없는 국가이며, 만일 중국이 자국의 극적인 경제성장을 앞으로 수십 년간 계속한다면, 미국과 중국은 잠재적 전쟁 가능성이 있는 안보적 경쟁에 개입될 가능성이 있다"고 전망하였으며(미어샤이머 2017), 이상만은 "중국은 미국이 경쟁자(잠재적 적국)라고 인정할 정도의 '중미공치(中美共治)' 시대를 열어 가고 있다"(이상만 2019)고 했고, 시진핑은 "중국은 잠자는 사자에서 태평양을 사이에 두고 미국으로부터 국력에 맞는 응당한 대우를 요구하는 깨어나는 사자로 진화하고 있다(习近平 2012.2.14; 2014.3.27)고 언급했다. 이제 중국은 미국이 설계한 세계질서의 종속적 파트너가 아니며, 미국과 세계패권을 놓고 한판 자웅을 겨루어야 하는 경쟁국이 되었다. 지역적 또는 글로벌 수준에서 발생하는 국제사회의 다양한 문제에 적극적이고 능동적으로 참여할 수 있는 규칙 제정자로서 중국의 역할이 증대되고 있다.

미중 간 패권경쟁 과정에서 제국의 형성이라는 관점에서 중국을 조망하려는 시도는 쇠퇴하는 (특히 2008년 경제위기 이후) 미국제국과 부상하고 있는 중국제국의 역사적 독자성에 대한 세계의 관심이 높아졌기 때문이다. 중국의 제국화 프로젝트는 나날이 강화되고 있으며, 중국은 해체와 재건을 거쳐 팽창의 길로 들어서고 있는 중이다. 중국의 부상으로 인해 제국에 대한 새로운 문제 제기가 주목을 받게 되었다. 중국의 과거는 '세계 제일'이었으며, 미래도 그래야 한다는 것이 중국인의 꿈이다. 이러한 중국의 발전을 경계하면서 일부에서는 중국위협론, 중국붕괴론, 중국분열론 등 최근까지 중국의 변화에 대해서 긍정적인 측면과 부정적인 측면이 나타나고 있지만 중국은 여전히 국제사회에서 책임 있는 역할을 해야 하는 대국으로 진화하고 있다는 현실을 부정할 수는 없다.

## II 중화질서의 속성: 조공-기미-화친 기제의 혼용

역사적으로 중국은 주변국을 '조공(朝貢, 경제적 혜택과 제재)'-'기미(羈縻, 통제와 회유의 조정 기제)'-'화친(和親, 포용과 관용의 문명사적 공동체)' 정책을 이용한 위계적 질서 규정을 통해 분할 통치하였다. 또한 이이제이(以夷制夷) 방식으로 친중화 세력을 규합하는 대외정책을 추진하여 중원지방의 세력권 안정화를 통해 주변 지역을 위계적으로 관리하는 성향이 있으며, 중원의 가치와 이익을 파괴하는 적대 세력에 대해서는 최대 압박과 축출(흉노·돌궐·몽골·제국주의 열강·미국)을 시도하였다. 현재 중국의 주변 세력 중에 가장 강한 세력이 미국이고 미중 간 전략적 경쟁이 중국을 위협하고 공격적 성향을 가속화하고 있다고 보기 때문에 중국은 미국에 대해 방어적 공격을 하고 있는 형국이다.

최근 국제관계학계에서 이른바 조공체계에 대한 논의가 활발해지고 있는 배경이다. 조공체계에 대한 국제관계학의 관심은 전통적인 역사학의 동일 화제에 대한 논의의 폭을 넓혔다(이왕휘 2021). 예를 들어 국제관계학 성격이 국가별 공동구조의 특성을 강조는 측면에서 역사학자'들이 중국의 일방적 역할을 지나치게 강조하는 문제를 상당 부분 바로잡고 있다. 동시에 국제관계학에서는 현대 동아시아의 세계질서 형성을 단순한 문화사상보다는 권력게임의 관점에서 접근하려는 현실주의적 견해가 강하다. 이러한 측면에서 본다면 중국과 주변국 간의 조공체계 연구도 역사학과 국제관계를 접목해서 새로운 해석을 하는 것이 필요하다. 조공제도는 왕조의 순환과 궤적을 같이하며, 중국적 천하세계질서 내에서 철학적 가정과 메커니즘의 실천을 구현하고, 중국과 기타 중국 통치하의 평화적 구성원의 관계를 조직해서 중국과 중국 외 주변 국가 간 협력을 확보하는 근본적 메커니즘이다. 중국의 관점에서 조공체계는 외국이 중국에 공물을 바치는 것과 중국이 조공국(외국)에 대한 답례와 책봉 등의 규범을 실천함으로써 중국 중심의 문화적 가정을 구현하는 것이다.

중국적 세계질서의 핵심은 '위계성(hierarchy)'에 있으며, 이것은 평등한 국가관계를 가정하는 서구와 달리 아시아에서는 유교의 이념적 원리에 근거해 중국의 '천자'를 정점으로 동아시아 각 국가가 동이(東夷), 서융(西戎), 남만(南蠻), 북적(北狄)이라 부르며 그 질서가 위계적으로 배열되어 있었다. 그런데 중국적 세계질서의 의미는 역사상 실제로 중국 중심으로 편성되고 유지되었던 전통시대 동아시아의 현실적 세계질서를 가리키고(실제적 현상), 역사상 실제와 상관없이 동아시아 세계질서가 중국 중심으로 편성되고 유지된다고 인식하거나 그렇게 되기를 희망하는 중국인의 관념적 세계질서(당위적 이상)를 의미하였다(김한규 2000, 282; 김한규 2015, 27). 현재 회자되는 '중국몽(中國夢)'은 바로 후자에 해당하며, 이는 과거 중국제국을 재건하려는 중국 지도부의 의식구조와 다를 바 없는 것이다. 그들은 중국 중심의 세계질서가 주변국의 안정을 가져올 것이고, 중국의 혼란은 주변국의 불안정을 야기한다고 인식하고 있다. 최근 중국은 '일대일로(一帶一路) 이니셔티브'같이 영토 중심으로 팽창을 추구하는 과정에서 일대일로 연선의 주변 국가들과 갈등을 빚고 있다.

국제관계학에서 이 문제를 논의할 때 공통적으로 제기되는 몇 가지 문제는 '다층적'인 역사학적 시각으로 바라보아야 한다. 가령 16세기 이후 중원과 한반도 관계를 예로 들면 '조공체계' 개념도 과거 중국 중심의 편협한 세계 질서관을 더 넓은 세계사적 시각으로 되돌리고, 동양과 서양, 전통과 현대의 이분법적 대립관계를 벗어나 융합의 관점에서 중국과 동아시아 세계의 관계를 폭넓게 이해하는 것이 바람직하다. 또한 용어 면에서 "조공체제(tributary-system)"가 아닌 "종번차서(hierarchy)"로 개념 규정을 하면 동아시아의 전현대 질서를 비교적 정확하게 발견할 수 있는 것이다. 이러한 관점에서 본다면 '종번'은 토속적인 표현으로 정치가 안배된 사회·철학 및 세계관의 근원을 제시하는 것이고, 조공(tribute)이라는 단어는 부의 교환 차원을 강조하는 것으로 이해될 수 있다. 조공은 고대 로마제국의 제도적 디자인을 그대로 차용해 해석함으로써 고대 로마제국과 중원의 다양한 왕조 사이의 거대한 사회역사의 차이를 간과했던 것이다.

21세기 중국이 추구하는 신세계질서는 서구 주도의 현 국제질서를 그대로 수용하지 않을 것이고, 더욱이 중국이 추구하는 신질서가 '조공체계(朝貢體系)'와 '화이사상(華夷思想)'에 기반을 둔 전통적 중화질서처럼 중국 중심의 제국과 종속국의 관계가 '신중화제국주의'로 귀결되지는 못할 것이다(윤명철 2018). 제국은 무력(武力) 자체를 기반으로 하여 형성되는 것이 아니라 힘을 권리와 평화에 기여하는 것으로 제시할 수 있는 능력을 기반으로 형성되는 것이다. 제국의 팽창은 제국이 해결하려고 의도한 갈등의 내재적인 궤도에 뿌리박고 있기 때문에 제국의 첫 번째 과제는 자신의 고유한 권력을 지지하는 합의 영역을 확대하는 것이 우선이고 도덕적 평가를 무시하기도 한다(네그리·하트 2001, 43). 중국의 영향력 행사 범위는 주변국의 동의를 얻기 위한 왕도정치(王道政治)를 실천하는 것과 중국의 요구에 저항하는 주변국에는 정치적 문제를 빌미로 삼아 경제적 압박을 가하는 행위(China's bullying) 간의 양자택일이 될 것이다(박재규 외 2019, 313-314).

# III 중화질서의 지속과 변화

## 1. 중화제국의 해체와 재건

일반적으로 중국제국의 함의는 하늘 아래 모든 존재인 천하(all under heaven)이자 중화체제이다. 천하로서의 중화체제는 유교문화 보편주의를 정신적 지주로 삼고 조공–책봉관계를 실천적 규범으로 작동되던 제국이었다. 오늘날 중화제국 담론은 이러한 제국의 역사적 전통을 근거로 제국의 위상을 재현하려 하고 있다. 가령, 세계체제론에서는 민족국가를 단위로 하는 주권국가의 행위를 다루는 게 아닌 '역사적 체제(historical systems)'에서 세계시장의 규칙을 제정하고 관리하는 헤게모니(패권제국)를 상정한다(Wallerstein 2004, 16-17). 물론 세계체제론이 중국의 제국몽을 가장 적절히 설명하고 있다는 게 아니라, '전체사(total history)'의 맥락에서 부침하는 '패권제국'의 논리를 분석하는 데 도움을 준다는 의미이다.

중국의 분열과 통합은 '중국 중심의 세계질서 형성'과 밀접한 관계가 있다. 20세기 초에 외부의 물리적 충격에 의해 붕괴된 동아시아 세계질서는 중국이 중심이 되어 탄생한 역사적 실체였다. 오늘날 중국의 부상이 회자되는 이유는 역사와 규모, 정치적 영향력 그리고 경제력 등 이 모든 것들로 인해 중국은 동아시아의 자연스런 중심이 되고 있다. 또한 중국의 사상적 역사문화유산과 함께 중국이 이 지역의 문제에 다시 중심적인 위치를 차지하면서 동아시아 지역에서 중국의 영향력을 인정하게 되었다. 동아시아가 세계체제로 일방적으로 편입되기 이전에 이 지역에서 중국을 중심으로 한 조공무역체제가 존재해 왔었다는 동아시아 해역경제권론을 주의 깊게 살펴볼 필요가 있다.

중국 조공무역체제론자는 동아시아에서 중국 중심의 지역적 세계체제를 인정한다(Ikeda 1996; 최원식·백영서 1997, 96-129). 이들의 주장은 첫째, 유럽 자본주의 세계체제의 형성 이전부터 존재했던 중국 중심의 지역적 세계체제는 근대에도 계속 존재하고 있었으며, 유럽 자본주의 세계체제로 통합된 이후에도 동(남)아시아 지역 내의 관계는 해체되지 않고 유지 또는 확대되었다. 둘째, 근대 동(남)아시아의 지역적 세계체제를 특징짓는 주요 역동성은 체제 주변 국가들의 중국 중심적 질서에 대한 도전에 기인한다. 셋째, 일본이나 아시아의 신흥공업 사회들이 중국 주변부에서 경제적 성공을 이루었다고 하더라도 장기적인 역사적 안목에서 볼 때 현재나 미래의 동(남)아시아에서 중국이 차지하는 비중을 결코 과소평가할 수 없다.

역사적으로 보면 중국은 동아시아 지역에서 동일한 문화에 기반을 둔 전통적인 '책봉–조공관계의 기미정책'으로 주변국과 공존하였다. 그런데 중국 안에서는 제국이라는 시각을 별로 내세우지 않는 경향이 있는데, 이것은 아마도 팽창이라는 속성이 내포하는 중화제국의 부정적 역사의 기억이 영향을 주었기 때문이다. 그 대신 제국성의 또 하나의 특성인 관용을 부각시키고 있다. 본래의 중화제국의 판도(Proper China)가 만주·몽골·신장·티베트로까지 확대된 청조의 영역(그 대부분이 오늘날 중화인민공화국의 영토로 계승)에서 시행된 다원적인 통치 방식, 곧 관용의 다양한 메커니즘에 주목한다. 그것을 이론적으로 체계화하는 작업이 조공체제론, 문명국가론, (신)천하주의론 등으로 나타나고 있다(黃枝蓮 1992 ; 趙汀陽 2005 ; 정용화 2005 ; 홍성구 2008). 제국이라는 키워드를 전면에서 사용하지 않지만 제국 담론을 확산하고 강화하는 논의라는 점에서 서로 닮았다. 전근대 '중화제국'으로의 후퇴라는 부담을 상쇄시키면서 제국의 유산을 활용하기 위해 제국보다는 문명이나 천하라는 좀 더 보편지향적인 개념을 선호하는 것이다.

중원지역은 수천 년간 분열과 통합의 끊임없는 반복 과정을 거쳐 중원과 변방이라는 이분법에 따라 왕조 순환의 역사성을 보이고 있다(어우양즈 2020, 67-72). 즉, 만리장성을 경계로 한족으로 구성된 남방세력과 이민족으로 구성된 북방세력 간의 대립과 갈등의 역사였으며, 중국의 주변 국가들을 침략한 세력은 흉노, 돌궐, 거란, 여진, 몽고, 만주족 등 동북의 요동 세력이다. 따라서 중원을 차지하고 있던 한족은 자기중심적인 중화사상을 바탕으로 외부 세계와 충돌을 피하면서 중국의 주변부를 관찰하고 있었던 것이다. 그들이 과거 유산의 연속성을 부각시키지만 그것이 역사적 실제와 반드시 대응하지는 않는다.

중국은 봉건국가에서 근대국가로 발전해 나가는 과정에서 국내외적 모순에 직면하였다. 내적으로는 태평천국의 난과 외적으로는 아편전쟁으로 인해 중국 사회의 전통질서의 해체 과정을 겪게 되었다. 이와 같은 다양한 모순을 잉태한 중국 사회의 위기는 한편으로는 근대화 과정에서 중국인에게는 '중국사회의 해체'라는 처절한 좌절감을 안겨 주었지만, 다른 한편으로는 그들에게 '부강한 중국 건설'이라는 역사적 소명의식 또한 부여하였던 것이다. 1949

년 신중국의 출현은 과거에 실현하지 못했던 인민들의 해방과 제국주의 침탈로부터 벗어나려는 여정의 종착점이었다. 비록 신중국이 폐허 위에서 탄생됐지만 중국이 근대국가의 완성을 위한 초급단계의 위치를 확보함으로써 중국 사회가 독자적으로 발전할 수 있는 자율성을 부여함과 동시에 구시대의 청산과 '부국강병부민'이라는 새로운 국가적 과제를 상정시키는 계기가 되었다.

이 과정에서 마오쩌둥(毛澤東)은 '인민대중들의 충성심'과 '혁명정신'²에 호소함으로써 단기간에 선진국을 추격하겠다는 환상 속에서 '혁명적 사회주의' 건설에 주력하였던 것이다. 이러한 '혁명적 사회주의 건설'의 환상은 중국 인민을 대재난 속으로 몰고 갔으며, 이러한 생산력을 경시한 '혁명적 사회주의의 대실험'은 마오쩌둥식 발전전략의 대실패(인민공사, 문화대혁명)로 종언을 고하게 되었다. 이와 같은 대실패를 효율적으로 극복하기 위해 덩샤오핑(鄧小平)을 핵심으로 하는 제2세대 국가영도집단이 등장하였고 그들은 생산력의 회복과 생산관계의 변혁을 위한 '역사적인 결의'를 선언하게 되었다. 덩샤오핑 시대와 장쩌민(江澤民) 시대의 중국의 '개혁사회주의'는 점진적으로 중국 사회주의체제의 능동적 개혁을 통해서 과거 마오쩌둥 시대의 인위적으로 통제되고, 정체되었던 과거의 중국 사회와는 훨씬 다른 비교적 개방화되고, 근대화되었다. '빈곤이 사회주의가 아니다(貧窮不是社會主義)'라는 덩샤오핑의

---

2    이러한 혁명정신에 의한 '노동자의 긴급동원체제'를 정당화하고 합리화하는 주장은 부하린, 트로츠키, 마오쩌둥에 의해 실천적으로 행해지는바 노동자의 노동력에 의존한 자기 축적을 통한 '사회주의 원시축적'의 중요한 구성 부분으로 작용했다.

중국식 사회주의의 본질은 '공동부유(共同富裕)'이며, '부국강병부민(富國强兵富民)'을 위한 '빈곤'으로부터의 해방은 중국 인민과 지도층이 가장 심혈을 기울여 추진했던 국가적 관심 사항이었다. 따라서 중국 역사를 통해 표출되는 국가전략은 중국의 근대화를 통한 중국세계체제(Chinese world-system)의 형성이었다.

이러한 근대화 전략은 중국 대륙이 아편전쟁에서 패배 후 중체서용론자들에 의해 본격적으로 시작되었는데 이와 같은 전략은 '양무운동', '변법유신운동', '신해혁명', 그리고 '공산혁명(共産革命)'으로 이어지는 중국의 근대화 전략과 무관하지 않다. 이와 같은 근대국가적 체제정비 및 이를 통한 부국강병부민이라는 두 가지 핵심 테제는 신중국 건국 초기 마오쩌둥을 중심으로 한 제1세대 국가영도집단[3]에 의해 그리고 중국공산당의 공산혁명 과정에서 체득한 경험에 근거하여 급진적으로 시행되었으며, 이는 또한 '작위적(作爲的)'인 생산관계의 변화를 통한 생산력의 회복이라는 모순에 봉착하게 되었던 것이다.

21세기 초 세계질서의 구조개편의 역동성 속에서 중국의 위상은 역사적 전환점을 맞이하고 있다. 일국의 경제성장을 통한 국부의 증대는 한 국가의 국제적 영향력을 확대하는 데 아주 중요한 출

---

3    신중국 탄생 이후 중국 사회주의체제하에서 국가영도집단의 세대 구분은 통상 국정에 중대한 영향력을 행사하는 최고정책결정자의 수준에서 구분된다. 그들의 세대 구분에 따르면 (1) 마오쩌둥(毛澤東), 류사오치(劉少奇), 저우언라이(周恩來) 등이 제1세대 국가영도집단이고, (2) 덩샤오핑(鄧小平), 천윈(陳雲), 양상쿤(楊尙昆), 리셴녠(李先念) 등이 제2세대 국가영도집단이며, (3) 장쩌민(江澤民), 리펑(李鵬) 등이 제3세대 국가영도집단으로 지칭되고 있으며, (4) 후진타오(湖金濤)와 원자바오(溫家寶)를 중심으로 한 제4세대 국가영도집단, (5) 시진핑(習近平)과 리커창(李克强)을 중심으로 한 5세대 영도집단이 형성되었다.

발점이 된다. 경제력은 모든 정치력과 군사안보 전략을 전개하는데 있어 매우 중요한 전제조건이 되기 때문이다. 종종 경제적 이해관계가 한 국가의 대외정책과 안보정책에 미치는 영향을 생각해본다면 한 국가의 경제적 역량은 아무리 강조해도 지나치지 않을 것이다(Hale and Hale 2003, 36; Sutter 2003, 75-89). 이러한 관점에서 본다면 당연히 중국이 패권적 제국화로 갈 것인지 아닌지에 대한 문제의 출발점은 경제적 부흥으로부터 논의되어야 할 것이다. 과거에는 중국의 부가 주변국을 효율적으로 통치하는 아주 중요한 고리였다. 최근 국제사회에서 영향력을 행사하려는 중국인의 대외 팽창의식은 중국의 눈부신 경제성장에 기인한다는 것은 전술한 바와 같다. 중국의 목표가 경제력을 기초로 한 중화제국(The Chinese Empire)의 재건임에는 이론의 여지가 없을 것이다.

문화대혁명이 종결된 후 개혁개방을 시작한 중국은 '개발독재(一個中心, 兩個基本点)'를 통해 경제개혁의 속도를 효과적으로 조절하면서 동아시아 세계질서의 핵심 축으로 등장하기에 이르렀다. 중국이 제도적으로는 아직 자본주의 세계체제 속에 깊이 연계되었다고 할 수 없으나 중국 사회주의 시장경제의 대외의존도가 높아짐에 따라 자본주의 세계경제에 상호 의존되는 강도가 점점 강해졌고, 2001년 12월 중국의 WTO 가입은 자본주의 세계경제로의 진정한 통합을 의미한다. 일본과 동아시아의 성장은 미국의 '헤게모니사업(hegemonic business)'[4]과 밀접한 관련이 있지만 중국은

4    동아시아는 미국의 세계경영 논리에 따라 주어진 기회구조를 이용하여 미국시장의 접근과 후원을 통해 성장하였으며, 중국의 성장은 자본주의 세계경제의 편입을 통해 비로소 가능하였지만 그 연결의 매개망은 세계체제의 주변부가 아닌 반

미국의 헤게모니사업이 수행될 때 어느 정도 독자적인 사회주의 시스템을 갖고 자본주의 세계체제와 격리되어 있었다는 점을 주시해야 한다.

## 2. 중화제국의 팽창과 관용

오늘의 중국을 이해하기 위해서는 제국의 전통과의 연속성에 주목해야 한다. 19세기 말 동아시아 지역에서는 조공체계로 이루어진 중국 중심의 지역질서가 해체되었다. 페어뱅크(Jonh K. Fairbank)는 소위 '중국적 세계질서(Chinese World Order)'에 대한 이해 없이 당대 중국의 대외관계를 설명하기 어렵다고 비판한다. 그에 따르면, 중국적 세계질서의 핵심은 '위계성(hierarchy)'이며, 이것은 평등적 국가관계를 가정하는 서구와 달리 아시아에서는 유교의 이념적 원리에 근거해 중국의 '천자'를 정점으로 각 국가들이 위계적으로 배열되어 있다(Fairbank 1968, 1-2)는 것을 의미했다.

중국은 150년간 서구의 모든 강대국과 일본에 종속되는 굴욕을 당하였지만, 21세기 접어들어 빠른 경제성장 덕택에 동아시아 패권국으로서의 역사적 역할을 다시 담당하려 하고 있다. 동아시아 역내에서 미국의 패권은 약화되었고, 중국의 영향력은 상대적으로 증대되고 있다. 물론 동아시아 지역에서 단기적으로 미국의 패권과 영향력이 유지되고 증대됨으로써 동아시아 지역의 안정이 공고화됨에 따라 단시일 내에 패권적 리더십이 소멸하지는 않지만

주변부로 성장한 동아시아의 경험을 수용했다는 점이다.

장기적으로는 위기국면에서 다극적 지역체제로 재편될 가능성이 있다.

　중국은 공산혁명 성공 후 '56체제(사회주의 총노선)', '78체제(개혁개방)', 'WTO체제(2001)'를 거쳐 단계적으로, 즉 자본주의 세계체제로부터 이탈, 사회주의 프로젝트의 실패, 자본주의 세계체제로의 재편입이라는 순환 과정을 거쳐 G-2국가로 부상하였다. 중국의 부상은 미중관계가 키신저체제(평화공존)로 진입하면서 미국과의 적대관계가 청산되는 시점에서 시작된 것이다. 미국의 중국 접근 의도가 무엇이든 중국은 전형적인 공산당에 의한 중상주의적 개발독재형 근대화 전략을 추진하여 상당한 경제적 성과를 이루었다. 2022년 말 세계은행이 발표한 중국의 GDP는 17조 7천억 달러로 세계 2위이며,[5] 향후 중국의 발전 잠재력을 고려할 때 현재 진행 중인 중국의 경제 발전은 21세기 세계사적 영향력을 내포하고 있고, 기타 세계패권에 도전했던 독일과 일본처럼 GDP 3:1 딜레마에서 자유롭지 못한 상황이다.

　이러한 GDP 3:1 딜레마의 유혹에서 본다면 중국이 제국화로 갈 것인가 아니면 시혜적인 패권국가로 갈 것인가의 문제의 출발점은 당연히 물질적 토대인 경제적 부흥으로부터 논의되어야 한다. 중국의 경제적 성장(굴기)은 21세기 세계정치경제의 판도를 변화시키고 있다. 중국의 경제력과 군사력이 급속히 성장하면서 미

---

[5]　19세기 초 청나라 말기 중국의 GDP는 전 세계 GDP의 28%에 달하여 오늘날 미국이 차지하고 있는 세계 비중을 능가하였다. 2021년 12월 IMF 보고서 기준 GDP 구성은 미국 22조 달러로 전 세계 GDP(93.9조 달러)의 23.4%이고, 중국은 17.7조 달러로 미국의 80.5% 정도이고 전 세계 GDP의 18.8%이다.

중 간의 세력전이(power transition) 가능성이나 전략적 경쟁 격화에 대한 담론들(중국위협론, 중국제국화론, 천하세계론, 샤프 파워론 등)이 제기되어 왔다. 중국의 21세기 목표는 중화민족의 부흥을 통해 세계패권에 도전하는 것이기 때문에 미중 간의 경쟁은 장기성을 띤 채 구조적으로 불가피할 수밖에 없다. 2018년 본격화된 미중 간 무역전쟁을 기점으로 경쟁과 협력이 병존하던 양국관계가 첨단기술 패권을 둘러싼 패권경쟁 시기에 접어들었다. 미중 간의 패권경쟁은 무역, 기술, 금융 등 경제 영역에서 시작하여 현재는 정치군사 방면의 동맹가치 재조정으로 이행 중에 있으며, 최종적으로는 미국적 가치와 중국적 가치의 충돌로 이어질 수밖에 없다.[6]

도광양회(韜光養晦, 1980년대) - 유소작위(有所作爲, 1990년대) - 화평굴기(和平崛起, 2000년대) - 대국굴기(大國崛起, 2010년대)로 대변되는 중국의 무서운 성장을 목격하면서 과연 우리는 중국을 어떻게 이해하고 있는가. 시진핑 지도부(2012-현재)는 국제사회에서 중국의 권리와 의무를 다하되, 자국의 이익은 분명하게 추구하는 '신중화주의 이데올로기'를 지향하는 대국굴기와 돌돌핍인(咄咄逼人) 정책을 통해서 세계무대에서 힘의 외교를 본격적으로 구사하

---

6   트럼프 행정부의 카이론 스키너(Kirin Skinner) 국무부 정책기획국장은 지난 2020년 4월 29일 워싱턴에서 개최된 '미래안보포럼'에서 중국과의 충돌을 "진정으로 다른 문명과 다른 이데올로기와의 싸움"이라며 "우리가 백인(Caucasian)이 아닌 대단한 경쟁자를 가지는 것은 처음"이라고 언급했다(Gehrke 2019). 이러한 서구 민주주의 국가들의 움직임에 대해 시진핑 총서기는 2019년 5월 개최된 제1회 '아시아 문명대화 대회' 개막 연설에서 "자국 인종과 문명이 남보다 뛰어나다고 생각하고 다른 문명으로 개조하려거나 심지어 대체하려는 생각은 어리석다"며 "평등과 존중의 원칙으로 오만과 편견을 버리고 서로 다른 문명과 교류와 대화로 상생할 수 있어야 한다"고 언급했다(新华社 2019.5.15).

고 있다. 이는 중국의 근대성을 넘어 미래를 지향하는 중국제국의 통시성을 대변하고 있다. 현재 중국은 국제문제에 책임을 다하는 대국을 선택할 것인가 아니면 책임을 회피하는 강국을 선택할 것인가의 갈림길에 서 있다. 여기서 분명한 점은 중국이 중화민족주의에 근거를 두고 하드 파워를 내세워 '중국적 세계질서'를 구축하고 주변국들에 이 질서에 동참하기를 강요하고 있다는 점을 주시할 필요가 있다.

21세기 국제관계의 중심축은 세계적 차원에서 중미 간의 경쟁이고 지역적 차원에서는 중일 간의 경쟁으로 볼 수 있다. 미중 간 패권경쟁의 핵심은 미국의 중국봉쇄와 중국의 미국봉쇄 돌파이다. 미국의 미사일 방어계획(MD)의 추진, 미국의 대만에 대한 첨단무기 판매 문제, 대만과 티베트 지도자의 미국 방문 허용, 홍콩과 신장(新疆)의 인권문제 등은 양국 간의 긴장을 고조시키는 미국의 대중국 봉쇄정책의 일면이다. 또한 대만문제에 대해서도 과거의 "전략적 모호성" 중심의 정책에서 벗어나 중국이 대만에 무력을 사용하는 경우, 미국도 무력으로 대응하겠다는 입장을 밝혀 중국과의 갈등을 증폭시켜갔다.[7] 이러한 상황에서 2001년 부시 행정부 이래 현재 바이든 행정부까지 미국은 대만 카드를 이용하여 중국과의 경쟁에서 우위를 점하려는 의도를 보였다. 전략적 인내를 기반으로 중국에 대해 하나의 중국 정책 수정 가능성을 전파하면서 대만에 대한 군사적 지원 강화와 대만해협 이슈를 국제화

---

7   2001년 4월 25일 부시 대통령은 "중국이 대만을 무력 침공하면 무력을 사용하는 것도 하나의 방안(option)이 될 수 있다"고 말함으로써 대만 방어를 위한 군사력 동원 가능성을 언급한 바 있다.

(internationalization)하면서 중국을 압박하고 더 나아가 동아시아 지역의 안보딜레마를 초래하고 있다.

로마제국, 중국제국, 대영제국, 소련제국, 미국제국 등 제국은 그 지배 영역이 광대하고 또 종종 팽창 경향을 보이는 광역국가였고, 그 영역의 광대함만큼이나 다양한 이질성을 통합하는 원리인 관용(또는 포용)성이 작동된다. 세계적 패권질서는 강대국의 흥망성쇠 속에서 강압적 방식에서부터 합의를 중시하는 평화적 방식, 공식적 제국주의에서 비공식적 제국주의에 이르기까지 다양한 형태를 띨 수 있다. 이는 경제적 영역에만 국한되는 것이 아니라 군사적 영역에까지 미치며 더 나아가 문화적 영역에까지 그 힘이 미칠 수 있기 때문이다.

비록 경제 영역에 국한된 패권질서라고 할지라도 패권국의 군사력이라는 물리력에 의해 뒷받침될 때 패권질서는 유지되는 것이다. 2차 대전 이후 미국의 패권이 이타적이고 시혜적인 '왕도(王道)식의 패권'이라면, 중국의 패권은 중화사상에 기반을 둔 약탈적인 '패도(覇道)식의 패권'이 될 것이라는 우려를 지울 수 없다. 중국이라는 경제단위가 성장을 지속하고 그것을 대외적으로 대표하는 국가가 그와 같은 경제자원을 효율적으로 동원하고 조직할 수 있는 역량을 보유하는 한 그것은 다른 나라들과의 정치적 관계, 즉 지배-복종의 관계에 영향을 미치게 되는 것이다.

중국의 성장은 매우 동태적이고 공격적인 성향을 보인다. 첫째, 중국의 성장은 중화민족주의라는 중국'인'들의 여망을 동력으로 하여 전개되는 독자적 과정으로 국가는 당-정 시스템을 이용하여 이와 같은 여망에 부응하는 한편 이를 이용하여 중국의 성장을 이끌어 나간다. 둘째, 중국의 성장이 외부효과를 초래하는 것은 불가피하고, 성장 자체와 그것에 따른 외부효과는 그 자체로서 독자적 과정이기 때문에 그 외부효과를 예상하고 그에 대한 정책적 조치를 취할 수도 있지만 그것은 결코 완전하지 못하다. 셋째, 성장의 국제정치적 동학을 통제하기 어려운 이유는 그것이 외부 행위자들의 선택과 행동과 맞물려 전개되기 때문에 외부 행위자는 중국의 성장과 팽창에 따라 영향을 입을 다른 강대국들만이 아니며, 강대국들 간 경쟁의 장이 되는 국지적 행위자들도 중요한 역할을 한다.

중국의 팽창은 무엇보다 자본주의 세계경제체제의 편입을 통한 세계시장으로의 팽창을 의미한다. 중국의 팽창을 담보하는 물질적 기초는 신중국건설 초기와 개혁개방 초기 모두 무한정한 잉여 노동력을 이용한 '사회주의 노동축적' 이데올로기와 저임금 노동력을 바탕으로 한 성장이었다. 중국의 공산품은 전 세계시장을 석권하여 '세계의 공장'이라고 불릴 정도였다. 그와 같은 생산은 노동만으로 이루어지는 것이 아니기 때문에 그것을 생산하기 위해 필요한 자원 중 내부에서 충족되지 않는 자원은 외부에서 충당할 수밖에 없고 그를 위한 팽창도 뒤따른다. 그에 더해 중국의 성장 그 자체는 중국'인'들의 삶의 양식과 기대를 바꾸어 그에 따른 대외적 수요를 창출하기도 하고 그것을 확보하기 위한 팽창도 있다. 그 판매 및 구매 시장을 관리하기 위한 외교적 행위도 팽창의 일부다. 중국이 해외시장 팽창을 통해 타국의 시장을 잠식하는 글로벌 임밸런스는 중첩의 전형적인 예인데 다만 생산체계의 수직적 분화에 따라, 즉 중국의 수출주력 상품이 자본-노동집약적 상품인 까닭에 미국이나 일본 등 기타 강대국들의 자본-기술집약적 상품과의 중첩은 완화되고 있다.

그러나 그 수직적 분화의 상대적 속도에 따라, 즉 선진국의 기술개발 속도가 지체되는 한편 중국의 추격 속도가 빠를 경우 또는 그 반대의 경우 중첩의 시점과 정도는 달라질 수 있다. 생산라인의 수직적 분업이 불가능한 자원 영역의 경우, 특히 에너지 자원과 같은 기초 자원의 경우 중첩의 속도와 정도는 더욱 치열할 수 있다. 중국의 성장은 타국과의 식량과 광석 자원에서 수요 시장의 중첩을 초래하고 있으며, 특히 석탄, 천연가스, 원유 등 에너지 자원 영역에서 그 중첩의 정도는 매우 높고 더욱 높아지고 있다. 자원 영역에서 중첩의 정도가 치열할수록 집중적 외교적 행위를 통해 정치적 중첩도 일어날 수 있다.

더욱이 정치적 중첩은 국지적 차원의 정치적 동학에 의해 강대국 간 경쟁과 갈등으로 이어진다. 국가이익의 충돌과 지역적 사태로 경쟁이 심화되면 각 강대국은 군비를 증강하거나 군대를 재배치하고, 여러 가지 외교적 활동을 통해 경쟁과 갈등에 대비한 활동 자체가 경쟁을 구성하여 경쟁을 격화시킬 수 있다. 주변 지역에서의 경쟁의 격화는 강대국들 간의 정치적 이합집산, 즉 세력균형의 정치로 전개되어 핵시대에 패권전쟁으로 연결될 가능성은 거의 없지만, 강대국 간의 힘겨루기는 치열하게 전개되어 세계정세를 불안하게 하고 있다.

이 같은 제국으로서의 중국이라는 시각에서 다시 보면, 중국이라는 국가가 일차적으로 그 영역 안에서 관용을 얼마나 구현하는가가 중요해진다. 중국몽은 14억 인민 한 사람 한 사람의 꿈과

욕망의 결집체로서 그것이 실현될 수 있도록 중국 인민의 역량, 곧 Economy power, Political power, Cultural power가 결집되어야 한다. 여기서 각 개인의 다양한 꿈이 국가의 꿈으로 회수되지 않고 창의적으로 통합되는 방도를 찾아낼 수 있을지, 또한 중국 영역 밖의 주변국들에도 관용을 실감나게 실천할 수 있을지 여하에 따라 중국몽(中國夢)이 제국몽(帝國夢)으로 용인될 수 있을 것이다. 이와 같이 중국 안팎에서 관용이 작동될 때라야만 중국몽이 중국 지도부의 의도대로 발전의 꿈, 평화의 꿈 그리고 협력의 꿈으로 인정될 것이다. 그렇지 않고 '아메리칸 드림'과의 경쟁만 의식한 채 국가 차원에서 동원하는 관변 이론에 머문다면, 중국이 '좋은 제국'이 되길 바라는 중국 안팎의 기대를 저버리는 꼴이다.


## IV 중화사상의 통시성과 신천하질서

### 1. 신천하질서와 중화민족주의의 확산

중국의 경제성장(하부구조)에 수반되는 정치대국화(상부구조)는 중국 중심의 패권 출현을 가능하게 하고 있다. 중국은 막대한 인적, 물적 자원을 가지고 있고, 1980년대 이후 급속한 경제성장과 군사력의 확장을 꾀함으로써 동아시아에서의 패권, 나아가 21세기 세계 패권국의 위치를 꿈꾸고 있다(Frankel 1997, 99-101).

　　동서고금의 세계사에서 출몰한 제국들 가운데 특히 지금 중국이 주목되는 이유는, 중국에서는 세계사에 유례없이 전근대적 제국이 여러 국민국가로 분해되지 않고 그 본래의 성격을 유지한 채 오늘에 이르렀기 때문이다. 그 역사적 특이성이 오늘의 중국의 존재 방식을 규정하고 있으므로 제국으로서의 중국에 대한 시각이 없다면 현대 중국에 대한 인식이 결코 깊어질 수 없다. 그들이 과거 유산의 연속성을 부각시키지만 그것이 역사적 실제와 반드시 대응하지는 않는다. 그런데 중국에서 제국 담론의 주창자들이 주장하는 핵심적 문제의식은 "중국을 다시 생각해 다시 구축(重思中國, 重構中國)"하는 것으로 하나의 국민국가라는 프레임으로만 볼 수 없는 방대한 규모를 가진 21세기 중국을 정당화하는 시도라 하겠다.

윌리엄 커비(William C. Kirby)가 "청(淸) 제국은 붕괴되었으나, 제국은 여전히 존재한다"고 했듯이 천하질서는 중국인들의 의식 속에 오랜 세월 동안 각인되어 있는 지울 수 없는 역사적 의식 체계이다(Taiwan Advocates 2004, 66; 이태준 2018, 781). 중화사상의 공간(지리)적 범위나 문화(민족)적 실체는 시대와 상황에 따라 유동적이었지만 중화주의적 국제질서는 변함없이 수직적이고 종속적인 성격을 유지하고 있으며 현재도 중국은 자국의 영향력을 유라시아 지역으로 확대하고, '중국몽' 달성을 위해 하드파워와 소프트파워를 입체적으로 강화시키고 있다. 이 점을 자세히 들여다보면 중국의 제국 담론이란 다름 아닌 '프로젝트로서의 제국'일 뿐이다. 이러한 프로젝트는 중국의 어제와 오늘에 대한 자부심, 중화민족주의적 열망, 미래 중국의 세계사적 역할에 대한 높은 기대의 표현, 서구 근대의 해체를 위한 대안에 대한 조심스러운 전망의 발현이라 할 수 있다. 아편전쟁 이전 동아시아는 '중국 중심의 세계질서(Chinese world order)'의 안정적 구성원이었다. 서구의 패권 안정 체제가 주권 규범을 인정한 상태에서 현실화되는 비공식적 위계질서라면, 중국 중심의 세계질서는 유교 규범을 대외적으로 확장해 국가 간 위계성을 규정한 공식적 위계질서였다(이삼성 2009, 163-168).

동아시아에서 중국의 부상은 변화하는 세계체제의 권력관계 변화를 반영하기도 하며, 또 권력관계를 변화시키는 힘이 될 수도 있다. 역사적으로 동아시아는 '제국 형식의 세계질서'와 '근대 주권국가 형식의 국제질서'라는 두 가지 국제질서를 경험했다. 즉 '조공체계에 의한 중화세계질서'와 '정치적 평등을 구현한 민족국가체제'의 두 형태다. 21세기 중국이 그리려는 새로운 세계질서는 서구 주도의 현 국제질서를 그대로 수용하지 않을 것이고, 조공체계와 화이(華夷)사상을 근간으로 한 전통적 중화 세계질서를 주변국에 요구하는 것이다. 만약 이러한 강압적 요구가 주변국에 적용된다면 전 세계적인 저항을 초래하게 될 것이다. 따라서 이미 국제사회의 규범이 존재하기 때문에 현대 국제질서를 수용하면서 여기에 중국특색을 정교하게 가미한 '중국특색의 현대 국제질서'를 수립하려고 할 것이다. 즉 중국이 지향하는 미래 국제질서는 전통적 중화 세계질서처럼 중국을 중심으로 한 제국과 속국의 관계를 형성하려는 것이다.

현재 논의되는 중국의 제국화 프로젝트는 중국이 어떻게 세계를 인식해왔고, 더 나아가 어떠한 제국이 되려고 하는가에 대한 물음을 자오팅양(趙汀陽)의 저서 『천하체계』를 통해 유추할 수 있다.

▶세계에서 중국이 공헌할 수 있는 적극적 의미는 새로운 형태의 대국, 세계를 책임지는 대국, 세계사에 출현한 온갖 제국과 아주 다른 대국이 되는 것이다. 세계를 책임지는 것은 단지 자신의 국가만을 책임지는 것이 아니다. ▶이것은 이론적인 측면에서는 전통적인 중국 철학의 관점을 갖고 있고, 실천적인 측면에서는 완전히 새로운 가능성을 생각하고 있다. ▶즉 무엇보다도 먼저 '천하'를 정치·경제적 이익에 관한 분석 단위로 삼아 문제를 분석한다. 이는 서양의 민족이나 국가의 사유 방식을 뛰어넘는 것이며, 세계를 책임지는 것을 자신의 소임으로 삼아 새로운 세계 이념과 세계 제도를 창조하는 것이다. ▶세계 이념과 세계 제도는 역사적으로 줄곧 결여되었던 이 세계의 가치관이자 질서였다. 일찍이 세계를 지배했던 영국과 오늘날 세계를 지배하고 있는 미국에는 지금까지 모두 국가 이념만 존재했다. ▶따라서 모두 자국의 이익만 고려했기 때문에 세계를 관리하는 측면에서 영국과 미국은 지금까지도 정치적인 합법성도 없었고 특히 철학적인 합법성도 없었다(자오팅양 2010, 12-13).

이와 같이 중국이 꿈꾸는 21세기 '신형국제질서'는 다음과 같은 특징이 있다.

첫째, 국가 간 차이가 존재하는 위계적 등급질서를 견지하고 있다. 각 국가는 명목상 독립적 주권국가로서 정치적인 평등은 유지하지만 실질적으로는 강대국과 약소국의 영향력 차이에 따라 '등급 질서'의 형태를 띨 수밖에 없다. 중국은 1996년 이래 수교국과의 관계를 친소등급(親疎等級)에 따라 5단계로 분류하고 있다. 이러한 구분에 의하면 북한은 전통적 우호협력관계이고 한국은 전

략협력동반자관계이며, 미국은 건설적 협력동반자관계, 일본은 전략적 호혜관계로 규정하고 있다.[8]

둘째, 중국에 의한 동아시아 질서 구조 개편을 목표로 한다. 중국은 글로벌 차원의 질서가 미국 등 초강대국의 단일 패권에 의해 좌우돼서는 안 되며, 몇몇 강대국이 이끌어가는 다극질서가 되어야 하며, 이런 가운데 동아시아 지역에서는 중국이 주도적인 (dominant) 지위를 차지해야 한다는 인식이 지배적이다.

셋째, 중국과 주변국 간에 서열이 존재하는 형제관계의 구축을 도모하고 있다. 중국과 주변국 모두 형식적으로는 주권국가라는 법률적 평등관계에 놓여 있지만 실질적인 국력의 차이가 존재하기 때문에 중국과 주변국은 동등한 수평적 관계가 아닌 '서열이 존재하는 형제관계'가 돼야 한다는 것이다.

넷째, 유교문화에 기반한 중국특색의 보편적 가치를 제시하고 있다. 중국이 세계에 제시하는 보편적 가치는 자유와 민주, 인권 등 서구적 가치와 유교문화에 기반한 공평과 조화, 포용, 공생, 의리관 등을 결합한 유가적인 중국적 특색의 가치를 구현하려는 것이다.

다섯째, 중국은 세계를 향해 차별화된 외교방식을 통해 미국이 즐겨 쓰는 동맹과 군사력 대신 경제적인 수단 및 담론 주도권 그리고 샤프 파워(Sharp Power)[9] 자원을 활용함과 동시에 경제적

---

8　그 등급은 단순외교관계(単纯建交), 선린우호관계(睦邻友好), 동반자관계(伙伴), 전통적협력우호관계(传统友好合作) 및 혈맹관계(血盟)로 분류하고 있다. 이 가운데 동반자관계는 협력동반자(合作伙伴), 건설적협력동반자(建设性合作伙伴), 전면적 협력동반자(全面合作伙伴), 전략적 동반자(战略伙伴), 전략적 협력동반자(战略合作伙伴), 전면적 전략적 협력동반자(全面战略合作伙伴)관계로 분류한다.

혜택 제공 여부로 타국을 압박하는 것이다(김태환 2018, 3). 중국이 추구하는 신형국제질서가 주변국 동의를 얻기 위해서는 시혜적 왕도정치를 행사함과 동시에 중국의 국가이익에 반하고 비협조적인 국가들에겐 정치경제적 압박을 가하는 행위를 할 것이다.

따라서 글로벌 강대국으로서의 중국의 미래 구상은 함께 경쟁하는 다른 강대국들의 상호 견제, 그리고 수많은 중견국 혹은 약소국과의 상호작용 과정을 통해 결정되기 때문에 중국이 보다 덜 패권적이고 더 호의적인 대국으로 부상한다면 중국에 대한 부정적 이미지를 극복할 수 있을 것이다. 하지만 중국이 주변국의 동조를 얻기 위해선 이웃나라의 민심을 얻어 주도권을 행사하는 '시혜적 왕도정치', 즉 주변국의 무임승차를 용인하고 지역공공재를 공급할 수 있는 어느 정도의 희생을 필요로 한다. 21세기 중국이 그리려는 신형국제질서는 서구 주도의 현 국제질서를 그대로 수용하지도 않겠지만 만일 중국이 조공체계와 화이(華夷)사상을 근간으로 한 전통적 중화 세계질서를 주변국에 요구하면 그것은 전 세계적인 저항을 초래할 것이다.

---

9  Sharp Power란 물리적 강제력을 사용하지 않고 상대방으로 하여금 내가 원하는 것을 하도록 하는 능력을 지칭하지만, 소프트 파워와는 달리 매력을 통해서가 아니라, 정보의 조작(manipulation, disinformation)을 통해서 상대방의 혼란과 분열(distraction)을 도모하고, 직·간접적인 압력이나 보상을 수반하는 포섭(co-optation)을 통해서 주체가 원하는 것을 달성하는 능력을 의미한다. 즉 군사력·경제력(하드 파워)이나 문화의 힘(소프트 파워)과는 구별되는 파워로, 회유와 협박은 물론 교묘한 여론 조작 등을 통해 영향력을 행사하는 것을 뜻한다. 소프트 파워가 상대를 설득해 자발적으로 따르도록 하는 것인 반면 샤프 파워는 막대한 음성자금이나 경제적 영향력, 유인, 매수, 강압 등 탈법적 수법까지 동원해 상대로 하여금 강제로 따르도록 하는 내재적 영향력이라 할 수 있다.

## 2. 중화제국의 재건

왜 이 시대에 제국(Empire)을 논하는가? 오늘날 전 지구적 발전의 동학을 이해하는 데는 국제관계의 상층구조를 형성하는 국가 간 체제(inter-state system)를 이해하는 것이 무엇보다 중요하다. 제국의 흥망성쇠는 세계사의 전개 과정에서 명확하게 드러나는데 이는 패권화를 담론으로 프로젝트화되고 기획화된 제국을 논하는 것이다. 탈냉전 이후 글로벌 정치경제관계를 설명하기 위해 '역사의 종언론', 문명충돌론, 전지구화론 등 다양한 담론들이 제기되었다. 최근 세계경제 위기 속에서 제국화되어 가는 중국을 조망하는 작업은 쇠퇴하는 (특히 2008년 경제위기 이후) 미국과 대국으로 부상하고 있는 중국의 역사적 독자성에 대한 세계적 차원의 관심이 표출되었기 때문이다.

미국이 전후 샌프란시스코 체제와 키신저 체제로 재구축한 국제정치경제질서가 위태로워지면서 미국과 중국은 용호상박의 패권경쟁을 할 수밖에 없다. 중국은 미국 주도의 샌프란시스코 체제에서 배제되었고, 다시 키신저 체제로 자본주의 세계체제에 편입된 후 미국의 호혜적인 지원을 받고 국력을 증강시키면서 G-2 국가로 진화하였다. 이 과정에서 중국은 미국의 의도대로 움직여주지 않은 결과 2018년 미중 무역전쟁을 계기로 곤경에 빠지게 되었다. 미국이 중국을 봉쇄하기 위한 전방위적 공격을 하는 가운데 중국은 미국 주도의 반도체 디커플링에 '과학기술 자강'으로 대응하면서 "높은 수준의 과학기술 자립자강 실현을 가속화하고, 국가전략상의 요구를 지향점 삼아 원천적 선도적 과학기술의 난관을 돌파하는 데 역량을 결집하고 관건적 핵심 기술 공방전에서 결연히 승리"하는 디커플링을 선택했다. 과거 미국과 소련은 군사적 부문과 가치논쟁으로 경쟁을 했지만 중국과 미국은 글로벌 공급망을 공유하는 상황에서 중국의 살길은 과학기술로 무장한 사회주의 건설이다.

향후 10년을 두고 미국은 '결정적인 10년(a decisive decade)'이라고 했고, 중국은 '관건적 시대(關鍵的時代)'로 규정해 미중 강대국 경쟁 시대의 개막을 알림으로써 천하가 양분되는 시기가 다가오고 있는 상황이다. 미국은 국가안보전략(NSS) 보고서(2022.10.12)에서 탈냉전기의 종결과 새로운 시대로의 진입을 선언함과 동시에 중국을 유일한 경쟁 대상이자 최대 위협 국가로 규정했다. 미국의 국방전략(NDS) 보고서(2022.10.27)에서도 중국을 "기존의 국제질서를 바꾸려는 의지와 이를 달성할 수 있는 경제력, 군사력, 외교력, 기술력 등을 모두 갖춘 국가"로 규정했고, 더 나아가 '다양한 영역에서의 위협(multi-domain threat)'을 가하고, 미국을 위협할 수 있는 국가로 규정했다(Ward 2023 ; The White House 2022 ; U.S. Department of Defense 2022).

서방세계에서는 지속적으로 중국 위기론, 붕괴론을 주장하지만 IMF의 2022년 10월 전망치에 의하면 중국 GDP는 미국 GDP 대비 2021년에 77%, 2022년에 81%, 2027년에 93%에 도달할 전망이다. 즉 중국이 GDP 3:1 딜레마의 유혹을 이겨내지 못하고 있다.[10] 중국의 경제굴기를 제지하는 것이 미국의 대중 봉쇄정책

---

10  GDP 3:1 딜레마는 신흥 강국이 기존의 패권국에 도전할 가능성을 암시하는 것으로 모델스키에 의하면 세계 패권 유지는 100년 내지 150년(헤게모니 순환론)

의 핵심이다. 미국은 3(오커스), 4(쿼드), 5(파이브아이즈), 7(G-7), 10(민주주의 동맹), Fab 4동맹, IPEF을 통한 동맹 결속으로 중국의 성장과 발전을 저지하고 있다. 이는 현재 미중 간의 경제 격차 축소(2010년 2.5:1, 2021년 1.26:1, PPP 기준 GDP 2014년부터 중국은 미국을 추월)에 따른 경제통상문제(관세, 금융, 기술, 지적재산권)가 미중 분쟁과 갈등을 야기하는 촉매제 역할을 하는 데 기인한다.

중국인이 국가발전을 이야기할 때 다음과 같은 중국인들의 의식구조를 생각해야 한다. 첫째, 미국의 중국 견제를 인지하면서 자국의 강고한 국가적 통합과 경제부흥을 염원하는 것을 감지할 수 있다. 이때는 자연적으로 세계제국은 아니지만 그에 저항하는 동아시아에서의 제국 지향을 내포하고 있다. 역사적으로 중국에게 동아시아는 '형식적으로는 외부이지만 문화적(정서적)으로는 내부'이기 때문이다. 둘째, 지역제국의 수준을 넘어서 미국을 대체하여 세계를 지배하는 위상까지 염두에 두고 있을까 하는 문제이다. 일반적으로 중국인은 후자의 상상을 표면에 나타내지 않는다. 이것은 단순히 전술이 아니라 리저허우(李澤厚 1990a, 24-25)가 언급했던 중국의 '문화심리구조'이다. 그러나 그렇다고 해서 세계 지배의 위상을 상상하지 않는 게 아니다. 첫 번째 정도의 해석만으로도 우리는 충분히 두 번째 상상에 대한 중국인들의 은연중에 표출된 자의식을 느낄 수 있다. 내재적으로 숨겨진 이러한 겸양의 제국인 중

이며, 패권도전국은 현재 패권국 GDP의 40% 정도를 추격하면 서서히 패권 경쟁에 참여하려는 국가의지가 나타나는 경향이 있다. 구소련은 1970년에 미 GDP의 42%를 추격했고, 일본은 1985년 미국 GDP의 38%에 도달했으며, 중국은 2010년 미 GDP의 40%를 돌파하면서 아시아권에서 일본을 추월하였다.

국이 시진핑 시대에는 주저하지 않고 대국굴기, 책임대국론, 일대
일로 등의 중국몽으로 대변되는 제국 이데올로기 건설프로젝트를
공개적으로 펼치면서 세계인들로 하여금 세계제국을 건설할 자질
과 패권 교체 가능성에 대한 어젠다들을 심각하게 사유하는 계기
를 만들어 주고 있다.

서구가 민족국가 중심으로 제국화를 추구했고, 중국은 영토
중심으로 팽창을 추구하는 과정에서 갈등이 표출되고 있다. 하지
만 중국은 민족이 세운 나라가 아닌 문명이 세운 나라이다(탄종
2019, 93). 이런 관점에서 유의할 점은 민족의 개념을 강조하면 갈
등과 투쟁이 심화되고 공동체를 강조하면 연대가 가능하다. 중국
의 역사는 공동체로 시작했고, 중원의 번영과 안정은 주변의 안정
을 통해 가능했기 때문에 중국은 공동체를 수호하는 데 사활을 걸
수밖에 없었다. 제국주의(Imperialism)는 자본주의가 팽창주의적
속성을 유지하면서 공격적인 대외팽창을 시도하여 국제적 긴장을
고조시켜 전쟁으로 몰고 가는 것을 의미한다. 제국주의 정책에 대
한 다양한 견해들이 있는데 이는 고전적 제국주의자들로부터 시작
된다. 이와 같이 과거 제국주의 논쟁의 핵심은 근대국가의 존재와
역할에 관한 것이 주 대상이었다. 그러므로 주의(-ism)로서 제국
(Imperialism)이 아닌 실체로서의 제국(Empire)을 논의하는 것이
타당하다. 즉 글로벌 자본주의는 오늘날 글로벌 시장과 글로벌 다
국적 기업들에 의해서만 지배되는 시장의 논리에 의지한 자율적인
"제국(Empire)"으로 기능하고 있는 것이다.

오늘날 전 지구적 발전의 동학을 이해하는 데는 경제발전, 세
계화, 제국주의 등 세 가지 기본적인 접근법으로 조망하면 이해

가능하다(페트라스 외 2010). 기존의 '제국(empire)인가, 제국주의 (imperialism)인가'를 둘러싼 논쟁에서 과거 제국주의가 쇠퇴하고, 국가 주권도 약화되고, 그 대신에 '제국'이 담론화되고 있다. 세계 시장과 세계적 생산망, 신세계질서 구조재편과 신지배 논리와 같은 새로운 주권이 단일 지배 논리에 의해 통일된 초국가적 조직으로 변형된다. '제국'은 세계적 교환을 효율적으로 규제하는 정치 주체이자 세계를 지배하는 주권이며, 제국은 주권의 새로운 전 지구적 형태이다.

그러면 여기서 논하려는 제국과 제국주의[11]는 어떤 의미로 쓰이는 것일까. 네그리와 하트의 사유구조를 통해 제국에 대한 논의를 하려고 한다.

▶제국은 힘〔무력〕 자체를 기반으로 하여 형성되는 것이 아니라 힘을 권리와 평화에 기여하는 것으로 제시할 수 있는 능력을 기반으로 형성된다. ▶제국은 자기 자신의 의지에 따라 태어나는 것이 아니라, 오히려 갈등을 해결할 수 있는 자신의 능력을 기반으로 하여 성립되고 구성된다. ▶제국이 현존하는 갈등을 해결하려는 국제적인 합의의 고리에 이미 가까워져 있을 때만 제국은 형성되고 제국의 개입은 사법적으로 정당하게 된다. ▶제국의 팽창은 제국이 해결하려고 의

---

11 제국주의는 핵심부(core state) 국가가 영토를 확장하는 것이며, 영토를 경계로 생산 및 교환의 이동을 제한하기도 한다. '제국'은 영토에 중심을 두지 않으며, 국경의 장벽을 세우지도 않는다. 제국주의는 구심적 경향을 갖지만, '제국'은 원심력의 힘을 가지며, 기업들이 전 세계의 영역을 확장하며, 세계적 생산체계를 수립한다. '제국주의'는 세계를 영국령, 프랑스령, 스페인령, 미국령, 중국령 등 영토기준으로 분할하지만, '제국'은 이들을 하나로 묶는다.

도한 갈등의 내재적인 궤도에 뿌리박고 있다. ▶그렇다면 제국의 첫 번째 과제는 자신의 고유한 권력을 지지하는 합의 영역을 확대하는 것이다(네그리·하트 2001, 43).

다만 문제는 '제국'을 움직이는 동력이 '제국주의'라고 주장할 경우 '제국주의 없는 제국인가 아니면 제국주의 있는 제국인가'라는 논의의 대립점이 제기된다. 즉 오늘날의 세계는 '제국주의가 사라진 제국'이 아니라 제국주의가 주도하는 제국이다. 사실상 '제국'은 20세기 후반 세계질서를 강력한 중앙집권적 국가권력을 이용한 식민지 경영과 영토 확장 전쟁으로 집약되는 고전적 제국주의가 사라진 대신 탈중심·탈영토적 자본권력이 세계를 지배하는 시장 메커니즘에 의한 자율적 시스템으로 전환되어 초국적으로 작용하고 있다. 즉 전 지구적 자본주의는 오늘날 시장과 다국적 기업들에 의해서만 지배되는 자율적인 "제국"으로 기능하고 있다.

하트와 네그리는 주권국가의 형태를 초월한 추상적 의미의 '제국'이라는 개념을 사용하여, 미국이 주도하는 세계화를 타깃으로 하면서, 미국의 세계 경제 지배력을 '제국'의 과도기적 단계로 설정했다. 반국제화 세력은 미국이 중심이 된 선진국가의 다국적 기구 및 회의, 즉 국제통화기금(IMF) 총회, 선진 7개국(G7) 회의, 아시아·태평양 경제협력체(APEC) 정상회담, 세계무역기구(WTO) 총회를 타깃으로 하고 있다. 이들 다국적 기구를 '제국'의 맹아로 보고 있는 것이다. 즉 미국은 2차 대전 이후 브레튼우즈 체제를 통해 무역과 금융질서를 만들어 전후 세계를 공식적으로 지배해왔고, 최근 중국은 경제적 부상에 따라 국제기구에 영향력을 행사하고 더욱이 일대일로와 AIIB를 최전선에 배치하면서 미국의 영향력을 분산시키고 있다.

다른 한편으로 로빈슨과 갤러거는 '자유무역 제국주의(The Imperialism of Free Trade)'론을 기반으로 '비공식적 제국주의(informal imperialism)'의 개념을 제시했다. 그들은 제국주의가 공식적 제국(formal empire)과 비공식적 제국(informal empire)의 지배력을 통해 계속 팽창하고 있음을 주장하였다. 즉 '통상은 하나 지배하지 않는다(trade not rule)'가 아니라 '가능하면 비공식적 지배를 통한 통상을 하고 필요하다면 공식적 지배를 통한 통상도 한다'는 자유무역 제국주의 원칙을 정립하였다(Gallagher and Robinson 1953). 이런 관점에서 보면 제국주의는 새로운 지역들이 새로이 팽창하고 있는 경제에 통합하는 과정에 필요한 정치적 기능으로 가능한 한 비공식적 통제를 하면서 교역(trade)을 하고 필요하다면 공식적인 지배(rule)하면서 통상을 하는 것이다. 즉 자유무역에 의한 경제적 통합이 평화롭고 원활하게 진행되면 공식적 제국주의는 전면에 나타나지 않지만, 경제적 통합 과정에서 장애물 또는 저항이 있다면 공식적 제국주의가 전면에 나타나서 이를 무력으로 극복하려고 한다. 현재 진행되고 있는 중미 간의 무역전쟁이 이에 해당된다.

안토니오 그람시가 제국의 헤게모니를 '동의에 의한 지배'로 개념화한 바와 동일한 맥락이다. 헤게모니 개념은 원래 패도(覇道, formal imperialism)보다는 왕도(王道, informal imperialism)에 가까운 뉘앙스를 갖고 있기 때문에 '헤게모니'는 공공재(public goods)를 제공하는 이타적인 강대국의 정책을 지칭하는 것으로 '팽창'의 속성과 '관용'의 속성을 동시에 구현해야만 그 권위를 인정받을 수 있는 것이다. 자유무역 제국주의가 등장함으로써 유럽 지역에서 민족주의의 '민주화'라는 협조의 틀 내에서 새로운 국가군이 형성되었고, 영토 병합과 식민지 잉여 추출을 위해 서구 식민제국 해체와 비서구로 팽창했으며, 새로운 세계정부를 통해 자체 법칙에 의해 지배되는 세계시장을 형성함으로써 세계경제인 동시에 '세계제국(world-empire)'이 탄생하였다.

미국의 브레튼우즈 체제를 통한 세계화폐 통제, GATT에서 세계시장 형성이 정부 권한 하에 종속, 초국적 기업 내부 교역 증가(직접 투자) 등 미국은 자기 조절적 시장경제의 주 선동자이고 그 신념 확산의 수혜자이지만, 그 신념이 정점일 때도 자유주의를 고집하지 않았다. 미국에 군사력 집중은 제국주의 간 전쟁이라는 20세기 초의 구도의 가능성 부재하나 미국의 전면적 군사개입(예방전쟁 논리)의 가능성이 농후하다. 자본주의 핵심국 간의 패권경쟁은 전쟁을 내재화하고 있으며 역사적으로 중대한 위기들을 전쟁을 통해 해결하는 경향을 보여왔다(Chase-Dunn 1989, 159). 결과적으로 핵심국가들에 의해 치러진 세계전쟁들은 변화하는 세계체제의 경제적 현실(개별 국가의 생산력 수준)에 조응하는 국제정치관계(국제적 생산관계)를 재편해 내기 위한 시도였으며, 역으로 정치군사적 힘을 이용하여 세계적 잉여의 몫을 보다 많이 획득하기 위한 시도로 이해되고 있다(Tompson 1983, 141-160).

최근에 진행되고 있는 '일대일로' 프로젝트는 2세대 지도집단이 주창하고 실천에 옮겼던 '1개 중심 2개 기본점 정책' 못지않은 5세대 지도집단 이후 중국공산당 정권 수립 100년이 되는 2050년까지 변함없이 진행될 중국의 제국화(중국몽)를 실현하기 위한 원대한 국가사업이다. 분명 78년의 대전환은 중국의 경제적 하부구조를 건실하게 조성하는 충분한 조건을 만들어 주었고, 정치경제학의 논리로 보자면 경제적 하부구조는 정치·문화적 상부구조를 결정짓고 변혁시키는 아주 중요한 요인이라는 설명과 일맥상통하기 때문에 물질적으로 충분한 경제력을 갖춘 중국이 당연히 글로벌 차원의 영향력을 확대하고 싶어 하는 것은 힘의 논리를 반영하는 것이다.

중국 정부는 영토 확장, 시장 확장 및 중화사상 재현을 목표로 시진핑 시대의 국가 프로젝트인 일대일로 구상과 신형국제질서 대외전략을 동시에 진행하고 있다. 중국이 구상하는 세계질서는 중국인들의 의식 저변을 관통하는 중화주의적 천하질서 속에서 일대일로라는 경제적 수단을 통해 정치적 목표(중화제국의 복원)를 실현하는 것이며, 천하질서는 중국몽으로 구현되고 이는 중국식 사회주의와 민족주의가 결합한 신형국제질서의 본질이다. '중화주의'는 동아시아 지역 최초의 문명 발생국이었던 중국의 한족이 자국과 자민족의 문화를 최고의 지위와 절대적 기준에 올려놓은 문명관이자 스스로를 주변국들과 구분하는 세계관이며 국제질서관이라 할 수 있다. 중국의 강대국화 전략은 '경제적으로 부유한 나라'에서 '세계질서에 영향력을 행사'하는 나라로 패러다임을 이동시키는 것이며, 제1단계는 일대일로 중심의 '거대경제 통합'이고, 제2단계는 중국제조 2025를 통해 세계 1위 첨단 제조국으로 '기술굴기'를 하는 것이며, 제3단계는 세계 일류 군대를 양성하여 '해양굴기'를 통한 강군전략이라 할 수 있다.

물질적 부의 축적은 중국이 대국화(強國夢)로 가는 아주 중요한 경제적 조건이다. 중국은 경제력을 바탕으로 정치적인 야망(中國夢)을 드러냈다. 중국은 폭발적인 경제성장을 배경으로 하여 '규칙 제정자(Rule-Settler)'로써 주변국들에 대해 패도(覇道)를 사용함으로써 과거 왕조시대의 패권적인 중국으로 회귀하려는 반작용이 나타나고 있다. 헤게모니 개념은 원래 패도보다는 왕도에 가까운 뉘앙스를 갖고 있기 때문에 '헤게모니'는 공공재를 제공하는 이타적인 강대국의 정책을 지칭하는 것으로 '팽창'의 속성과 '관용'의 속성을 동시에 구현해야만 그 권위를 인정받을 수 있는 것이다. 패권국의 지위는 경성권력(Hard Power)과 연성권력(Soft Power)이 동시에 구비될 때 가능한 것이다. 중국이 경제력에 상응하는 정치군사력을 무차별적으로 행사하고 이를 국제사회에서 기강 확립의 도구로 사용한다면 중국이 감당해야 할 거래비용은 기하급수적으로 증가할 것이다.

## V  결론: 유교사회주의의 길

마르크스-레닌주의에 기반한 사회주의 정치·경제시스템은 이를 표방했던 국가들의 자체 이념의 한계와 내부 모순을 포함한 비효율성에 의해 붕괴되었다. 소련 및 동구 사회주의권의 해체와 중국·베트남의 개혁·개방은 현실사회주의가 이들의 고유한 역사·제도적 특징을 내포한 채 자본주의 시장경제로 재편입했음을 의미했다. 이러한 해석은 세계체제론적 관점에서 보면 더욱 분명하다.

반체제 집단으로서 사회주의 국가의 발전 궤적을 보면 제1국면은 자본주의 세계경제로부터 이탈이고, 제2국면은 자본주의 세계경제와 국가 간 체제로의 재편입이다(So 1990, 246-247). 지난 20세기 사회주의혁명 이후 사회주의를 지향하는 국가는 자본주의 세계시장으로부터 어느 정도의 독자적인 자율성을 행사하게 되고, 자력갱생을 위한 '사회주의 프로젝트'를 국가발전전략의 중심으로 선택하였다. 소위 '적대적 사회주의' 체제의 탄생은 자본주의 세계체제의 생산양식 파괴와 그로부터의 이탈을 의미하였다. 만약 전체로서 자본주의적 생산관계의 혁명적 변화를 유도해내지 못하면 사회주의적 생산양식의 완성은 불가능하다.

중국이 공산혁명 이후 문화혁명 시기까지 중국사회주의 프로젝트를 성공시키지 못한 이유와 진정한 공산주의 사회로 진입하지 못한 이유에 대한 가장 간단명료한 답은 생산력의 저하에 따른 경제적 빈곤이다. 이러한 중국사회의 생산력 저하와 생산관계의 모순 심화에 의해 중국사회는 고유한 정체성을 잉태한 채 새로운 길을 모색하는 과정에서 사회주의를 선택하였던 것이다. 사회주의 국가의 발전전략에 최대의 딜레마는 이상적인 세계혁명이라는 목표를 취할 것인가 아니면 현실적인 중상주의적 국가목표를 추구할 것인가를 택하지 않을 수 없는 것이다(Friedman 1982, 90-91, 289-300). 중국사회의 정체성을 극복하기 위한 동력으로서 사회주의를 수용했다는 것은 자본주의 세계체제로부터의 이탈을 내포함과 동시에 현실 사회주의적 프로그램의 적극적 실험을 의미한다. 신중국 건국 초기 제1세대 지도자들이 구상했던 '작위적(作爲的)'인 생산관계의 변화를 통한 급속한 생산력을 회복하기 위한 사회주의 프로젝트는 커다란 모순에 봉착하게 되었다. '공산풍(共産風)'의 실패는 '인민대중들의 충성심'과 '혁명정신'에 호소하고, 단기간에 경제·과학기술이 아니라 인력 투입의 성과만을 가지고 영미 선진국을 따라잡겠다는 환상 속에서 '혁명적 사회주의' 건설에 주력하였기 때문이다.

중국은 '사회주의 초급 단계'에서 '고급 단계'로 진화하고 있고, 중국이 놀라운 경제발전을 바탕으로 국제사회에 보여줄 수 있는 가장 중국적이면서도 보편적인 가치는 유교뿐이다. 유학은 2000년 동안 고도의 문명을 갖춘 중화민족의 정신적 기초가 되었고, 그 독특한 문명체계를 창조하고 유지하게 했다. 중국 전통사회는 정치구조, 경제구조, 의식구조라는 세 가지 기본적인 하위시스템들로 이루어져 있기 때문에 중국의 전통사회나 전통문화에 대해 분석하고 해석할 때는 그 전체 시스템의 틀에서 해야 하며 부분만 추상하여 진행하는 것은 불완전하다(김관도·유청봉 1994). 유교의 가치를 인본주의, 공동체주의, 가족주의, 교육열, 덕치주의 등으로 정의한다면, 이것은 체제와 동서양을 뛰어넘어 초시대적 가치를 지니고 있기도 하다. 중국의 경우 유교는 평등을 중심으로 하는 개혁적 방향으로 전개될 수도 있으며, 또한 유교가 도덕적 기초를 바탕으로 한다는 점에서 자유주의 사상과 기독교처럼 전 세계에 보편성으로 접근할 수 있는 철학체계이며 가치체계이기도 하다. 유교의 비전은 중국이 앞으로 어떻게 유교를 실천하느냐와 세계의 다른 나라들이 유교를 어떻게 수용하느냐에 달렸다.

대니얼 벨(Daniel A. Bell)이나 마틴 자크(Martin Jacques) 등은 중국이 유교를 바탕으로 세계를 지배할 것이라 예견하고 있다

(Bell 2008; 자크 2011). 또한 왕후이(汪暉)나 추이즈위안(崔之元) 을 비롯한 '신좌파' 지식인들은 이미 오래전부터 중국식 사회주의 에 유교정신을 도입한 사회주의 의식개혁을 도모하기도 했다. 가령, 후진타오 국가주석이 정치적 구호로 내놓은 '화해(和諧)' 사회나 '인간중심(以人爲本)'도 조화를 강조하는 유교사상에 기반을 두고 있으며, 유교사상은 현 시진핑 정권의 집정 이념과도 크게 다를 바 없다(习近平 2017). 공자의 위민(爲民)사상인 인정(仁政)·균분(均分)·대동(大同) 이념은 마르크스 사상의 공산(共産) 관념과 대동소이하며, 현재 시진핑 정권이 표방하는 신시대 사회주의관과도 유사하다.

공자는 "적은 것을 걱정하지 말고 재산분배가 고르지 못함을 염려하라. 가난한 것을 걱정하지 말고, 사회가 안정되지 못함을 염려하라"[12]고 하였다. 시진핑 시대의 유교적 가치관의 주요구성 부분인 '공동부유(대동)〔共同富裕(大同)〕' 담론 역시 '대도(大道)가 실행될 때는 천하는 공유가 된다'는 예기 예운편(禮記 禮運編)과 유사하다.[13] 중국의 마지막 대유학자 캉유웨이(康有为)는 『대동서(大同書)』에서 "계급, 인종, 국경, 사유재산의 폐지, 배우자의 선택이 자유로운 사회, 남녀가 동등한 역할을 할 수 있는 사회"를 '대동사회'라고 지칭하면서 공유제를 통한 공동부유의 대동사회를 염원했다

---

12    『论语·季氏』第十六篇. "闻有国有家者, 不患寡而患不均, 不患贫而患不安. 盖均无贫, 和无寡, 安无傾."
13    『禮記. 禮運』第九篇. 大道之行也, 天下爲公. 選賢與能. 講信修睦. 故人不獨親其親, 不獨子其子. 使老有所終, 壯有所用, 幼有所長. 矜寡孤獨廢疾者, 皆有所養. 男有分, 女有歸. 貨惡其棄於地也, 不必藏於己. 力惡其不出於身也, 不必爲己. 是故, 謀閉而不興, 盜竊亂賊而不作, 故外戶而不閉, 是謂大同.

(钱澄·李相万 2022, 235-236).

　　개혁·개방 이전의 중국이 형식적 사회주의를 수용했을지라도 중국인들의 내면세계에는 유교사상이 면면히 흐르고 있었고, 개혁·개방 이후에도 중국적 가치의 본류는 유교였다. 일종의 이데올로기인 유교는 '사(私)'보다는 '공(公)'과 '대동(大同)'을 중시한다. 마르크스 사상과 유교 사상의 변증법적 사유체계[14]라든지 경제적 평등주의, 민본주의 등은 두 사상에서 공통적으로 발견되는 요소인 것이다. 1979년 이래 40년간 형성된 시장경제에 기반한 개혁 전통, 건국 이래의 평등을 추구한 마오쩌둥의 혁명 전통, 수천 년 동안 이어온 인정(仁政)과 가족관계에 기초를 두고 있는 유가 전통의 병존은 '유교사회주의'의 태동을 의미한다.

　　덩샤오핑의 사회주의 초급단계론에서는 '물질에 대한 수요와 낙후한 생산력 간의 모순'이 사회의 주요모순으로 인식되었으나, 시진핑의 '신시대 중국특색 사회주의 사상'에서는 '인민들의 보다 나은 생활에 대한 수요와 불균형하고 불충분한 발전 사이의 모순'이 존재하며 이를 반드시 극복하게 될 때 중국몽은 실현될 수 있다는 것이다(习近平 2017). 시진핑 집권 2기가 제시한 해결책은 '현대화 경제체제 건설'이라는 화두로 시작되고 있으며, 이는 기존의 경제 질서에 대한 변화를 천명하고 있다고 볼 수 있다. 개혁개방 정책이라는 등소평의 경제체제를 탈피하여 신시대에 걸맞은 체제로

---

14　程顾曾提出"动静无端, 阴阳无始"的命题, 肯定对立面转化的永恒性和实在性, 认为阴阳在相互流转的过程中, 总是一屈一伸, 一盛一衰, 往来不停, 一方发展到极处, 必然走向其反面. 据此, 其在《伊川易传》中, 处处阐扬 "物理极而必反" 的学说. 其释泰卦九三爻辞说: "物理如循环, 在下者必升, 居上者必降, 泰久而必否.

전환하여야 인민들의 공동부유와 삶의 질을 향상할 수 있는 기반을 마련할 수 있다는 것이다(宋清輝 2017).

중국의 역사는 황하와 양자강 주변의 지리공동체에서 문명공동체로, 그리고 정치공동체에서 '운명공동체'로 발전해 왔다(탄종 2019, 43-51). 외부 세력이 중원지방을 공격하지 않는 한 그 공동체는 초안정적 공동체를 유지했고, 이러한 평화로운 공동체가 위태로울 때 중원의 집권자 황제는 주변을 향해 선제공격을 하였다. 중국 역사에서 중원지방이 주변 세력보다 강성할 때는 별로 공격적인 성향을 보이지 않은 반면 주변 세력이 중원 세력보다 강성하여 중원지방을 위협할 때 중원 세력은 주변 세력을 선제공격하여 중원의 안정을 도모하였다.

중국이 구상하는 세계질서는 어떠한 신형국제관계인가를 이해하는 것이 중요하다. 중국은 천하질서 속에서 중국식 사회주의와 민족주의가 결합한 중화제국의 원형을 복원하려는 욕망을 가지고 있기 때문에 서구 주도의 현 국제질서를 그대로 수용하지 않을 것이며, 은연중 중국 중심의 국제질서 구축을 시도하지만 그 새로운 질서가 전통적 중화 세계질서처럼 중국을 중심으로 한 제국과 종속국의 관계가 될 수는 없을 것이다. 제시카 첸 바이스(Jessica Chen Weiss)은 미국의 외교정책이 제로섬 경쟁의 위험한 논리에 매몰되고, 미중 간의 극한 경쟁이 미국 외교력을 소진하여 미국의 영향력을 감소시키고 있으며, 미국 역시 자신의 과오를 솔직히 인정할 필요가 있고, 미국의 승리를 위해 반드시 중국을 이길 필요는 없다고 보았다(Weiss 2022).

마틴 자크의 말을 빌려 보면 중국이 세계를 지배하면 다음과 같은 일들이 현실로 나타날 것으로 예측하고 있다.

중국이 세계를 지배하면, 특유의 인종주의 등이 문제를 야기할지도 모르지만, 세계사가 중국 중심으로 다시 쓰어질 것이고, 세계의 수도가 뉴욕에서 베이징으로 바뀔 것이며, 위안화가 기축통화가 되고 중국어가 영어의 자리를 대체할 것이며, 중국의 대학과 음식, 중의학이 세계를 선도할 것이다. 정치도 "민주주의 정치 행태가 아닌, 공산당이 집권하는 탈식민지 시대 개발도상국가로서 권위주의적 유교 전통에 입각한 수준 높은 통치술을 갖춘 정치행태"가 지배하게 될 것이다(자크 2011).

중국이 구상하는 글로벌 거버넌스 참여 과정에서 나타나는 신형국제관계가 어떠한 경향을 가지고 있을까. 첫째, 차이가 존재하는 등급질서를 견지하고 있을 것이고, 둘째, 중국이 아시아의 패권국임을 내세우며 당분간 미국과 공존을 추구하면서 동아시아 질서의 구조를 중국 중심으로 개편하는 것을 목표로 할 것이며, 셋째, 중국과 주변국 간에 서열이 존재하는 합종연횡식 형제관계 구축을 도모할 것이다. 역사적으로 중국은 조공(혜택과 제재, 朝貢), 기미(통제와 회유, 羈縻), 화친(포용과 관용, 和親)을 통해 직간접적으로 주변국을 자국의 영향력 아래에 두려는 정책을 구사했다. 과거와 달리 지금은 중국과 주변국 모두 형식적으로는 근대주권국가라는 법률적 평등 관계에 놓여 있지만 실질적인 국력의 차이에 따라 중국과 주변국은 수평적 관계가 아닌 '서열이 존재하는 형제관계'가 돼야 한다는 것이다. 다만, 중국이 말하는 '공평과 조화', '포용과 공생'이 "서열이 존재하는 형제관계"라는 측면에서 보면 중국 리스크가 될 수도 있다. 하지만 중국은 자국에 도움이 되고 우호적인 국가들에 대해서는 과감하고 시혜적인 화친정책도 추구하는 경향이 있음을 유념해야 한다.

하지만 당분간 중국제국은 팽창과 확장은 가능하겠지만 시혜와 관용을 기대하기는 어려울 것 같다. 역사는 중국이 향후 10년 동안 자신의 운이 다하기 전에 중국이 그토록 원하는 전략적 성취물을 얻기 위해 더 대담하고 심지어 더 변덕스럽게 행동할 것을 예상해야 한다(Brands and Beckley 2021). 이러한 면에서 중국사회주의의 시스템은 세계체제 내에서 '화해–공존'과 '위협–경계'라는 이분법적 사유로 중국이라는 현실사회주의 시스템을 바라보는 모든 이들의 관심을 끌기에 충분하였다. 하지만 '중국 중심의 천하체계(Tianxia System)' 형성 가능성은 '팽창'과 '관용'의 융합적 속성에서 볼 때 아직은 한계가 있다. 중화민족주의로 무장한 중국의 부상은 인류역사의 보편적 가치를 실천하는 '책임 있는 대국의 역할'을 부정하는 것이다. 중국제국의 탄생은 중화민족주의의 해체를 통한 인류의 보편적 가치를 담보할 수 있어야 한다. 다시 말하면 어떠한 제국도 인류의 보편적 가치를 확장시키는 시혜적 패권을 행사하지 못한다면 그 제국의 생명은 단축될 수밖에 없다는 의미이다. 이와 같이 중국제국은 '이웃을 궁핍화'하는 제로섬(Zero Sum)적 제국이 아니라 주변국들과 같이 '숨쉬고[同呼吸], 운명을 함께할[共運命] 수 있는 상생(相生)과 공생(共生)'의 윈–윈(Win-Win)적 패권을 행사할 때 팍스 시니카(Pax-Sinoica)는 용인될 것이다.

# 참고문헌

그레이엄 T. 앨리슨. 2018.『예정된 전쟁』. 정혜윤 옮김. 서울: 세종서적.

김관도·유청봉. 1994.『중국 문화의 시스템론적 해석』. 서울: 천지.

김영진. 2016. "전통 동아시아 국제질서 개념으로서 조공체제에 대한 비판적 고찰."
『한국정치외교사논총』 38(1): 249-279.

김진웅. 2013. "조공제도에 대한 서구학계의 해석 검토."『歷史敎育論集』 50: 409-432.

김태환. 2018. "중국과 러시아의 '샤프 파워'와 함의."『주요국제문제분석』 2018-16.
국립외교원 외교안보연구소.

김한규. 2000. "전통시대 중국중심의 동아시아 세계질서."『역사비평』 2000년
봄호(통권 50호): 283-299.

_____. 2015.『동아시아 역사상의 한국』. 서울: 세창출판사.

김희교. 2022.『짱개주의의 탄생』. 파주: 도서출판 보리.

남궁곤. 2003. "동아시아 전통적 국제질서의 구성주의적 이해."『국제정치논총』.
43(4): 7-31.

마틴 자크. 2011.『중국이 세계를 지배하면: 패권국가 중국은 천하를 어떻게 바꿀
것인가?』. 안세민 역. 서울: 도서출판 부키.

박재규 외. 2019.『새로운 동북아 질서와 한반도의 미래』. 파주: 한울아카데미.

백영서 외. 2005.『동아시아의 지역질서-제국을 넘어 공동체로』. 파주: 도서출판 창비.

안토니오 네그리·마이클 하트. 2001.『제국』. 윤소종 역. 서울: 이학사.

어우양즈. 2020.『용과 독수리의 제국』. 김영문 역. 파주: 살림출판사.

윤명철. 2018. "신중화제국주의적 역사해석과 중국 왕조의 계통성 고찰."『단군학연구』
39: 41-92

윤영인. 2002. "서구 학계 조공제도 이론의 중국 중심적 문화론 비판."『아세아연구』
45(3): 269-290.

이삼성. 2009.『동아시아의 전쟁과 평화 1』. 서울: 한길사.

이상만. 2019. "미중 패권경쟁과 중국제국화 프로젝트 전망."『CSF중국전문가포럼』.

이왕휘. 2021. "중국 지경학의 기원-전한 시대의 화친(和親)과 기미(羈縻)."『지경학의
기원과 21세기 전환』(세계정치 35). 서울: 사회평론아카데미.

이태준. 2018. "대만의 "신남향(新南向)정책"과 "해바라기 학생운동" 고찰." *Asia-
pacific Journal of Multimedia Services Convergent with Art, Humanities, and
Sociology* 8(8)(August): 775-784.

자오팅양. 2010.『천하체계: 21세기 중국의 세계인식』. 노승현 역. 서울: 길.

정용화. 2005. "주변에서 본 조공체계-조선의 조공체제 인식과 활용." 백영서 외 지음.
『동아시아의 지역질서-제국을 넘어 공동체로』. 파주: 도서출판 창비.

정용화. 2006. "조선의 조공체제 인식과 활용."『한국정치외교사논총』 27(2): 5-31.

제임스 페트라스·헨리 벨트마이어·루치아노 바사폴로·마우로 까사디오. 2010.
『제국은 어떻게 움직이는가?』. 황성원·윤영광 역. 서울: 갈무리.

존 J. 미어샤이머. 2017. 『강대국 국제정치의 비극: 미중 패권경쟁의 시대』. 이춘근 역. 서울: 김앤김북스.

최연식. 2007. "조공체제의 변동과 조선시대 중화-사대 관념의 굴절." 『한국정치학회보』 41(1): 101-121.

최원식·백영서 엮음. 1997. 『동아시아인의 동양인식: 19-20세기』. 서울: 문학과지성사.

탄종. 2019. 『중국문명사』. 김승일·전영매 역. 파주: 경지출판사.

피터 터친. 2014. 『제국의 탄생-제국은 어떻게 태어나고 지배하며 몰락하는가』. 윤길순 역. 파주: 웅진지식하우스.

홍성구. 2008. "조공무역체제론의 재검토-해관무역체제론을 위한 시론." 홍성구 외 지음. 『근대중국 대외무역을 통해 본 동아시아』. 동북아역사재단연구총서 30.

Abu-Lughod, Janet L. 1989. *Before European Hegemony: The World System A.D. 1250-1350*. New York: Oxford University Press.

Bell, Daniel A. 2008. *China's New Confucianism: Politics and Everyday Life in a Changing Society*. Princeton: Princeton University Press.

Brands, Hal and Michael Beckley. 2021. "China Is a Declining Power—and That's the Problem." September 24, 2021. [Available on]: https://foreignpolicy.com/2021/09/24/china-great-power-united-states/ (검색일: 2023.02.23).

Bradshaw, Samantha, Hannah Bailey & Philip N. Howard. 2021. Industrialized Disinformation: 2020 Global Inventory of Organized Social Media Manipulation. Working Paper 2021.1. Oxford, UK: Project on Computational Propaganda.

Chase-Dunn, Christoper. 1989. *Global Formation: Structures of the World-Economy*. Cambridge: Basil Blackwell.

Fairbank, J. K. 1968. *The Chinese World Order*. Cambridge, Mass.: Harvard University Press.

Frank, Andre G. 1994. "The World Economic System in Asia before European Hegemony." *The Historian* 56(2): 259-276.

Frank, Andre G. and Barry k. Gills. 1996. *The World System*. New York: Routledge.

Frankel, Jeffrey A. 1997. *Regional Trading Blocs in the World Economy System*. Institue for International Economics.

Friedman, Edward. ed. 1982. *Accent and Decline in the World-system*. Beverly Hills: Sage.

Gallagher, John and Ronald Robinson. 1953. "The Imperialism of Free Trade, 1815-1914." *Economic History Review*. 2nd ser. VI: 1-15.

Gehrke, Joel. 2019. "State Department preparing for clash of civilizations with China." April 30, 2019. [Available on]: https://www.washingtonexaminer.

com/policy/defense-national-security/state-department-preparing-for-clash-of-civilizations-with-china (검색일: 2022.12.27.)

Gerschenkron, Alexander. 1966. *Economic Backwardness In Histirical Perspective-A Book of Essays*. Cambridge, MASS.: Harvard Univ. Press.

Hamashita, Takeshi. 1994. "The tribute trade system and modern Asia." In A.J.H. Latham and Heita Kawakatsu (eds.), *Japanese Industrialization and the Asian Economy*, pp. 91-107. London and New York: Routledge.

Ikeda, Satoshi. 1996. "The History of the Capitalist World-Economy vs. the History of East-Southeast Asia." *Review* XIX(1), winter, 49-77.

Kornai, Janos. 1992. *The Socialism System - The Political Economy Of Communism*. Oxford : Clarendon Press.

Latham, A.J.H. and H. Kawakatsu (eds.). 1994. *Japanese Industrialization and the Asian Economy*. London: Routledge.

So, Alvin Y.C. 1990. *Social Change and Development: Modernization, Dependency and World-System Theories*. Sage Publication Inc.

Taiwan Advocates. 2004. Cross Straits Exchange and National Security of Taiwan, Taiwan Advocates. Taibei.

The White House, National Security Strategy, 12 OCTOBER 2022.

The World Bank. 1993. *The East Asian Miracle Economic Growth and Public Policy*. Oxford University Press.

Tompson, W.R. ed. 1983. *Contending Approaches to World-System*. Beverly Hills: Sage.

U.S. Department of Defense, Military and Security Developments Involving the People's Republic of China 2022: A Report to Congress Pursuant to the National Defense Authorization Act for Fiscal Year 2000, 2022.11.29.

Wallerstein, Immanuel. 1984. *The Politics of the World-Economy*. London: Cambridge University Press.

_____. 2004. *World-System Analysis*. London: Duke University Press.

Ward, Jonathan D.T. 2023. *The Decisive Decade: American Grand Strategy for Triumph Over China*. New York, N.Y.: Diversion Books.

Weiss, Jessica Chen. 2022. "The China trap: U.S. foreign policy and the perilous logic of zero-sum competition." *Foreign Affairs* 101(5): 40-84. (September/October 2022).

Yetkin, Murat. 2018. "No eternal allies, no perpetual enemies." February 28, 2018. [Available on]: https://www.hurriyetdailynews.com/opinion/murat-yetkin/no-eternal-allies-no-perpetual-enemies-128008 (검색일: 2022.11.18.)

趙汀陽. 2005. 『天下體系:世界制度哲學導論』. 南京: 江蘇教育出版社.

黃枝蓮. 1992. "亞洲的華夏秩序-中國與亞洲國家關係形態論." 『天朝禮治體系研究』
　　(上卷). 北京: 中國人民大學出版社.

钱澄·李相万. 2022. "基于儒家文化两岸一体化的探索－以儒教资本主义和儒家社会主义争
　　论为中心－." 『韩中社会科学研究』, 第20卷1号, pp. 223-244.

滨下武志(著)朱荫贵·欧阳菲(译). 1999. 『近代中国的国际契机 －朝贡贸易体系与近代
　　亚洲贸易圈』. 北京: 中国社会科学出版社.

张锋. 2010. "解构朝贡体系." 『国际政治科学』第2期, 第47页.

张勇进 巴里·布赞. 2012. "作为国际社会的朝贡体系." 『中国国际政治期刊』第1期3 (总
　　第31期), 第24-60页.

李澤厚. 1990a. 『古代思想史論』; 1990b, 『近代思想史論』; 1990c, 『現代思想史論』,
　　(臺北:風雲時代出版公司).

习近平. 2017. "〈决胜全面建成小康社会夺取新时代中国特色社会主义伟大胜利〉:在中国共
　　产党第十九次全国代表大会上的报告(2017年10月18日)." 『中国共产党第 十九次
　　全国代表大会汇编』, pp. 1-57.

宋清辉. 2017. "十九大后中国将续写经济发展新传奇." 『中国台湾网』, 2017년 10월 25일,
　　〔Available on〕: http://www.taiwan.cn/m/pl_54904/wyky_54908/201710/
　　t20171025_11856760.htm (검색일: 2019.4.30).

徐瑾. 2019. "十九大后的中国: 经济仍旧是主要矛盾." 『金融时报』, 2019년 10월 27일,
　　〔Available on〕: http://www.ftchinese.com/story/001074827 (검색일:
　　2018.4.30).

"中国强起来的世界意义." 『新华社』, 2017년 10월 21일, 〔Available on〕: http://
　　cpc.people.com.cn/19th/n1/2017/1021/c414305-29600760.html (검색일:
　　2019.4.21).

"习近平在亚洲文明对话大会开幕式上的主旨演讲(全文)." 『新华社』, 2019년 5월 15일.


2012年2月14日习近平访美时华盛顿记者采访会上发言
2014年3月27日习近平在中法建交50周年纪念大会上发言

## 필자 소개

# 이상만Lee, Sangman

경남대학교 극동문제연구소 교수 겸 중국센터장
중국인민대 정치경제학 박사

논저 "Study of the Northeast Asia's Confidence Building Mechanism on Geo-Strategic Perspective", "미·중 전략적 경쟁시기 양안관계: 수렴과 확산의 이중성", "后疫情时代中国灰色地带战略与周边国家关系研究:以中国海警法生效为中心", "미·중 간 전략적 경쟁시기 한국의 대외협력정책에 관한 연구: 경쟁과 협력의 지경학적 관점을 중심으로", "基于儒家文化两岸一体化的探索: 以儒教资本主义和儒家社会主义争论为中心"

이메일 lxw59@kyungnam.ac.kr

# 제2장

# 송대 동아시아질서의 재해석

## — 화친과 역조공

A Reinterpretation of East Asian Order in the Song Dynasty: *Heqin* and Tribute in Reverse

이왕휘 | 아주대학교 정치외교학과

이 글은 송대 화친 정책을 분석한다. 송은 요 및 금과 형제(兄弟), 숙질(叔姪), 백질(伯姪)과 같은 의제적 친연(親緣)관계를 맺었다. 대부분의 경우 송은 요와 금을 숙부와 백부로 모시는 조카의 지위를 수용하였다. 극단적으로 수세에 몰렸던 때에 송은 신하(臣下)를 자처하기도 하였다. 또한 전형적인 천하질서라면, 송은 주변국으로부터 세공(歲貢)을 받아야 했다. 그러나 송은 요와 금에게 세폐(歲幣)를 바쳤다. 중국적 세계질서가 중국사를 관통하는 보편적 개념이 아니라 중국사의 특정 시기에만 해당되는 특수한 개념이라는 사실은 중국의 대외정책 분석에 중요한 시사점을 제공한다. 서구에서는 경제적 부상 이후 중국의 공세적/강압적 외교—더 나아가서는 전랑외교(战狼外交)—의 기원을 천하체계/조공책봉 질서에서 찾고 있다. 중국이 주권 평등에 기반한 국제관계를 무시하고 위계적인 조공 질서를 요구하고 있다는 것이다. 그러나 조약과 무역을 통해 중국이 주변국과 대등한 관계를 장기간 유지해온 경험을 볼 때, 이러한 중국의 태도는 역사적 전통보다는 강대국의 특성으로 평가하는 것이 타당하다. 또한 송은 평화를 위해 정치적 체면과 경제적 실리를 일부 포기하였다. 이런 경험은 경제 규모 증가가 군사력 강화로 연결된다는 논리와 부합하지 않는다. 따라서 중국적 국제관계의 원형을 역사 분석을 통해 발굴하는 시도에 세심한 주의가 필요하다.

This article analyzes the Heqin policy in the Song Dynasty. Song established an artificial kinship with Liao and Chin such as brother, younger uncle-nephew, and elder uncle-nephew relations. In most cases, Song accepted the status of a nephew who served the Northern Dynasties as a younger or elder uncle. When Song was unable to defend their military attacks, the dynasty claimed to be a servant. In a typical Chinese world order, Song should had received tributes from neighboring countries. However, Song sent tributes to Liao and Chin on a regular basis. The fact that the Chinese world order is not a universal concept that penetrates entire Chinese history but a special concept that only applies to certain times of Chinese history provides important implications for China's foreign policy analysis. In the West, after the economic rise, the origin of China's aggressive/coercive diplomacy - furthermore wolf-warrior diplomacy - is being sought in the Chinese world order or tributary state. China is ignoring international relations based on equality of sovereignty and demanding a hierarchical tributary order. However, given China's long-standing experience of maintaining equal relations with neighboring countries through treaties and trade, it is reasonable to evaluate China's attitude as a characteristic of a powerful country rather than a historical tradition. In addition, Song gave up some political face and economic benefits for peace. This experience is inconsistent with the logic that increasing the size of the economy leads to strengthening military power. Therefore, careful attention is needed to attempt to discover the prototype of Chinese international relations through historical analysis.

**KEYWORDS** 화친 *Heqin*, 조공 Tribute, 송 Song, 요 Liao, 금 Chin

# I 서론

중국에서 역사에 대한 평가와 해석은 정치적 변동에 큰 영향을 받아왔다. 한대 기전체를 완성한 사마천(司馬遷)의 『사기(史記)』가 등장한 이후 청대까지 중원을 장악한 왕조는 이전 왕조의 역사를 편찬하는 작업을 국가 과제로 수행하였다. 국가가 직접 편찬을 주도하는 이유는 자신의 정통성을 확보하고 통치에 필요한 역사적 교훈을 도출하는 데 있다. 따라서 역사적으로 논란이 되는 많은 사건은 정치적 목표와 이해관계에 따라 재해석—더 나아가서는 재편찬—되는 경우가 종종 있었다. 실제로 설거정(薛居正)이 974년 편찬한 『양당진한주서(梁唐晉漢周書)』—속칭 구오대사—에 대한 불만은 구양수(歐陽修)가 1023년 완성한 『오대사기(五代史記)』—속칭 신오대사—로 귀결되었다.

송사(宋史)도 여기에 예외가 아니다. 송대 한족이 중원을 장악했지만 북방은 거란(요), 탕구스(서하), 여진(금), 몽고(원)가 통치하였다. 이런 문제 때문에 원에서 송사를 편찬할 때 요와 금을 어떻게 취급할 것인가에 대한 논쟁이 있었다. 원에서는 요사(遼史)와 금사(金史)를 송사와 분리함으로써 송뿐만 아니라 요와 금을 정통 왕조로 인정하였다. 금의 후예를 자처했던 청에서 사고전서(四庫全書)를 편찬할 때 건륭제는 요사와 금사를 정사에 포함한 흠정이십사사(欽定二十四史)를 정사(正史)로 공인하였다. 청을 붕괴시킨 신해혁명은 멸청복명(滅淸復明)을 주장한 한족에 의해 주도되었다. 민국 시대 만주족에 대한 반감은 송사를 중심으로 요사와 금사를 재해석하는 대송사(大宋史)가 등장하였다. 대송사는 중국 내 다양한 민족 사이의 조화보다는 갈등을 조장할 수 있다는 비판을 받았다. 한족, 만주족, 몽고족, 회족, 장족의 오족공화(五族共和)가 제창된 이후 한족을 중시하는 대송사는 점점 쇠퇴하였다. 56개 민족의 화합을 주장하는 통일적 다민족국가(統一的多民族國家)과 중화민족 다원일체론(中華民族多元一論)을 지향하는 중화인민공화국에서 송사, 요사, 금사는 하나로 통합되는 경향이 나타났다. 즉 송, 요, 금, 서하를 대외관계가 아니라 대내관계로 재해석하는 것이다(葛兆光 2014; 거자오광 2019). 그 결과 송과 요, 금, 서하 사이의 무력 충돌은 대외전쟁이 아니라 내전으로 간주되는 것이다. 이런 관점에 따라 송을 구하려고 노력한 악비를 민족영웅, 금과 타협을 시도한 진회는 매국노라는 이분법이 역사 교과서에서 기각되었다(이근명 외 2010; 이근명 2021).

서구 학계에서는 중국 학계와 다른 방향으로 송대를 연구해왔다. 전통적으로 송은 경제와 문화에서 선진적이었지만 안보와 군사에서 취약하였다는 평가를 받았다. 송은 이전의 통일왕조와 달리 북방 영토를 거란, 여진, 몽고, 탕구트에게서 탈환하지 못했다. 북방을 장악한 정복왕조의 역할을 강조한 칼 비트포겔의 요사와 내륙 아시아를 변경이 아니라 중심으로 해석한 오웬 라티모어(Owen Lattimore)는 요와 금을 송과 동등한 위상을 가진 국가라는 점을 환기시켰다. 정복왕조/내륙아시아 개념은 다극체제 또는 다국가질서를 가정함으로써 대송사에 내재되어 있는 일극체제인 천하체계/조공책봉 질서를 부정한다. 송·요·금·서하 사이의 관계는 중국적 세계질서(Chinese World Order)보다 동등한 국가들 속의 중국(China among Equals)으로 더 잘 설명된다(Rossabi 1983). 이런 맥락에서 송의 요 및 금과 화의를 통한 세력균형이 치욕이 아니라 성과라는 해석까지 나왔다. 즉 조약을 통한 평화가 무력을 통한 지배에 대한 대안이 될 수 있다는 것이다(윤영인 2011).

이런 배경에서 이 글은 송대 화친 정책을 분석한다. 화친 정책의 핵심은 맹약(盟約)과 화약(和約)에 있다. 비교적으로 보면 맹약은 균등한 관계, 화약은 불균등한 관계에서 체결된다. 맹약이든 화약이든 화친은 천하체계/조공책봉 질서에 부합하지 않는다. 전통적인 천하체계/조공책봉 질서에서 중원 왕조는 주변국과 신속(臣屬)관계를 체결했다. 기미(羈縻)의 차원에서 허작(虛作)을 하기도 했지만, 적어도 명목상 중원 왕조는 주군이었고 주변국은 신하였다. 그러나 송은 요 및 금과 형제(兄弟), 숙질(叔姪), 백질(伯姪)과 같은 의제적 친연(親緣)관계를 맺었다. 연장자 기준을 내세워 형의 지위를 확보한 적도 있었지만, 대부분의 경우 송은 요와 금을 숙부와 백부로 모시는 조카의 지위를 수용하였다. 극단적으로 수세에 몰렸던 때에 송은 신하(臣下)를 자처하기도 하였다. 특이한 점은 송은 다른 중원왕조와 달리 통혼(通婚)을 한 번도 활용하지 않았다. 또한 전형적인 천하질서라면, 송은 주변국으로부터 세공(歲貢)을 받아야 했다. 그러나 송은 요와 금에게 세공을 바쳤다. 송은 상국에 바치는 세공보다 대등한 국가에 제공하는 세폐(歲幣)라는 표현을, 요와 금의 수도에 직접 진상하지 않고 국경에서 전달하는 방식을 각각 선호하였다. 어떤 명칭을 사용하든 송이 요와 금에게 역조공(逆朝貢; tribute in reverse)했다는 사실은 부정될 수 없다(Yang 1968, 21).

송대 화친 정책은 중국적 세계질서가 중국사를 관통하는 보편적 개념이 아니라 중국사의 특정 시기에만 해당되는 특수한 개념이라는 사실을 잘 보여준다. 이 사실은 중국의 대외정책 분석에 중요한 시사점을 제공한다. 중원을 장악한 왕조라도 압도적인 군사력을 확보하지 못해 수세에 몰릴 때는 굴욕적인 타협을 감수할 수밖에 없다.

이 논문의 구성은 다음과 같다. 다음 절에서는 송대 화친 정책에 대한 평가가 어떻게 변모해 왔는가를 정리한다. 3절에서는 송이 요 및 금과 맺은 화친 조약의 내용을 영토, 외교관계, 조공, 호시, 각장(権場)을 중심으로 분석한다. 마지막으로 송대 화친 정책이 주는 국제정치적 함의를 제시한다.

## II 송대 화친 정책

### 1. 역사적 평가

송대 화친 정책에 대한 평가는 한족을 정통으로 보는 화이론에서 출발하였다. 요는 구오대사에서 외국열전(外國列傳), 신오대사에서는 사이부록(四夷附录)에 배치하였다. 이러한 역사관은 송대 정통론으로 발전하였다. 주희(朱熹)는 『자치통감강목(資治通鑑綱目)』 범례 통계(統系)에서 춘추(春秋)의 온전히 천자(天子)의 제도로 사방을 다스린다는 기준에 따라 정통 왕조를 규정하였다. "무릇 정통은 주(周), 진(秦), 한(漢), 진(晉), 수(隋), 당(唐)을 이른다." 이 기준을 따르면, 송대 정통은 송이며, 요와 금은 무릇 먼 지역의 소국[遠方

小國]에 불과하다(박지훈 2002; 2003; 최영희 2010; 정도원 2018).

송의 멸망 이후 원은 송사를 편찬할 때 요사와 금사를 어떻게 배치할 것인가를 고민하였다. 송을 정통으로 보면, 송을 본기(本紀), 요와 금은 각각 세가(世家) 또는 열전(列傳)으로 구분해야 한다. 반면 송과 요가 남조와 북조라는 명칭을 사용했기 때문에 요와 금을 북사(北史), 송은 송사(宋史)와 남송사(南宋史)로 분류해야 한다는 의견도 있었다. 이 논쟁은 도총재관(都總裁官) 겸 감수국사(監修國史)를 맡은 탈탈(脫脫)이 "삼국 모두에게 정통성을 부여하고 각각의 연호를 사용한다(三國各 與正統, 各繫其年號)"는 원칙에 따라 해소되었다. 그 결과 요사와 금사는 송사와 구분하여 편찬하였다(이개석 2007).

한족이 수립한 명대에서 송대에 대한 재평가가 이뤄졌다. 왕수(王洙)의 『송사질(宋史质)』과 가유기(柯維騏)의 『송사신편(宋史新編)』은 요사와 금사를 송사에 종속시켰다. 명 영종이 오이라트에게 포획된 토목보의 변(土木堡之變)은 이런 재해석을 가능하게 만든 정치적 분위기를 조성하였다(景愛 2016).

청의 건륭제는 사고전서를 편집할 때 『수서(隋书)』경적지(经籍志)에서 처음 사용되었던 정사(正史) 개념을 도입하였다. 건륭제는 이 개념에 따라 이전 왕조가 편찬했던 사서들 중에 24사를 흠정하였다. 여기에 송사뿐만 아니라 요사와 금사도 포함되었다. 따라서 요사와 금사는 정사로 완전하게 공인되었다.

아편전쟁과 태평천국(太平天國) 운동으로 멸청복명이 시대정신으로 부상하였다. 만주족을 제치고 한족이 정국의 주도권을 확보하면서, 전통사상을 현대적으로 재해석하는 국학(國學)이 등장하였다. 금석학의 대가 왕꿔웨이(王國維)는 "송나라 왕조 사람들의 지혜 있는 활동과 문화의 여러 방면에서 걸친 우수함은 이전의 한 나라와 당나라나 이후의 원나라와 명나라도 모두 미치지 못하는 수준이다"(김학주 2018, 12에서 재인용)라고 평가하였다. 수당사 전문가인 츤인꺼(陳寅恪)도 "중화민족의 문화는 수천 년을 걸쳐 발전하여 송나라 시대에 최고 단계에 이르렀다"(김학주 2018, 14에서 재인용)고 동의하였다. 일본 역사학자 나이토 고난(內藤湖南)도 중국의 근세가 송대에서 시작되었다고 주장하였다(Miyakawa 1955).

이런 분위기 속에서 송사를 중심으로 요사와 금사를 통합하는 대송사(大宋史)가 형성하였다. 신해혁명을 주도한 손문이 한족 중심의 복명멸청에서 한족, 만주족, 몽고족, 회족, 장족의 오족공화로 입장을 전환하면서, 대송사에 대한 비판이 제기되었다. 요사와 금사를 송사의 일부로 재편할 경우, 소수민족의 역사적 역할과 비중을 간과하거나 차별하는 문제가 발생하기 때문이다(박지훈 2010; 육정임 2010). 진위푸(金毓黻)와 덩광밍(邓广铭)은 이런 문제를 회피하기 위해 송·요·금·서하를 통합하는 시각을 제시하였다. 56개 민족의 화합을 지향하는 통일적 다민족국가/중화민족다원일체론의 입장에서 대송사는 역사적으로 근거 없으며 정치적으로 위험하다는 것이다(景愛 2017; 李华瑞 2020).

반면 서구, 대만, 한국에서 송대 연구는 남북조로 구분되어 발전해왔다. 서구 학계에서 가장 권위 있는 연구서인 캠브리지대학 출판부의 중국사 시리즈는 5대사 및 송대사(Twitchett and Smith 2009; Chaffee and Twitchett 2015)와 요·금·서하·원사(Franke and Twitchett 1994)를 구분하였다. 이렇게 따로 편찬한 이유는 한족과 이민족의 역할을 균형 있게 보기 위한 시도라고 할 수 있다. 대송사와 같이 요·금·서하를 송에 종속시키게 되면 내륙 아시아의 북방 민족(정복왕조와 침투왕조)의 역할과 비중이 줄어들 수밖에 없다.

송-요 및 송-금 관계가 적어도 대등했다는 사실을 인정하게 되면, 존화양이(尊華攘夷)를 목표로 하는 춘추사관(春秋史觀)으로 포장된 천하체계/조공책봉 질서의 근저에 있는 한족 중심의 정통론/화이론은 자동적으로 부정된다(Wang 2011; 2013). 또한 정통성과 충성심은 한족의 소유물이 아니었다(박병석 2022). 요와 금은 송에 대한 군사적 우위를 넘어 이념적 우위까지 추구하였다(Chan 1984; Hymes and Schirokauer 1993; Standen 2006). 이 당시 다원적 국제관계가 맹약과 화약이라는 외교수단을 통해 안정적으로 유지되었다는 사실은 긍정적으로 평가된다(Wright 2005; Lorge 2015; Tackett 2017). 더 나아가 전연의 맹 이후 100년간 송-요 관계를 천하체계/조공책봉 질서의 대안으로 간주하기도 한다(Rossabi 1983; Tao 1988). 즉 합의적이고 수평적인 송 유형은 강압적이고 위계적인 진한 유형(수, 당, 원, 명, 청)과 상반된다(Wang 2017).

대만에서는 송·요·금·서하 사이의 외교관계를 다국체제로 해석한다. 영어로 번역된 『宋遼關係史研究』에서 타오진성(陶晉生)은 송-요 관계를 두 개의 천자가 공존하는 일종의 양극 체제로 분석하였다(Tao 1988). 『宋遼金史論叢』에서는 송대 국제관계가 전통적인 천하체계가 아니라 동아시아 다원적 국제관계(東亞的多元國際關係)라는 개념으로 설명하였으며, 정통론/화이론에서 치욕으로 간주하는 전연의 맹을 조약을 통한 외교라는 전연 모델로 높이 평가하였다(陶晉生 2013). 『宋代外交史』는 이러한 시각을 바탕으로 송·요·금·서하·원의 국제관계를 서술하였다(陶晉生 2020).

　한국에서는 20세기 말까지 송대 연구는 주로 송사에 집중되어 있었기 때문에 요사와 금사에 대한 연구는 제한적이었다. 21세기 들어 발해와 고려의 대외관계사에서 북방민족에 대한 관심이 제고되었다(윤영인 2008; 2009; 이근명 외 2010). 2010년대에는 요사(脫脫 1344a)와 금사(脫脫 1344b)의 한글 번역이 완간되었으며 요와 금의 통치전략(김인희 2020; 2021) 및 외교의례(김성규 2020)에 대한 심층적인 연구가 발표되었다.

　서구·대만·한국 학계는 유교적 전통의 천하체계/조공책봉 질서를 비판하였지만 중국학계의 통일적 다민족국가/중화민족다원일체론을 수용하지 않았다는 공통점을 가지고 있다. 또한 대부분의 연구에서 송·요·금·서하 사이의 세력균형을 긍정적으로 간주하고 있다는 점도 주목할 필요가 있다.

## 2. 송대 화친 조약의 특징과 쟁점

일반적으로 천하체계(天下體系)/조공책봉(朝貢冊封) 질서는 주례에서 기원한 종법제(宗法制)에 기초를 두고 있다(趙汀陽 2005).

　　한 제국 천자를 정점으로 책봉과 조공을 매개로 한 봉건적 세계질서의 수립이 '천명'의 신성적 권위와 위엄에 의탁된 유가의 유토피아 사상에 의해 이념적으로 미화되었지만 실제적으로는 한 제국의 동중아시아 패권 장악과 일극체제의 봉건적 국제질서의 수립이었다(이춘식 2020, 8).

천자가 주변국의 군주에게 봉책을 제수하고 주변국의 군주는 천자에게 봉표를 올리고 칭신한다. "책봉은 항상 조공을 동반하며, 조공을 동반하지 않는 책봉은 책봉으로서 의미를 갖지 못했다…조공도 반드시 책봉을 동반해야 하기 때문에, 책봉이 동반하지 않는 조공은 조공이라고 말할 수 없다(김한규 2005, 31)."

화뇌여결화친(貨賂與結和親)의 약어인 화친(和親)은 천자가 주변국을 정벌할 군사력을 보유하지 못할 경우 화친을 추구하였다. 거의 대부분의 경우 화친은 공물, 관시, 통혼을 수단으로 활용하였다. 공물은 사치품인 비단, 금, 은 등을 선물로 하사—실질적으로는 제공—하는 것이다. 관시는 생필품과 군수품을 거래할 수 있는 있는 국경 지대에 설치된 시장이다. 중원 왕조는 주로 곡물, 차, 농기구, 북방민족은 말과 양을 포함한 가축을 팔았다(Barfield 1989). 통혼은 혈연관계를 맺는 방법이다. 주로 중원 왕조의 공주, 종실 여인 또는 궁녀를 북방민족의 군주에게 시집을 보냈다(崔明德 2007).

형식적으로는 조공책봉 질서에 포함되어 있지만 실적으로는 독립성을 유지하는 기미(羈縻)도 화친으로 불 수 있다. 물론 주변국의 군주에게 책봉은 국내적으로 정통성을 강화하는 효과가 있었다. 그러나 책봉은 현상변경이 아니라 현상유지를 위한 명분을 제공한다는 점에서 천자가 주변국의 군주에게 내리는 책봉은 실절적인 권한과 보상이 없는 허관(虛官)과 허작(虛爵)이다.

조공체제가 요구한 사항은 대부분 형식적인 것이었다. 호한야 선우는 특별 대우를 받아 한나라 모든 귀족보다 지위가 높았으며 많은 선물을 받았고 한나라 조정은 선우의 추종자들을 국가체제에 통합하려 하지 않았다. 이 소식을 접한 질지도 정책을 바꾸어 한나라 조정에 인질을 보내어 조공체제에서의 이익을 추구하였다. 이제 흉노는 한족왕조가 본래 명목적 복종에만 관심을 가졌으며 이를 위해 후하게 대우할 것이라는 사실을 알게 되었다. 이 시기 이후 '복종', '칭신', '조공' 등의 용어를 사용하는 조공체제가 대외관계의 표준이 되었다. 일단 조공체제의 본질을 알고 난 후 초원 부족들은 더 이상 조공체제에 크게 반발하지 않았다. 대신 조공체제를 계속하여 중원을 이용할 수 있는 새로운 틀로 인식하였다. 조공체제를 반대한 중원의 관료들은 유목민들이 진실됨이 없이 단지 이익만을 추구하였다고 비판하였다. 초원부족들에 있어서 (조공체제의) 용어는 수용하기 어려울 것이 없었고 만일 중원왕조가 유목민의 아첨을 큰 대가로 사겠다면 말과 양 등 그들의 가축과 함께 기꺼이 팔고자 하였다. 하지만 한나라 조정과 흉노 모두 이 새로운 친선관계 선언의 이면에는 유목민이 여전히 습격이나 위협을 통해 중원을 혼란시킬 수 있다는 사실이 존재한 것을 잘 인식하고 있었다(Barfield 1989, 149).

중원의 통일 왕조가 주변국과 동등한 입장에서 맹약과 화약을 체결했다는 점에서 송대 화친은 천자가 주변국 군주보다 우위에 있는 기미와 근본적으로 다르다. 송대 화친은 한대 화친과 비교해 보면 그 차이가 명확하다. 영토와 친연관계(형제, 숙질, 백질)는 그 이전의 화친에는 없었다(김위현 2004; 이왕휘 2021).

맹약과 화의에서 가장 중요한 쟁점은 영토이다. 북송은 석경당이 요에 할양한 연운 16주의 회복을 가장 중요한 전략적 목표로 삼았다. 변경에서 임안으로 수도를 옮긴 남송은 장강 이남을 수호하는 데 중점을 두었다.

그 다음으로 심각한 대립구도는 양자관계의 성격이다. 천하체계/조공책봉은 군신관계에 기반을 두고 있다. 즉 중원을 장악한 정통 왕조의 천자가 군, 그 밖의 제후는 신이다. 그러나 송-요-금-서하 사이에는 이런 관계가 부분적이고 일시적으로만 적용되었다. 북송-요 사이에는 군신관계가 아니라 형제, 숙질, 백질 등의 의제적 친연(親緣)관계가 형성되었다. 남송-금 사이에는 친속관계뿐만 아니라 군신관계까지 등장하였다. 이때 금의 황제가 군, 송의 황제가 신이었다.

조공에 대해서도 갈등이 빈번하였다. 송은 내용뿐만 아니라 형식에 집착했다. 비단, 은, 돈, 차 등을 얼마나 줄 것이며 어느 장소에서 호시와 각장(榷場)을 개설하는가에 대한 협상은 비교적 쉽게 타협에 도달하였다. 월등히 큰 경제를 보유한 송의 입장에서 조공에 대한 부담은 크지 않았다. 또한 호시와 각장을 통한 교역에서 송은 요, 금, 서하로부터 많은 흑자를 얻을 수 있었다. 반면, 형식에 대해서 송은 전통적인 천하체계/조공책봉을 유지하기 위해 노력했다. 천자에 바치는 세공이라는 표현을 최대한 피하려고 했다. 따라서 요사와 금사에 세공으로 기록되어 있는 내용이 송사에는 세폐로 기록되어 있다. 서하에는 천자가 제후에 하사하는 세사라는 표현을 사용했다. 또한 세공이라는 평가를 피하기 위해 요와 금의 수도에 직접 진상하지 않고 국경까지만 운반하는 편법을 사용하였다(신채식 2008a, 30-41).

특이한 것은 화친의 핵심인 통혼(通婚)이 한 번도 성사되지 않은 것이다. 거란과 서하 사이에는 정략결혼이 여러 번 시도된 반면, 북송과 요, 남송과 금 사이에 정략결혼은 한 번도 없었다(Tao 1983, 71). 엄밀한 의미에서 화(和)만 있었지 친(親)은 없었다는 점에서 송대 화친은 상당히 예외적이라고 평가될 수 있다.

**표 2-1.** 송대 화친 조약

| 명칭<br>(연도) | 국가 | 관계 | 영토 | 세폐 | | 무역 | 기타 |
|---|---|---|---|---|---|---|---|
| | | | | 은(냥) | 비단(필) | | |
| 석경당-<br>아율덕광<br>(936년) | 요-후진 | 군신·부자 | 연운 16주 | | 30만 | | |
| 전연의 맹<br>(1004년) | 요-송 | 형제(연장<br>자가 형) | | 10만 | 20만 | 호시<br>각장 | 포로 송환 |
| 경력화의<br>(1044년) | 송-서하 | 군신<br>(송이 군,<br>서하가 신) | | 7만(연)<br>2만<br>(명절) | 15만(연)<br>2만 3천<br>(명절) | 호시 | 차 3만 근(연)<br>1만 근(명절) |
| 해상의 맹<br>(1121년) | 금-송 | | 금(중경)<br>송(남경 및 연운<br>16주) | 20만 | 30만 | | 동전 100만<br>관과 녹반<br>2,000 바구니 |
| 정강의 변<br>(1126년) | 금-송 | 군신 | 초(괴뢰국) 설립<br>휘종·흠종 포획 | | | | |
| 소흥화의<br>(1141년) | 금-송 | 군신 | 국경<br>(회하, 대산관) | 25만 | 25만 | 각장 | |
| 융흥화의<br>(1162년) | 금-송 | 숙질 | 상주, 진주 할양 | 20만<br>(세공을<br>세폐로<br>개칭) | 20만 | | |
| 가정화의<br>(1207년) | 금-송 | 백질 | 양회 할양 | 5만 증<br>액(세폐)<br>300만<br>(배상금) | | | 포로 송환<br>한탁주 제거 |
| 악주화약<br>가사도-<br>쿠빌라이 | 원-송 | 부자(조손) | 국경(장강) | 20만 | 20만 | | |

출처: 저자 작성(무역은 安國樓 1997, 93-97).

# III 송대 화친 조약: 내용과 평가

## 1. 맹약과 화약

### 1) 요-후진의 화친(936년)

당의 몰락 이후 중원은 5대 10국 시대로 접어들었다. 정통으로 인정받는 5대는 후량(後梁, 907~923년), 후당(後唐, 923~936년), 후진(後晉, 936~946년), 후한(後漢, 946~950년), 후주(後周, 951~960년)로 이어졌다. 북방은 거란의 야율아보기가 916년 수립한 요가 통치하였다.

요가 후당과 화친하게 된 계기는 하동(河東)과 유주(幽州)에서 기원하였다. 하동절도사 이극용은 후량을 설립자인 주온과 유주절도사 유인공과 경쟁하기 위해 905년 야율아보기에게 사자를 파견하였다. 양 측은 운주(鄆州)에서 중국옷과 말을 교환하면서 형제관계를 맺었다. 우호관계는 이존욱 사후 붕괴되었다. 거란은 이극용을 계승한 이존욱이 909년 주온에 대항하기 위해 거란에 병력 지원을 요청했으나 거절하였다(이계지 2014).

유주에서도 이와 유사한 사건이 발생하였다. 유인공은 그 아들인 유수광에게 병권을 탈취당한 후 유수광의 동생인 평주자사 유수기가 거란에 투항하였다. 반란을 진압하기 위해 출병한 유수광의 형인 유수문은 거란에 재물을 보내 병력 지원을 요청하였다. 이 요청을 수락하지 않았던 거란은 911년 평주를 점령하였다.

북방지역에 대한 거란의 장악력은 919년 요의 건국 이후 더욱 강화되었다. 936년 후당의 말제 이종가는 권력을 강화하기 위해

하동절도사 석경당을 제거하려고 하였다. 말제는 석경당이 원조를 청하기 전에 먼저 요에 포로 송환과 세폐를 제공하는 방안을 검토하였다. 그러나 공주를 시집보내라는 요구를 받을 수 있다는 경고에 말제는 거란과 화친을 포기하였다(이근명 2022, 188).

석경당은 이종가와 대결하기 위해 요에 병력을 요청하였다. 석경당은 병력 지원을 요구할 때 요에 세 가지 사항을 약속하였다. 첫째, 요에 칭신(稱臣)뿐만 아니라 칭자(稱子)를 자청하였다. 둘째, 연운 16주를 요에게 할양하겠다. 셋째, 요에게 매년 비단 30만 필을 공납하겠다. 이 조건을 수락한 요 태종이 직접 5만 군사를 지휘하여 후당을 공격함으로써 석경당이 후진의 황제로 등극할 수 있었다(윤영인 2019, 113-115).

석경당의 제위 기간에 이 결맹은 잘 준수되었다. 요와 후진은 군신 및 부자관계가 되었다. 요 태종은 석경당을 대진황제로 직접 책봉하였다. 석경당은 국서에 요 태종을 부황제(父皇帝), 자신을 아황제(兒皇帝)로 표기하였다. 후진은 938년 이 지역의 지도와 호적을 요에게 헌납하였다. 요와 후진 사이에 사신이 정기적으로 교류하였다. 후진은 길흉 경조사 및 정초에는 공납하였다(이근명 2022, 193).

석경당 사후 요와 관계는 악화되었다. 후계자인 석중귀는 요에게 국상을 알릴 때, 칭손(稱孫)했지만 칭신(稱臣)은 하지 않았으며 봉표(奉表)가 아니라 치서(致書)를 사용하였다. 후진이 약속을 어겼다고 분노한 요 태종은 943년 후진을 침략하였다. 요의 계속된 공격을 견디지 못한 석중귀는 946년 후진을 멸망시켰다.

947년 태원에서 유지원이 설립한 북한은 951년 망하고 천웅

군절도사 곽위가 후주를 세웠다. 이때 요는 후주를 인정하지 않고 유지원의 종제인 유숭이 설립한 북한을 책봉하였다. 이후 요는 북한이 후주를 공격할 때 지원군을 파병하였다. 954년 유숭이 사망하고 유승균이 승계하였다. 유승균은 처음에 요에 아황제를 자칭하였는데 나중에 연호를 개정한 사실을 요에 알리지 않았다. 이후 요의 지원을 받지 못한 북한은 979년 송 태종의 공격으로 멸망하였다.

## 2) 전연의 맹(1004년)

후주의 전전도점검(殿前都點檢)이던 조광윤(趙匡胤)은 후주의 공제로부터 선양을 받아 960년 송을 건국하였다. 건국 초기 선남후북(先南後北) 전략에 따라 송 태조는 요와 북한보다 남당을 우선 공략했다. 요 경종은 974년 송과 우호관계를 맺어 사신을 정기적으로 교류했고 변경에 호시를 열었다. 그러나 975년 남당, 979년 북한을 각각 멸망시킨 송 태종은 979년 및 986년 북벌하였으나 두 번 다 실패하였다. 999년 이후 요가 여러 차례 남하해 송의 변경을 공격하였다(유원준 2017).

1004년 요 성종이 직접 남벌해 개봉에 접근해 오자 송 진종도 친정하였다. 송은 개봉이 점령당할 수 있는 위험에 처하자 요와 화친을 도모하였다. 1004년 12월 7일(양력 1005년 1월 17일) 「송진종서서(宋眞宗誓書)」에 송의 제안이 그대로 드러나 있다.

때는 [송 진종] 경덕(景德) 원년, 해로는 갑진년(1004) 12월 경진달 병술 7일에 대송 황제가 삼가 거란 황제 폐하에게 서서(즉 맹약의 서신)를 보냅니다. 서로 정성된 믿음으로 받들어 좋은 맹약을 굳게 지키며, 풍토(즉 송)의 자원으로 [거란의] 군사비용을 돕기 위해 매년 비단 20만 필과 은 10만 냥을 보냅니다. 또 북조에 [세폐를] 전달하기 위해 사신을 파견하지 않으며 다만 삼사에 명하여 사람을 보내 웅주까지 운반하여 전달합니다. 변경지역에 접한 주(州)와 군(軍)은 각각 변경을 지키며 양측 지역 사람들은 서로 침범하면 안 됩니다. 혹 도적이 [다른 쪽으로] 도주한다면 그들의 체류를 허락하거나 숨겨주지 않습니다. [변경지역] 농토에서 [작물을] 심고 수확하는데 남과 북은 소란을 허용하지 않습니다. 양쪽의 모든 성곽과 해자는 이전처럼 유지할 수 있으며, 해자의 준설과 수리는 모두 [이전] 일반적 사례를 따릅니다. 성곽과 해자를 새로 축조하거나 하천의 길을 파는 것은 불가합니다. 서서에 [명시된 내용] 외에 각국은 [다른] 요구를 하지 않으며 반드시 협동하여 오래 지킬 것입니다(윤영인 2019, 122에서 재인용).

전연의 맹에서 송은 체면, 요는 실리를 추구하였다. 첫째, 양국은 형제관계를 맺었다. 형과 동생은 나이순으로 정하기로 합의하였다. 당시 송 진종이 요 성종보다 나이가 많아, 송이 형, 요가 동생이었다. 이후 요와 송은 서로를 북조(北朝)와 남조(南朝)로 칭하였다. 둘째, 송은 요에 매년 비단 20만 필, 은 10만 냥을 세폐로 지급하였다. 송이 요에 조공한다는 형식을 피하기 위해 송이 요의 중경에 직접 바치지 않고 국경지대인 웅주(雄州)에서 전달하였다. 셋째, 변경에 각장을 설치하였다. 넷째, 국경을 배국하로 하고 국경지대에 성과 해자의 신축을 금지하였다. 이후 양국은 길흉경조

(吉凶慶弔)·생신절일(生辰節日)에 사절을 정기적으로 파견하였다. 맹약이 유지된 120년 동안 양국 사이에 대규모 전쟁은 발생하지 않았다.

전연의 맹에 대한 송 진종의 평가는 긍정적이었다. 조건을 협상하러가는 조이용(曹利用)에게 진종은 세폐의 규모를 100만까지 허용하였다. 세폐가 30만으로 결정되자 진종은 조이용을 승진시키고 상까지 내렸다. 비단 20만 필은 일개 군(郡)의 생산량이었으며, 10만 냥은 전체 예산의 0.5% 또는 군비의 1-2% 미만이었다(윤영인 2019, 122).

그러나 성하지맹이라는 부정적 평가를 피할 수 없었다. 어느 쪽이 먼저 화의를 요청했는가에 대해서는 송사와 요사의 기록이 다르다. 왕계충 열전을 기준으로 보면, 요사에서는 송, 송사에는 요가 각각 먼저 제의한 것으로 기록되어 있다(이장욱 2020, 175). 요사 흠종 본기(興宗本紀) 및 유육부(劉六符) 열전에 세폐가 아니라 세공으로 기록되어 있다. 이런 의미에서 송은 요에 역조공을 했다는 평가를 받았다(Yang 1968, 21). 즉 "전연의 맹약은 불평등한 실제 내용을 외교적 평등함을 통해 감추었던 것이다(박지훈 2011, 121)."

1006년 전연의 맹에 반대했던 왕흠약(王欽若)은 송 진종에게 "萬乘의 고귀함으로 城下의 盟을 맺었으니 어찌 부끄럽지 않겠습니까(以萬乘之貴而爲城下之盟, 其何恥如之)"라고 진언하였다(이석현 2009, 121). 이런 부정적 평가에 대해 진종은 협상을 주도했던 구준을 파직하고 천자의 권위를 과시하기 위해 1008년 태산에서 봉선(封禪)을 거행하였다.

## 3) 경력화의(1044년)

원에서 송대 역사를 편찬할 때 서하는 독립적인 왕조사로 기록된 요사나 금사와 달리 외국열전에 포함되었다. 1038년 칭제(稱帝)한 이후 독자적인 연호를 사용하였으나, 송과 요로부터 책봉을 받을 때는 황제보다 한 단계 낮은 왕(王) 또는 국주(國主)의 칭호를 받아 들였다. 한편에서 이계천(李繼遷)은 986년 군사적 지원을 받기 위해 요에 귀부하였으며 986년 요에 구혼까지 요청하였다. 요는 이계천에게 작위를 내리고 종실인 야율양(耶律襄)의 여식을 공주로 봉하여 시집을 보냈다. 다른 한편, 그의 아들 이덕명(李德明)은 전연의 맹이 체결되었던 1004년 송에 사신을 보내 칭신하였다. 송은 1006년 그를 왕으로 책봉하고 은 1만 냥, 비단 1만 필, 돈 2만 관과 차 2만 근을 하사하였다. 서하의 군주가 서평왕(西平王)이라는 작위를 받는 대신 매년 은 1만 냥, 비단 1만 필, 돈 3만 관, 차 2만 근의 세사(歲賜)를 받으며 소금 무역을 허용받았다. 또한 송은 변경에 각장을 개설하여 무역을 허용하였다(윤영인 2019, 126). 그럼에도 불구하고 서하는 약 200년간 자율성을 확보하였다. 가장 중요한 이유는 서하가 송과 요의 수도에 멀리 떨어진 서역의 하서주랑(河西走廊) 주변에 위치해 있었다는 지리적 이점이다. 그 다음으로 서하는 송과 요 사이에서 세력균형을 잘 활용하였다(윤영인 2013, 14).

1031년 승계한 이원호(李元昊)는 즉위 후 송을 모방했던 관제와 복식을 탕구크 전통으로 변경하였다. 1038년 서하는 칭제한 후 송에게 보낸 조서(詔書)를 보내어 이 사실을 알렸다. 송은 서하가 칭제한 다음 해인 1039년 하사했던 조(趙) 씨 성을 삭탈하고 세사

(歲賜)를 취소하는 것은 물론 섬서(陝西)와 하동(河東)의 호시와 보안군(保安軍)의 각장을 폐지하였다. 이 조치에 불만을 가진 서하는 즉각 송의 보안군을 공격하였다.

어느 쪽도 압도적인 우위를 차지하지 못하고 교착 상태에 빠지자, 1041년 요는 송이 서하에게 패배한 이후 관남(關南) 10현의 반환을 요구하였다. 서하를 막는 데 국력을 소진한 송은 군사적 압박보다는 외교적 협상을 통해 요를 설득하였다. 송이 제시한 조건은 요 황실과 혼인과 세폐의 증액이었다. 1042년 거란이 세폐를 선택하면서 혼인이 세폐보다 더 굴욕적이라는 비판이 해소되었다. 송은 요가 관남 10현을 포기하는 대가로 기존 세폐에 비단 10만 필, 은 10만 냥을 추가하였다(이근명 2018).

요의 위협을 차단하는 데 성공한 송과 서하는 1043년 화약을 논의하였다. 송은 서하가 칭신할 경우 이전과 같은 세사를 제공한다는 협상책을 제시하였다. 송이 요구한 핵심 조건은 칭신, 서하는 각장이었다. 이원호는 송에 보낸 국서에 송 황제를 부(父), 자신을 남(男)으로 칭하였다. 송은 칭부가 칭신이 아니라고 간주하고 협상을 중단하였다. 요와 관계가 악화되면서 서하는 송의 요구를 수용하였다. 이에 송은 이원호를 왕이 아니라 서하주(西夏主)로 책봉하고 매년 비단 13만 필, 은 5만 냥, 차 2만 근을 제공하며, 세시(歲時)에 은 2만 냥, 은기 2천 냥, 비단 2만 필, 세의(細衣) 1천 필, 잡백(雜帛) 2천 필, 차 1만 근을 추가로 하사하였다. 또한 송은 서하와 각장도 재개하였다(이근명 2020, 71-72).

비록 칭신하였지만, 서하는 송으로부터 두 가지 양보를 받아 내었다. 송이 서하에 책봉할 때 보낸 서조(誓詔)에서 서(誓)는 대등한 관계, 조(詔)는 위계적 관계를 의미한다. 또한 국주(國主)는 황제보다 낮지만 왕보다 높은 작위였다. 이러한 형식적 차이는 서하가 송에게 일방적으로 굴복한 것이 아니라는 사실을 잘 보여주는 증거다(윤영인 2013, 20-21).

## 4) 해상의 맹약(1121년)

요에 복속한 여진이 흥기하여, 아골타가 1115년 금을 건국하였다. 요가 금에게 압도당하는 상황이 발생하자, 송은 금과 화친을 통해 연운 16주 탈환을 계획하였다. 이를 위해 송은 1117년부터 금에 사신을 파견하고 금도 송에 사신을 보내, 요를 양쪽에서 협공할 수 있는 방안을 논의하였다. 협상은 시작한 지 4년 후 체결되었다.

맹약의 내용은 상황 변화에 따라 변화하였다. 가장 크게 바뀐 내용은 협공 전략이다. 금은 요에 승리하면서 계속 남하하였으나, 송은 요에 계속 패하면서 북상하지 못했다. 이 때문에 금은 연운 16주 전부가 아니라 6개 주만 송에게 할양하였다. 이에 대해 송은 요에게 바쳤던 은 20만 냥, 비단 30만 필, 그리고 더불어 연경(지역)에서 매년 나오는 세금의 5분의 1 혹은 6분의 1에 〔해당하는〕 전 100만 관의 가치에 해당하는 물품을 제공하였다. 그러나 이 맹약에 양국 관계에 대한 논의는 포함되어 있지 않다. 친족관계(부자, 백질, 숙질 등)에 대한 표현이 없었으며 송은 여진을 노(虜)로 칭하였다(윤영인 2020, 119-121).

## 5) 정강의 변(1126년)

1123년 금이 요 천조제(天祚帝)를 추격할 때 송은 금이 임명한 남경유수 장각(張覺)을 회유하였다. 금은 송의 이러한 행위가 해상의 맹약을 위반한 것이라고 주장하였다. 이 때문에 금은 송에게 영토를 돌려주기로 했던 약속을 지키지 않았다. 금은 1125년 송을 압박하기 위해 동과 서에서 공격을 개시하였다. 1126년 정월 송의 수도인 개봉이 포위당하자, 송은 금과 백질관계라는 굴욕적인 화의를 수용하였다. 금은 송에게 인질로 강왕(康王) 조구(趙构) 및 태재(太宰) 장방창(張邦昌), 위로금으로 금 5백만 냥과 은화 5천만 냥과 함께 중산(中山), 하간(河间), 태원(太原)의 3진을 할양받은 후 철군하였다. 금은 8월에 다시 송을 침공하였다.

송 흠종은 금군이 철수한 후 영토 반환을 중지하는 것은 물론 실지 회복을 추진하였다. 1127년 금은 송을 공격하여 태상황인 휘종과 흠종을 사로잡았다. 금은 장방창을 황제로 내세워 초(楚)라는 괴뢰국을 금릉에 건설하였다. 이후 금은 휘종과 흠종을 포함한 친왕, 황손, 부마, 공주, 비빈, 귀족, 각종 장인 등 14,000여 명을 중경으로 압송하였다. 포로로 잡히지 않았던 강황 조구가 응천부에서 즉위하였다.


6) 황통/소흥화의(1141년)
금은 송 고종을 포획하기 위해 계속 남하였다. 고종은 추격을 피하기 위해 화친을 모색하였다. 1137년 휘종이 억류 중 사망하자 송은 금에 사신을 보내 시신의 반환을 협상하였다. 금이 휘종의 시신과 황태후를 돌려보내고 영토 할양을 약속하자, 송은 1138년 주화파인 진회(秦桧)가 고종을 대신해 금의 조서를 무릎 꿇고 받음으로써 타결되었다.

금에서 발생한 권력투쟁의 여파로 이 화의는 실행되지 않았다. 금은 표문에서 연호를 기록하지 않았으며 예물을 직접 바치지 않는다는 이유로 송 사신을 1139년 구금하였다. 금이 1140년 송을 공격하였으나, 한세충(韓世忠), 장준(張俊), 악비(岳飛) 등이 금군을 격퇴하는 것은 물론 정주(鄭州), 낙양(陽陽) 등을 탈환하였다. 예상과 달리 승세를 확보하지 못한 금은 결국 1141년 송의 제안을 수용하였다.

황통/소흥화의는 정강의 변보다 더 치욕적인 내용을 포함하였다. 국서에 금은 '상국(上國)' 남송은 '보잘 것 없는 나라[弊邑]', 고종은 '구(構)'로 칭하였다. 즉 송이 금에게 칭신함으로써 백질관계가 군신관계로 격하되었던 것이다. 또한 송은 매년 금에 은 25만 냥, 비단 25만 필을 공납한다. 경계는 회하(淮河)와 대산관(大散矣)을 기준으로 정하고 악비가 탈환한 당(唐), 등(邓), 상(商), 진(秦)을 할양한다. 송은 금이 요구한 장소에 각장을 허용하였다(윤영인 2020, 129-132).

이외에 금은 송에게 주전파의 제거를 요구하였다. 화의 직전 송 고종은 한세충, 장준, 악비의 병권을 회수하였다. 화의가 타결된 다음 해인 1142년 송은 악비를 죽이고 악가군(岳家軍)을 해체하였다. 이에 상응하는 조치로 금은 고종의 생모인 위현비(韦贤妃)를 송으로 돌려보냈다. 이후 남자남(南自南), 북자북(北自北)을 주장한 진회가 주도한 송은 매년 금 황제의 생일과 원단에 축하 사절을 파견하였다(박지훈 2003).

송 고종은 이런 치욕을 감추기 위해 태평성대에 나타나는 상서를 조작하는 태평분식(太平粉飾)을 시도하였다. 북송 멸망의 원인을 왕안석의 신법으로 돌리는 한편, 소흥화의를 미화하였다. 이런 조치는 고종과 주화파의 취약한 정통성을 강화하는 데 기여하였다(홍승태 2019).

### 7) 대정/융흥화의(1164년)

금 희종을 처형하고 1150년 황제에 오른 해릉왕(海陵王)은 1161년 수도를 변경(汴京)으로 천도한 후 남송을 침략했다. 그러나 해릉왕이 남진하는 틈을 타 세종(世宗)이 변경에서 즉위하였다. 이 소식을 들은 해릉왕은 남송과 화약을 맺은 뒤 철군하였다. 이 과정에서 세종이 회유한 장수들이 해릉왕을 시해하여, 남송과 교전이 중단되었다. 정국의 혼란을 수습하기 위해 세종은 남송과 화친을 주도하였다.

금이 정변에 휩싸여 제대로 대응하기 어려울 것이라고 판단했던 송 효종은 주전파 장준(張等)을 기용하여 1163년 북벌을 시도하였다. 그러나 북벌군은 금군에게 격파되었다. 이에 효종은 금과 화약을 시도할 수밖에 없었다. 금의 요구사항은 칭신, 공납, 네 개 주의 반환 및 도망자의 송환이었다. 군사적 열세에도 불구하고 남송이 이 요구조건의 수용을 완강히 거부하자, 금은 영토를 반환하면 군신관계에서 숙질관계로 변경해주겠다고 제안하였다.

1164년 송은 금에게 당(唐), 등(邓), 해(海), 사(泗)를 할양하고, 상(商)과 진(秦)을 재할양하였다. 대신 금으로부터 네 가지 양보를 받았다. 첫째, 금과 송은 군신관계에서 숙질관계로 조정되었다. 송 효종은 금 세종을 숙부로 불렀다. 둘째, 송이 금에 바치는 물건의 명칭도 세공에서 세폐로 변경되었다. 이와 동시에 세폐의 양도 경감되었다. 송이 약속한 은 20만 냥, 비단 20만 필은 소흥화의에 비해 각각 5만 냥, 5만 필 경감되었다. 셋째, 소흥화의에서 규정한 경계를 유지한다. 또한 도망자에 대해서는 송환을 하지 않는다(윤영인 2020, 136). 금사에 나온 국서(國書)라는 표현은 이전에는 없었다. 양국 사이의 외교문서는 군신의 예로서 금은 하조(下詔), 송은 봉표(奉表)로 불렀다(김위현 2004, 653).

체결 후 30년 이상 대규모 전쟁이 없었다는 점에서 대정/융흥화의는 송과 금 모두에게 이익이 되었다. 송 효종은 북벌의 실패를 만회할 수 있는 시간을 벌었으며, 금 세종은 정국을 안정시킬 수 있는 계기를 확보하였다. 또한 송의 입장에서 융흥화의는 소흥화의에 비해 덜 굴욕적이었고, 금은 영토를 할양받는 실리에 만족하였다(박지훈 1998, 78).

## 8) 태화/가정화의(1207년)

북방에서 몽고가 흥기하자 송은 약해진 금에 대한 북벌을 1206년 개시하였다. 송 영종(寧宗)의 외척인 한탁주(韓侂冑)와 그의 심복인 소사단(蘇師旦)이 주도한 개희북벌(開禧北伐)은 금의 역공으로 실패하였다. 한탁주는 개인 재산 20만 관을 군사비로 기부하는 동시에 금에게 화친을 요청하였다. 금은 1207년 송에게 도망자의 송환, 세폐의 증액, 북벌 주모자 압송, 군신관계, 영토 할양을 요구하였다. 남송은 이 중 포로 송환과 통사전 지급만 수용하였다. 그러자 금은 남송의 공격을 추진하였다. 남송은 금의 침공을 막기 위해 세폐를 은 30만 냥, 명주 30만 필로 증액하고 군사 위로금으로 300만 관, 소사단의 수급을 조건으로 제시하였다. 금은 일부 영토의 반환 대신에 한탁주의 수급을 요구하였다. 최종적으로 남송이 한탁주와 소사단의 수급을 금에 바친 1208년 화의가 성사되었다.

대정/융흥화의에 비해 태화/가정화의는 송에게 훨씬 더 치욕적이었다. 우선 숙질관계가 백질관계로 변화하였다. 또한 세폐가 은 20만 냥, 비단 20만 필에서 은 30만 냥, 비단 30만 필로 증액되었다. 그나마 금이 국경을 소흥합의로 확정하면서 점령했던 대산관(大散关)과 호주(濠州)를 포기해서 송의 체면을 세워주었다. 그러나 송은 철군 대가로 금에게 은 300만 냥을 배상해야 했다.

금이 몽고의 침략을 받아 수세에 놓이면서 송은 태화/가정화의를 준수하지 않았다. 남송이 1211년 보낸 사신이 몽고의 공세로 인해 금의 수도에 도착하지 못했다. 그러자 남송은 칭신하지 않은 것은 물론 세폐도 중단하였다.

북쪽에서 본 손해를 남쪽에서 만회하기 위해 금은 남송을 공격하였다. 금은 남송의 일부 영토를 점령하였으나 통치할 수 없어 후퇴하였다. 계속되는 전란에 각장까지 피폐해지면서 금의 재정은 계속 악화되었다. 이런 상황에서 금은 송에 화친을 제안하였다. 송은 금의 제안에 응하지 않았다. 오히려 1214년 협공 제의에 응하지 않았던 금송은 1220년 서하와 화친을 맺었다.

협공을 막기 위해 금은 송과 서하와 화친을 시도했다. 금은 1225년 서하와 화친에 성공했지만, 송과는 실패했다. 몽고는 금을 공격하기 위해 남송과 협공을 제안하였다. 남송은 하남을 돌려받는 조건으로 몽고와 화친에 합의하였다. 1234년 남송과 몽고의 협공으로 금은 멸망하였다.

## 2. 화친에 대한 평가: 외교, 군사 및 경제

### 1) 외교

전통적인 천하체계/조공책봉 질서의 관점에서 송대 송–요–금–서하 사이의 외교는 비정상적이라고 할 수 있다. 특히 한족 중심의 화이론에서 송이 요와 금에게 친연관계는 물론 군신관계를 수용했다는 사실은 치욕으로 받아들여진다. 이런 부정적 평가는 주전론의 기반이 되었다. "이는 남송말부터 이학이 사상사의 주류를 이루고 관학화하면서 대응명분론이 강화된 것과 그 궤를 같이 하고 있다(박지훈 1998, 98)."

그럼에도 불구하고 전연의 맹 이후 지속된 100년간의 평화가 기여한 바를 부정하기는 어렵다. ""전연의 맹약"은 거란과 송 모두의 필요에 의해 양국의 정책결정자와 사신들의 활약으로 연출된 고도의 정치적 전략으로 이를 통해 양자는 각자 얻을 수 있는 이득을 최대한 확보하게 된 상생전략(相生戰略)이었다고 생각한다(이장욱 2020, 184)."

상대방을 존중하는 정기적 교류를 통해 형성된 외교의례는 세력균형이 평화를 가져오게 만드는 데 결정적 기여를 했다(Wright 2005; 김성규 2020).

은과 견은 사실상 군사보상비로, 거란이 요구했던 관남지역의 반환을 무마한 것이며, 바로 세폐인 셈이다. 이 세폐는 명칭상 조공(朝貢), 또는 진공(進貢)으로 되어 있지 않다. 물건을 주는 형식도 거란의 수도에 가서 주는 것이 아니라 국경지역에 가서 교부하는 것이었다. 이 세폐를 제외하면 전연의 맹약에서 규정된 내용은 비교적 평등하게 되어 있다. 평등한 규정이란 첫째 양국은 서로 상대방의 군주를 '황제'로 호칭하였다. 둘째는 '남북조'라는 칭호이다. 이러한 칭호는 조약 가운데 존재하는 것 이외에도 차후의 국서(國書)와 관방 문서 중에 역시 적지 않게 기재되어 있다. 셋째는 양조 평등한 외교의 예절이다. 이러한 예절은 상대방 사절에 대한 대우와 예물의 교환을 포괄한다. 모두 세심하게 어떠한 일방이 굴욕을 느끼지 않도록 배려하였다. 넷째, 의제적 친연(親緣)관계를 설정하여 군주 간의 친속관계를 만들었다. 즉, 상하 존비의 개념이 아닌 장유(長幼)의 구분으로 관계를 설정한 것이다(박지훈 2011, 120).

## 2) 군사

당의 몰락과 5대 10국의 혼란 원인을 절도사의 권력 남용으로 생각했던 송 태조는 사대부(士大夫)를 존중하는 문치주의(文治主義)를 국정이념으로 설정하였다. 그럼에도 불구하고 수도인 개봉(開封)이 방어하기 어려운 지형에 있기 때문에 송은 거의 100만에 육박하는 상비군을 유지하였다. 문관을 존중하고 무관을 천시했기 때문에 상비군은 연운 16주를 탈환하기는커녕 요와 금의 남하를 막는 데 급급했다. 태종은 북벌에 실패했으며 부상을 당하기도 했다. 이런 역사적 맥락에서 개봉을 포위당하자 진종이 요와 맹약을 추진했던 것이다. "송-요 국경은 약 100년 동안 평화롭게 유지되었다. 이러한 안정은 요의 군사적 및 수사적 승리의 결과였다(Lorge 2015, 15)."

비록 그 기간이 매우 짧아서 예외적으로 간주되고 있지만, 송-

요의 남북조 시대는 무정벌이 아니라 화친을 통한 평화의 가능성을 보여주었다는 점에서 그 역사적 의의가 충분하다. 실제로 전연의 맹이 유지되는 기간 중에는 전쟁 빈도가 중국 역사상 낮았다(Wang 2017, 36-37).

## 3) 경제

1040년대 서하와 전쟁 중 송의 상비군은 약 140만 명이었다. 1060-1070년대 병력이 70-80만 명으로 반감하였다. 그러나 이러한 군대를 유지하는 데 재정의 약 80%가 소요되었다. 군비를 충당하기 위한 방안으로서 왕안석(王安石)의 신법(新法)이 시도되었다(신채식 2008b, 334-346). 이런 의미에서 신법은 '영구적인 전시 재정 체제'로 평가된다(von Glahn 2016, 236).

화친이 송의 재정 부담을 줄여주었다는 점은 분명하다. 송이 요, 서하, 금에 제공한 물품 및 돈의 규모는 상비군 및 전쟁 비용에 비해 월등히 적었다. 전연의 맹에 규정된 "연례 세폐는 전쟁이 발생했을 때 군비의 1-2% 이하였다"(Tao 1988, 24). 또한 송이 지급한 세폐의 대부분은 호시와 각장 무역을 통해 송으로 되돌아왔다. 즉 송은 요, 서하, 금과 교역에서 흑자를 계속 유지하였다. "수입보다 수출이 많아서 송은 거란에 세폐로 보낸 은 전부를 다시 획득할 수 있었다(Yoshinobu 1983, 98)."

또한 영토를 보전하거나 회수하는 대가로 지불한 세폐는 보상금이라고 할 수 있다. 이는 해당 지역에서 징수할 수 있는 토지세에 의해 충당되기 때문에 추가적인 부담이라고 할 수 없다. 이런 재정 문제 때문에 송은 변경을 영토로 편입하는 데도 소극적이었다. 휘종에게 풍집(馮檝)은 "판도에 넣는다 해도 허명만 남을 뿐이고, 국고를 채우는 데에도 실리가 없다"(거자오광 2019, 54에서 재인용)고 상주하였다.


## IV 결론

송대 화친 조약은 명청대의 역사적 경험을 바탕으로 구성한 중국적 세계질서는 물론 전통적인 천하체계/조공책봉 질서가 통시적으로 보편적이지 않다는 사실을 증명한다. 송대 국제질서는 천하체계가 가정하는 단극체제가 아니라 양극 또는 다극체제였다. 이런 점에서 당시 송-요-서하, 송-요-금-서하, 송-금-원 사이에 세력균형이 작동했다고 할 수 있다. 주변 민족을 군사적으로 압도하지 못할 경우, 중원을 장악한 통일 왕조도 정벌이 아닌 화친을 선택할 수밖에 없었다. 따라서 책봉과 조공을 활용한 천하체계를 중국 대외관계의 본질이나 원형으로 간주하는 것은 견강부회라고 할 수 있다.

　화친을 통해 전쟁을 중단하고 대등한 관계에서 외교의례와 교역을 통해 평화를 유지해온 역사적 경험은 중국적/중국의 국제관계에 중요한 함의를 가진다. 서구에서는 경제적 부상 이후 중국의 공세적/강압적 외교—더 나아가서는 전랑외교—의 기원을 천하체계/조공책봉 질서에서 찾고 있다. 중국이 주권 평등에 기반한 국제관계를 무시하고 위계적인 조공 질서를 요구하고 있다는 것이다. 그러나 송대 화친 조약처럼 중국이 주변국과 대등한 관계를 장기간 유지해온 경험을 볼 때, 이러한 중국의 태도는 역사적 전통보다는 강대국의 특성으로 평가하는 것이 타당하다. 따라서 중국적 특색을 역사 분석을 통해 발굴하는 시도에 세심한 주의가 필요하다.

송은 맹약과 화약에서 평화를 위해 정치적 체면과 경제적 실리를 일부 포기하였다. 이런 경험은 경제 규모 증가가 군사력 강화로 연결된다는 논리와 부합하지 않는다. 전연의 맹 이후 장기간의 평화 속에서 송은 경제적으로 번영했지만 재정 부담을 완화하기 위해 군비를 감축하였다. 이런 기조는 해상의 맹약 전후에 잠시 중단되었다. 송은 연운 16주 탈환을 위해 금과 연합을 시도했던 것이다. 그러나 정강의 변 이후 송은 다시 금과 화친을 도모하였다. 이러한 화친의 역사는 미중 간 격차가 사라지기 전까지 중국의 대미 정책이 신중할 수밖에 없는 이유를 잘 설명해준다.

# 참고문헌

김성규. 2020. 『송대 동아시아의 국제관계와 외교의례』. 서울: 신아사.

김위현. 2004. "중원왕조의 조공사례 연구." 『고구려발해연구』 18: 643-663.

김인희 편. 2020. 『움직이는 국가, 거란: 거란의 통치전략 연구』. 서울: 동북아역사재단.

_____. 2021. 『전사들의 황금제국 금나라: 금나라 통치전략 연구』. 서울:
　　　 동북아역사재단.

김학주. 2018. 『중국의 북송시대』. 서울: 신아사.

김한규. 2005. 『天下國家: 전통시대 동아시아 세계질서』. 서울: 소나무.

동북아역사재단 한국고중세사연구소 편. 2021. 『구미학계의 중국사 인식과 한국사
　　　 서술 연구』. 서울: 동북아역사재단.

박병석. 2022. "문화접변이론을 통해 본 화이론(華夷論)의 구조와 전략." 『한국동양
　　　 정치사상사연구』 21(2): 1-41.

박지훈. 1998. "남송 효종대 융흥화의와 화전론." 『동양사학연구』 61: 71-101.

_____. 2002. "남송대 화이론의 성격." 『이화사학연구』 29: 68-81.

_____. 2003. "남송 고종대 주전파의 화이론." 『동양사학연구』 85: 75-99.

_____. 2010. "중국 학계의 북송과 요의 관계사 연구동향." 이근명 외. 『동북아 중세의
　　　 한족과 북방민족: 최근 중국 학계의 연구동향과 그 성격』. 서울: 동북아역사재단.

_____. 2011. "송요간의 전쟁과 和議: 澶淵의 전역과 맹약을 중심으로."
　　　 『동북아역사논총』 34: 95-130.

신채식. 2008a. 『송대대외관계사연구』. 서울: 한국학술정보.

_____. 2008b. 『송대정치경제사연구』. 서울: 한국학술정보.

여사면. 2021. 『중국문화사: 고대 중국 문화 설명서』. 유효려 역. 서울: 학고재.

유원준. 2017. "북송 초 宋軍의 戰術과 戰力에 관한 연구(1)-周 세종의 北漢 공략
　　　 사례를 중심으로." 『중국사연구』 106: 27-58.

육정임. 2010. "중국 학계의 송금 관계사 연구동향." 이근명 외. 『동북아 중세의 한족과
　　　 북방민족: 최근 중국 학계의 연구동향과 그 성격』. 서울: 동북아역사재단.

윤영인. 2007. "10~13세기 동북아시아의 다원적 국제질서에서의 책봉과 맹약."
　　　 『동양사학연구』 101: 119-144.

_____. 2008. "거란·요 연구: 21세기 연구성과를 중심으로." 『중국학계의
　　　 북방민족·국가연구』. 서울: 동북아역사재단.

_____. 2009. "책머리에-북방민족과 정복왕조의 역사적 중요성." 『10~18세기
　　　 북방민족과 정복왕조 연구』. 서울: 동북아역사재단.

_____. 2013. "하·송의 5년전쟁(1039-44)과 11세기 동아시아 세력균형." 『만주연구』
　　　 16: 7-28.

_____. 2019. "10~11세기 거란의 중원 정책." 『東洋文化硏究』 31: 107-135.

_____. 2020. "거란의 대외정책과 동아시아 다원적 국제질서의 세력 균형." 김인희 편.
　　　 『움직이는 국가, 거란: 거란의 통치전략 연구』. 서울: 동북아역사재단.

이개석. 2007. "정통론과 13-14세기 동아시아 역사서술."『대구사학』88: 67-96.

이계지. 2014.『요·금의 역사』. 나영남·조복현 역. 서울: 신서원.

이근명. 2018. "11세기 중반 宋-거란의 접경 지역을 둘러싼 충돌과 외교 교섭"『中央史論』47: 211-235.

_____. 2020. "11세기 중반 宋-西夏의 대립과 和約 체결."『역사문화연구』74: 55-80.

_____. 2021. "구미 학계의 송대 정치사 이해."『韓國史學史學報』43: 263-282.

_____. 2022. "10세기 중엽 거란의 화북 침공과 燕雲十六州."『中央史論』56: 183-212.

이근명. 2021. "구미 학계의 송대 정치사 이해."『韓國史學史學報』(43): 263-282.

이근명 외. 2010.『동북아 중세의 한족과 북방민족: 최근 중국 학계의 연구동향과 그 성격』. 서울: 동북아역사재단.

이석현. 2009. "'澶淵의 盟'의 성립과 宋人의 認識."『동북아역사논총』26: 165-203.

이성배. 2000. "朱熹의 史意識."『역사와 담론』28: 87-129.

이왕휘. 2021. "중국 지경학의 기원: 전한 시대 화친(和親)과 기미(羈縻)."『지경학의 기원과 21세기 전환』(세계정치 35). 서울: 사회평론아카데미.

이장욱. 2020. "'전연의 맹약' 체결과정과 사신들의 교섭 활동."『중국지식네트워크』16(16): 155-192.

이춘식. 2020.『고대 중국의 패권전략과 주변국 조공화』. 서울: 고대출판부.

전재성. 2009. "동아시아 전통질서 연구의 현황과 과제: 국제정치학과 역사학의 만남."『동아시아 전통지역질서』(세계정치 12).

정도원. 2018. "주자의 정통적 사회실천론과 '義理'·'義起'의 현실화 논리."『민족문화』52: 265-303.

최영희. 2010. "주희 역사관에 내재된 문도론적 사유."『철학논총』59(1): 557-572.

테므르. 2010. "북방민족 왕조와 중국역사 중국학계의 요·금·원·청 등 왕조에 대한 연구." 윤영인 외.『외국학계의 정복왕조 연구 시각과 최근 동향』. 서울: 동북아역사재단.

홍면기. 2018. "페어뱅크 조공체제론의 비판적 검토: 중국중심주의라는 엇나간 시선의 문제."『동북아연구』33(2): 5-33.

홍승태. 2019. "남송 전기 '태평 분식'의 정치적 배경과 전개 양상."『동양사학연구』149: 75-110.


葛兆光. 2014.『何謂中國?: 疆域, 民族, 文化與歷史』. 香港: 香港中文大学出版社, translated by Michael Gibbs Hill. 2018. *What Is China?* Cambridge: Harvard University Press.

_____. 2017.『历史中国的内与外:有關「中國」與「周邊」概念的再澄清』. 香港: 香港中文大学出版社. 김효민·송정화·정유선·최수경 역. 2019.『전통시기 중국의 안과 밖 '중국'과 '주변'개념의 재인식』. 서울: 소명출판.

景爱. 2016. "'大宋史'之说不可取."『中国社会科学报』. 5月3日.

_____. 2017. "辽金史研究中的'大宋史'."『理论观察』. 7期(133).

陶晋生. 2013. 『宋遼金史論叢』. 臺北: 聯經出版事業公司.

_____. 2020. 『宋代外交史』. 臺北: 聯經出版事業公司.

李华瑞. 2020. "说说"大宋史"." 『中国社会科学报』. 7月12日.

安國樓. 1997. 『宋朝周邊民族政策研究』. 臺北: 文津出版社有限公司.

趙汀陽. 2005. 『天下体系: 世界制度哲学导论』. 南京: 江苏教育出版社. 노승현 역. 2010. 『천하체계: 21세기 중국의 세계 인식』. 서울: 길.

崔明德. 2007. 『中国古代和亲通史』. 北京: 人民出版社.

脫脫. 1344a. 『遼史』. 메르키트 토크토아 편. 2010. 김위현 역주. 『국역 요사』. 서울: 단국대학교출판부.

_____. 1344b. 『金史』. 메르키트 토크토아 편. 2016. 이성규·박원길·윤승준·류병재 역주. 『국역 금사』. 서울: 단국대학교출판부.

畢沅. 1760. 『續資治通鑑』. 권중달 역. 2018-2022. 『속자치통감』. 서울: 삼화.


Barfield, Thomas J. 1989. *The Perilous Frontier: Nomadic Empires and China*. Cambridge: Basil Blackwell. 윤영인 역. 2009. 『위태로운 변경: 기원전 221년에서 기원후 1757년까지의 유목제국과 중원』. 서울: 동북아역사재단.

Bossler, Beverly J. 1998. *Powerful Relations: Kinship, Status, and the State in Sung China (960–1279)*. Harvard University Asia Center. Harvard University Press.

Chaffee, John W. and Denis Twitchett, eds. 2015. *The Cambridge History of China Volume 5, Part Two; Sung China, 960–1279*. Cambridge: Cambridge University Press.

Chan, Hok-lam. 1984. *Legitimation in Imperial China: Discussions under the Jurchen-Chin dynasty (1115-1234)*. Seattle: University of Washington Press.

Fairbank, John King, ed. 1968. *The Chinese World Order: Traditional China's Foreign Relations*. Cambridge: Harvard University Press.

Franke, Herbert and Denis C. Twitchett, eds. 1994. *The Cambridge History of China Volume 6, Alien Regimes and Border States, 907–1368*. Cambridge University Press.

Hymes, Robert P. and Conrad Schirokauer, eds. 1993. *Ordering the World: Approaches to State and Society in Sung Dynasty China*. Berkeley: University of California Press.

Lorge, Peter. 2015. *The Reunification of China: Peace through War under the Song Dynasty*. Cambridge: Cambridge University Press.

Miyakawa, Hisayuki. 1955. "An Outline of the Naito Hypothesis and Its Effect on Japanese Studies of China." *The Far Eastern Quarterly* 14(4): 533-552.

Rossabi, Morris, eds. 1983. *China Among Equals The Middle Kingdom and Its Neighbors, 10th-14th Centuries*. Berkeley: University of California Press.

Standen, Naomi. 2006. *Unbounded Loyalty: Frontier Crossing in Liao China*. Honolulu: University of Hawaii Press.

Tackett, Nicholas. 2017. *The Origins of the Chinese Nation: Song China and the Forging of an East Asian World Order*. Cambrige: Cambrige University Press.

Tao, Jing-shen. 1983. "Barbarians or Northerner: Northern Sung Images of the Kithan." in Morris Rossabi, eds. 1983. *China Among Equals The Middle Kingdom and Its Neighbors, 10th-14th Centuries*. Berkeley: University of California Press.

_____. 1988. *Two Sons of Heaven: Studies in Sung-Liao Relations*. Tucson: University of Arizona Press.

Twitchett, Denis and Paul Jakov Smith, eds. 2009. *The Cambridge History of China Volume 5, Part 1 The Sung Dynasty and its Precursors, 907–1279*. Cambridge: Cambridge University Press.

Von Glahn, Richard. 2016. *The Economic History of China from Antiquity to the Nineteenth Century*. Cambrige: Cambridge University Press.

Wang, Fei-Ling. 2017. *The China Order: Centralia, World Empire, and the Nature of Chinese Power*. Albany: SUNY Press.

Wang, Yuan-kang. 2011. *Harmony and War: Confucian Culture and Chinese Power Politics*. New York: Columbia University Press.

_____. 2013. "Explaining the Tribute System: Power, Confucianism, and War in Medieval East Asia." *Journal of East Asian Studies* 13(2): 207–232.

Wright, David. 2005. *From War to Diplomatic Parity in Eleventh-Century China: Sung's Foreign Relations with Kitan Liao*. Leiden: Brill Academic Pub.

Yang, Lien-sheng. 1968. "Historical Notes on the Chinese World Order." John King Fairbank, ed. *The Chinese World Order: Traditional China's Foreign Relations*. Cambridge: Harvard University Press.

Yoshinobu, Shiba. 1983. "Sung Foreign Trade: Its Scope and Organization." in Morris Rossabi, eds. 1983. *China Among Equals The Middle Kingdom and Its Neighbors, 10th-14th Centuries*. Berkeley: University of California Press.

**필자 소개**

이왕휘 Lee, Wang Hwi

아주대학교 정치외교학과 교수
런던경경대(LSE) 국제정치학 박사

논저 "바이든 시기 중국의 다자외교 전망", "동아시아 지역 정체성의 역사적 변화와 그 국제정치적 함의", "중국 지경학의 기원-전한 시대 화친(和親)과 기미(羈縻)", "수렴과 다양성/분기 이분법: 미중 패권 전이 논쟁에 주는 함의"

이메일  leew@ajou.ac.kr

# 제3장

# 20세기 이래 중국의
# 대외관계 인식과 중국근대사 서사

## Chinese Perceptions of Sino-foreign Relations and Narratives
## of Modern Chinese History since the 20th Century

이동욱 | 동북아역사재단

# 중국의

근대사 연구와 교육은 중국과 외부 세계의 관계 변화에 밀접한 관련을 맺으며 형성되었다. 중국의 근대는 외부 세계와의 긴밀한 상호작용 속에서 전개되었으며, 중국근대사의 연구와 서술은 시대와 이념에 따라 변화하고, 연구자나 정치권력의 입장에 따라 중국의 외부 세계, 그와 관계를 맺고 있는 국내의 집단과 주요 사건에 대한 평가가 크게 달라지기도 했다. 민국 초기의 역사교육은 우승열패의 사고 속에서 중국을 침략한 제국주의 서양의 진취적인 정신과 자강의 의지를 배워야 한다고 학생들을 가르쳤고, 국민정부 시기에는 민족주의와 혁명의 서사를 강조하며 국민당이 영도하는 국가 건설과 항일을 위한 전 국민의 단결을 요구하였다. 근대화 사관의 입장에서는 세계사의 흐름에서 뒤처진 중국이 서구식 근대화를 이루어내는 것이 중국근대사의 지상 과제라 보았다. 마르크스주의 역사학자들은 중국근대사와 중국공산당이 영도한 '신민주주의 혁명'과의 연속성을 설명하기 위해 제국주의 침략에 대한 민중의 반침략, 즉 계급투쟁과 혁명의 서사를 강조했다. 신중국 건설과 뒤이은 냉전 체제 속에서 농민혁명과 계급투쟁을 역사 발전의 동력으로 여기는 혁명 서사는 중국근대사 서술체계의 주류가 되었다. 그러나 미-중 데탕트와 문화대혁명의 종결, 개혁개방 정책 추진에 따라 중국과 외부 세계의 관계는 크게 변화하였다. 이에 따라 중국근대사 연구의 관점도 크게 변화했다. 계급투쟁을 강조하는 좌편향에서 벗어나 개혁개방과 오버랩되는 근대화 개혁들이 긍정적으로 재평가되었다. 나아가 문화열과 국학열 등 중국과 세계의 관계를 고민하는 다양한 사회 사조와 문제의식을 공유하며 성장해왔다.

21세기 들어 중국은 외부 세계와의 관계를 새로이 재설정하고 있다. 중국특색 사회주의의 길과 중국식 사유방식으로 인류운명공동체를 건설하고 세계질서를 구축하겠다는 의지를 밝히고 있다. 이는 중국의 전통과 현대를 재구성하여, 서구와의 경쟁에서 새로운 보편을 창조하고 세계를 주도하려는 야심 찬 움직임이다. 이에 복무하기 위한 자주적인 학문체계를 건설하는 것이 역사학계의 임무로 요구되고 있다. 그러나 개혁개방 이후 서구식 역사 이론의 국내 확산으로 인한 중국공산당의 역사적 위상과 체제의 정당성을 부정당하는 것에 대한 불안감도 공존한다. 시진핑 체제는 이에 대한 대응으로 중국근현대사 교육을 동원하고 있다. 요컨대 현재 중국의 역사를 이용한 통치 전략(historical statecraft)과 그에 복무하는 중국근현대사 연구 및 교육의 문제의식 속에는, 국민국가를 넘어서 중국적 가치를 바탕으로 세계질서를 주도하겠다는 21세기 초강대국으로서의 중외관계 구상과 19세기 후반 이래의 '백년굴욕'으로 상징되는 제국주의 침략-반침략의 중외관계 인식이 공존하고 있는 것이다.

The study and teaching of China's modern history has been shaped by changes in China's relationship with the outside world. China's modern history unfolded in close interaction with the outside world, and research and narratives of Chinese modern history have changed with time and ideology, with the perspectives of researchers and political authorities shaping the assessment of China's external world, the domestic groups that interacted with it, and key events. .

History education in the early years of the Republic of China emphasized learning about the imperialist West that invaded China within a social-evolutionary framework. During the Nationalist period, the narrative of nationalism and revolution was emphasized, calling for the unity of the entire nation for nation-building and national defense under the leadership of the Kuomintang. From the perspective of the modernization school, the task of China's modern history was to achieve Western-style modernization, as China had fallen behind the curve of world history. Marxist historians emphasized the narrative of class struggle and revolution, the people's counter-aggression against imperialist aggression. However, the relationship between China and the outside world has changed significantly with the implementation of the US-China détente and reform and opening-up policy. As a result, the perspectives of modern Chinese history have changed significantly. The modernization reforms that overlapped with the reform and opening-up policy were reassessed positively. Amidst the deepening of the reform and opening-up policy, the study of Chinese modern history has grown to share a variety of social ideas and concerns about China's relationship with the world.

In the 21st century, China is resetting its relationship with the outside world. It has declared its intention to build a community of humanity and a world order based on the path of socialism with Chinese characteristics and the Chinese way of thinking. It is an ambitious move to reconfigure Chinese tradition and modernity to create a new universe and lead the world in competition with the West. The task of the historical profession is to build an independent academic system to serve this purpose. However, there is also a sense of insecurity about the CCP's historical standing and the legitimacy of the system being denied due to the domestic proliferation of Western-style historical theories since the reform and opening up. The Xi Jinping regime has mobilized the teaching of modern Chinese history as a response to this.

In short, China's current strategy of historical statecraft coexists between a 21st-century conception of China-foreign relations as a great power that aims to lead the world order based on Chinese values beyond the nation-state, and a perception of China-foreign relations as a semi-colony that has been subjected to imperialist aggression since the late 19th century, symbolized by the "Hundred Years' Humiliation".

**KEYWORDS** 중국근대사 modern Chinese History, 역사교육 history education, 근대화사관 modernization perspective, 마르크스주의 역사학 Marxist historiography

# I 서론

현대 중국 학계에서 중국근대사는 1840년의 아편전쟁부터 1919년의 5.4운동까지, 또는 1949년의 중화인민공화국 성립까지의 역사를 일컫는다(王建朗 2019). 그 이후의 시대를 가리키는 현대사와 유기적으로 연결되어 유구한 역사와 우수한 문명을 이룩했던 중화민족이 외부 세계의 영향 속에서 '백년국치(百年國恥)'라 일컬어지는 근대의 질곡을 극복하고 신중국 건설과 부강의 길로 들어선다는 하락과 상승의 서사 구조를 완성한다(張海鵬 1998). 특히 이데올로기 교육의 중요한 비중을 차지하는 역사교육에서는 '백년국치'를 극복할 수 있었던 핵심적인 요인으로 중국공산당의 영도를 강조한다. 공산당이 없었으면 신중국도 없었다는 식이다. 이러한 서사를 바탕으로 한 중국근현대사 교육은 줄곧 현재의 통치체제와 집권 세력의 정당성을 강화하는 이데올로기 정책의 일부로서 작동해왔다(오병수 2020).

    중국의 역사학과 역사교육에서 중국근대사의 기점을 중국이 서양 열강에게 패배한 최초의 전쟁인 아편전쟁으로 잡는 이유는 제국주의의 침략에 따른 반봉건 반식민지 상태로의 전략과 중국 인민의 반제국주의 반봉건 투쟁이라는 양방향의 과정으로 설명하는 마르크스주의 역사학의 오래된 시기구분을 따른 것이다(毛澤東 1939; 範文瀾 1947). 그러나 마르크스주의자들만이 아편전쟁을 근대의 시작으로 본 것은 아니었다. 1930년대 중화민국에서 중국근대사라는 학문 분과가 형성될 때부터 많은 학자들이 아편전쟁을 근대의 전환점으로 보는 시각을 공유하고 있었다(梁啟超 1930;

李鼎聲 1933；陳恭祿 1935；蔣廷黻 1938；範文瀾 1947). 근대화사관을 신봉한 외교사학자이자 국민정부의 유엔대사를 역임한 외교관이었던 장팅푸(蔣廷黻)의 『中國近代史』 또한 아편전쟁을 둘러싼 중국과 영국의 외교 갈등에서부터 시작하고 있다(蔣廷黻 1938). 후술하겠지만 장팅푸와 당시 마르크스주의 역사학자들의 근대사 인식과 서술은 상당한 차이를 보인다. 그러나 중국의 근대사를 중국과 외부 세계와의 관계 속에서 파악하고, 근대 중국의 국내 문제 역시 외부 세계와의 관계 속에서 설명하려 했다는 점에서는 공통점을 보인다.

본질적으로, 중국의 근대는 외부 세계와의 긴밀한 상호작용 속에서 전개되어왔다. 21세기의 한 대륙 학자는 근대 중국의 두 가지 과제는 근대화를 이루는 것과 국제사회에서 평등한 지위를 쟁취하는 것이었다고 요약했다(王建朗·黃克武 2016, ii). 이는 모두 전통시대 중국에서는 존재하지 않았던 문제들이었으며, 근대 세계와의 관계 속에서만 이룰 수 있는 것이었다. 중국근대사의 연구와 서술에서 무엇을 중요하다고 생각하고 강조하는지는 시대에 따라, 연구자 또는 정치권력이 가장 중요하다고 여기는 정치적 과제의 설정에 따라 달라져 왔다. 그러나 그것은 근본적으로 중국과 외부 세계의 관계를 어떻게 설정할 것인가, 그리고 세계사 속에서 중국을 어떻게 이해할 것인가 하는 문제를 포함한다.

이 글에서는 중국근대사 연구와 교육이 본격적으로 시작된 20세기 전반기부터 중국의 근대사 연구가 시대와 환경의 변화에 따라 중국과 외부 세계와의 관계를 어떻게 인식 또는 처리해왔는지, 또는 중국과 외부 세계의 관계 변화가 중국근대사 연구[1]와 교육[2]에 어떠한 영향을 미쳐왔는지 살펴보고자 한다. 아울러 이러한 현상이 현대 중국의 역사 서사에 미치는 함의를 고찰해보고자 한다.

## II  20세기 전반 중국 근대 중외관계 인식과 근대사 서술

### 1. 20세기 전반의 중국인들의 '근대' 인식

중국사 서술에서 근대의 기점을 언제로 잡아야 하는지에 대해서는 아편전쟁(1840), 명대 또는 명청 교체기 등 여러 견해가 공존한다. 일본학자 나이토 고난(內藤湖南)이 주창한 당송변혁론(唐宋變革論)에 근거하여 당말부터 송대(9~10세기)까지 근대의 상한선을 끌어올려야 한다는 견해도 있으나(李金强 2014, 70), 대체로 근대 중국에서 기원하여 통용되어 온 중국근대사 시기구분론은 명대 이전까지 소급되지는 않는다. 왜냐하면 근대 중국을 살아가던 역사학자

---

1  중화민국과 중화인민공화국 시기 중국근대사 연구에 대한 사학사 연구는 조병한(1995); 이개석(1999); 曾業英(2000); 이개석(2006); 이재령(2010); 李懷印(2013); 오병수(2017); 王建朗(2019) 등을 참고할 수 있다. 한편, 전인갑은 중화제국의 해체에 따른 20세기의 국민국가 건설 패러다임, 21세기의 국민국가를 넘어선 제국몽의 부활과 중화의 재보편화 추진이라는 역사적 변동 속에서 20세기 초반부터 현재까지의 역사학의 흐름을 정리했다(전인갑 2022).

2  역사교육 차원에서의 중국근대사 교육과 관련된 연구 역시 다수 진행되었다. 그 중 본고의 문제의식과 관련된 연구 성과로는 다음의 것들을 참고하였다. 이은자(2003), (2004); 동북아역사재단 편(2006); 윤세병(2007), (2013); 오병수(2014); 김지훈(2014); 오병수(2020); 동북아역사재단 교과서연구센터 편(2021); 오병수 편(2021).

들은 자신이 살아가던 시대의 특징이 중국과 외부 세계, 특히 서양과의 관계에 있다고 생각했기 때문이다. 이는 서구중심적 시각을 지양하고 중국의 내재적 역사 발전을 강조하는 현대 역사학의 흐름과 대비된다. 예컨대, 신사학(新史學)을 주창한 량치차오(梁啓超)는 아편전쟁이 일어난 도광(道光) 연간 이후 중국의 사상, 학술, 정치, 외교, 경제, 생활이 변화하지 않은 것이 없었음을 지적하였다(梁啓超 1978, 35). 장팅푸 역시 다음과 같이 중국 중심의 전근대 국제질서에 안주하고 있던 중국이 19세기에 이르러 새로운 전환점을 맞이했음을 지적했다.

> 중화민족은 19세기에 이르러 특수한 시기에 도달했다. 그 이전에도 화족(華族)은 오랫동안 외족(外族)과 관계를 맺어 왔지만 이들은 문화가 비교적 덜 발달한 민족이었고, 그들이 중원을 지배하게 되더라도 단지 화족의 일시적인 내란을 이용하여 잠시 정권을 탈취했을 뿐이었다. 19세기에 이르자, 이러한 형세는 크게 달라졌다. 왜냐하면 이때 동아시아에 도착한 영국, 미국, 프랑스 여러 나라는 결코 흉노, 선비, 몽골, 왜구, 만주족과 비교할 수 없는 존재였다…종래 서로 알지 못하고, 문화가 근본적으로 다른 서양 세계였다(蔣廷黻 1938, 1).

그들의 지적처럼, 중국의 근대사 서사 체계에서 주선율을 이루는 주요 사건은 대부분 외세와 직간접적으로 연관되어 있다. 중국근대사의 전반부에 해당하는 청말(1840~1911)의 경우, 제1차 아편전쟁으로 인한 중국의 조약 체제 편입, 애로호 사건(제2차 아편전쟁)의 결과 일어난 영불 연합군의 베이징 점령(1860), 태평천국의 발발과 진압, 양무운동, 청불전쟁, 청일전쟁, 무술변법, 의화단 전쟁 등 굵직한 사건들이 모두 외세와 직간접적으로 연관된 것이었다. 청 정부는 열강과의 수차례 전쟁에서 패배하면서 거액의 배상금 지불, 영토의 할양 및 조차(租借), 연해와 내륙의 강제적 개방, 조계(租界) 설치와 영사재판권, 협정관세 등을 포함한 수많은 불평등 조약들을 체결해야 했다.

중화민국 시기에 들어서도 상황은 마찬가지였다. 열강은 신해혁명의 발생 배경과 향배에 중요한 영향을 미치고 있었으며, 혁명이 일어난 당시 해외에 체류하고 있던 동맹회 지도자 쑨원(孫文)이 가장 먼저 한 일은 유럽으로 건너가 열강의 중립을 약속받는 것이었다. 5.4운동과 중국공산당의 창당은 제1차 세계대전의 전후처리 문제와 러시아의 볼셰비키 혁명과 관련되어 있으며, 제1차 국공합작과 북벌, 중일전쟁, 국공내전 역시 세계사의 흐름과 긴밀히 연관되어 있는 사건들이었다. 즉 중국근대사의 전개는 중국과 외부 세계의 상호 영향 속에서 이루어져왔던 것이다. 따라서 근대 중국의 역사학자들에게 중국근대사의 시작과 전개를 외부 세계와의 관계 속에서 파악하는 것은 자연스러운 일이었다.

이러한 역사적 맥락 속에서, 1930년대 이후 연이어 출판된 『중국근대사』 개설서들은 대체로 서양세력의 중국 침략의 상징적인 사건이었던 아편전쟁을 근대사 서술의 시작점으로 삼았다(李鼎聲 1933; 陳恭祿 1935; 蔣廷黻 1939; 範文瀾 1947). 유물사관을 운용해 중국근대사 개설서를 편찬해낸 최초의 중국인 역사학자로 평가받는 리딩성(李鼎聲)의 『中國近代史』는 그 이유에 대해서 명청 교체와 같은 사건은 단순한 왕조의 교체에 불과하지만, 아편전쟁은 중국이 국제 자본주의의 습격을 받아 식민지화의 길을 걷고 경제와 사회 전반에 걸쳐 큰 변화를 겪게 되는 역사의 전환점이기 때문이라고 설명했다(李鼎聲 1933, 4). 아편전쟁 전후 중국 사회의 질적 변화의 원인으로서 외세의 영향을 들고 있는 것이다.

아편전쟁이 아닌 명대 혹은 청대를 중국근대사의 시작으로 보는 학자들 역시 중국근대사의 특징을 외부 세계와의 관계에서 찾는 것은 마찬가지였다. 뤄자룬(羅家倫)은 중국근대사의 시작을 아편전쟁으로 할 필요는 없다고 주장하면서, 16세기에도 중국과 서양의 해상 교통이 발전하여 예수회 선교사들과 서양의 문물과 상품이 중국에 들어왔다는 것을 지적했다(羅家倫 1931). 뤄자룬의 영향을 받은 궈팅이(郭廷以)는 더 나아가 중국 근대의 기점을 서양의 신항로 개척 이후 포르투갈인이 중국에 진출한 시기인 16세기 초로 더욱 끌어올렸다(郭廷以 1940). 이때부터의 중국과 서양의 접촉과 교류의 역사, 특히 서양 세력의 진출 또는 침투에 대한 중국의 태도를 이해하는 것이 아편전쟁 이후 중국사의 부침(浮沈)을 이해하는 데 필수적이라는 것이었다. 결국 중국 근대의 기점을 어느 시기로 잡든 20세기 전반의 중국학자들에게 중국과 외부 세계, 특히 서양과의 관계는 중국 근대의 역사적 격변을 야기한 원인이자 중국근대사를 이해하는 관건으로 간주되었던 것이다.

## 2. 청말 민초의 중국 근대 대외관계 인식

그렇다면 20세기 전반 중국의 중국근대사 연구와 교육을 담당한 이들은 근대 중국과 외부 세계의 관계를 어떻게 이해하고 있었을까? 먼저, 중국근대사 연구가 아직 체계적으로 진행되지 않았던 청말과 중화민국 초기의 상황을 살펴보자.

중화민국 성립 직후에 반포된 「小學校則施及課程標準(소학교 교칙 및 과정표준)」(1912)은 아동에게 중국 역사를 교육하는 목적이 "아동으로 하여금 국체의 대요를 알게 하고 동시에 국민의 지조를 양성"하는 데 있으며 교과 내용으로는 "황제(黃帝) 개국의 공적, 역대 위인의 언행, 아시아 동방 문화의 연원, 민국의 건설, 그리고 500년 이래의 중외관계를 간략히 가르친다"라고 규정하고 있다.[3] 위안스카이가 황제 즉위를 선포한 1916년에 반포된 「高等小學校令施行細則(摘錄)(고등소학교령시행세칙)」에서 규정한 중국역사 교과 과정의 교육 목표 또한 '민국의 건설'이라는 문구가 빠진 것을 제외하면 위의 규정과 거의 같다.[4]

이 중에서 근대 중외관계에 대한 교육 당국과 교육자들의 인식을 엿볼 수 있는 부분은 '500년 이래의 중외관계', 즉 유럽인의 중국 진출 이후 근대까지의 중외관계를 아동들에게 교육한다는 항목이다. 그것이 어떠한 의도와 내용을 담고 있었는지는, 조금 더 이른 시기인 1905년의 교육 잡지에 투고된 한 역사 교수법 교안을 통해 살펴볼 수 있다. 중화민국 시기의 소학교에 해당하는 청말의 몽학교(蒙學校) 중국역사 교과서를 교재로 하여 교사와 학생의 문답식으로 구성한 교안에서 교사는 다음과 같은 설명을 통해 유럽인이 아시아에 진출하여 중국의 영토를 과분하고 중국의 주권을 침해한 원인을 설명하고, 중국 역시 유럽의 진취적인 정신과 자강

---

3    課程敎材硏究所 編(1999, 10). 정세련(2023, 29)에서 재인용.
4    課程敎材硏究所 編(1999, 13). 정세련(2023, 29-30)에서 재인용.

의 의지를 배워서 자강에 힘써야 한다고 강조하고 있다.

> (전략) 나침반의 발전과 함께 유럽인들은 용맹하게 모험의 의기를 가지고 한 시대를 풍미하였다. 동쪽으로 항해하여 오는 자가 날로 증가하여 명대의 무종(武宗)과 신종(神宗) 때에 중국과 일본 등지에 통상하고 식민하기에 이르렀다…(중략)…아시아의 면적은 유럽보다 작지 않고 생산도 유럽보다 못하지 않으며 문화도 유럽에 비해 뒤떨어지지 않는다. 그런데 유럽인이 동쪽으로 진출한 것은 진취적인 정신과 자강의 의지가 있기 때문이었다…(중략)…유럽인이 우리 땅을 마음대로 나누고 우리의 권리를 침해했다. 그렇다면 앞으로는 어떻게 해야 하는가…(중략)…우승열패라는 것은 천연(天然)의 공리(公理)이다. 우리 스스로 강해지면 백인들이 우리를 두려워할 것이다. 여러 학생들은 이를 명심하라.[5]

학생들에게 서양의 중국에 대한 침략을 상기시키면서도 그들을 중국이 학습하고 모방해야 할 모델로서 긍정적으로 설명하고 있는 점이 인상적이다. 사회진화론의 시각을 수용하여 약육강식과 적자생존이 자연의 이치라고 언급하면서 오히려 서양의 침략을 긍정하고, 중국인 역시 유럽인만 못하지 않기 때문에 자강을 위해 노력하면 우승열패의 국제 경쟁 속에서 서양인들이 두려워할 만한 국가로 부활할 수 있을 것이라는 주장을 펼치고 있는 것이다.

---

5    張景山(1905, 46-49). 정세련 (2023, 31-33)에서 재인용.

## 3. 1930~1940년대의 혁명서사와 중국근대사 인식

중국근대사라는 학문 분과가 건설되고 여러 편의 중국근대사 개설서가 출판되기 시작한 1930년대는 남경국민정부가 북벌을 완수하고 본격적으로 국가 건설을 추진하던 시기인 동시에 중국공산당이 독자적인 소비에트 정권을 수립, 국민당의 포위 공격을 뚫고 옌안으로 근거지를 옮기는 데 성공한 시기였다. 또한 만주사변(1931) 이후 일본과의 전쟁 위기가 고조된 끝에 중일전쟁(1937~1945)이 일어난 시기이기도 했다. 특히 일본의 침략이 본격화하면서 역사학자들은 학파를 불문하고 사학구국(史學救國)을 표방하며 민족주의 역사 연구에 뛰어들었다(전인갑 2022, 26-30). 따라서 이 시기의 중국근대사는 국민당 계열의 민족주의 혁명사관과 근대화사관, 마르크스주의 유물사관 등 다양한 시각에서 서술되었으며, 시대의 요구에 부응해 반외세·민족주의적 서술이 강조되는 경향을 보였다.

### 1) 국민정부의 근대사 교육과 민족주의 서사

이와 거의 비슷한 시기에 시작된 국민정부의 역사교육 역시 민족주의 혁명의 서사를 강조하는 특징을 보였다. 국민정부의 역사 교과서에서는 중국 역사를 상고시대(上古時代: 전설시대~춘추전국시대), 중고시대(中古時代: 진시황~명대), 근세(近世: 명말 및 청대), 현대(現代: 1905년 동맹회 수립 이후)으로 구분하였다(오병수 2017, 270).

근대에 해당하는 근세는 서구와의 접촉이 시작된 명말을 기점으로 하였다. 총 16장으로 편제된 근세사 교과서는 명말부터 진행된 중국과 서양의 교류와 관련된 내용을 1장에 배치하고, 2장부터 4장까지는 청조의 발흥부터 청 중기에 이르는 역사를 다룬 뒤 5장부터 아편전쟁에서 청말 신정까지의 역사를 배치하고 있다(오병수 2017, 273). 서양 세력의 동아시아 진출을 근대의 시작으로 보는 학계의 시각을 반영하고 있는 것이 특징적이다. 그러나 각 장의 내용 안배를 통해서 아편전쟁 이전의 역사는 간략하게 다루고 아편전쟁 이후를 상세히 다루는 것을 확인할 수 있다.

청대의 역사를 다루면서는 청조의 판도가 확대되면서 중화민족을 구성하는 6대 민족의 통합을 이루었음을 강조하였다. 그러나 그것은 중원 진출 후 한족에 동화된 만주족이 몽골 티베트, 신강, 묘족을 통합함으로써 이루어진 것으로 설명되었다(오병수 2017, 273). 아편전쟁 이후의 역사는 만주족 정권의 무능과 부패로 인한 국치(國恥)를 강조했다.

특기할 만한 부분은 청의 판도 확장에 따른 '중화민족의 확대'를 설명하면서 청 전기에 조선, 베트남, 태국, 미얀마를 '번속(藩屬)'으로 두었음을 서술하고 이들 국가를 내지와 같은 색으로 처리한 지도를 첨부함으로써 이들 국가 역시 중국의 일부인 것처럼 묘사하고, 19세기 후반 청의 '번속' 상실에 대한 서술에서도 번속이 중국이 상실한 지역인 것으로 설명하고 있다는 점이다(오병수 2017, 273-274).

사실, 전근대 제국의 '종주권'이 적용되던 '번속'을 중국의 영토주권이 미쳐야 할 땅으로 인식하고 있었던 것은 중화민국 시기의 정치인이나 역사지리학자들에게서 상당히 광범위하게 보이는 현상이었다(유용태 2015). 해당 교과서는 이러한 인식을 수용하여

'백년국치'의 서사를 극대화하는 장치로 이용하였다. 청대에 이룩한 '중화민족' 통합을 강조함으로써 청말의 외세에 대한 굴욕 및 영토 상실은 '중화민족'의 '국치'로 묘사할 수 있었으며, 이를 극복하려는 신해혁명과 국민정부 집권의 당위성을 부각할 수 있었다. 아울러 중화민족이 외세에 저항하여 독립적인 국가를 건설하고 민족 부흥을 이루어야 한다는 역사적 임무를 강조할 수 있었다. 중일전쟁 시기에 들어서면 여기에 일본 제국주의 대륙 정책을 폭로하고 중화민족의 단결과 항전을 고취하는 교육이 추가되었다(오병수 2017, 270).

2) 마르크스주의 역사학의 반제 반봉건 서사

마르크스주의 역사학자들은 아편전쟁을 기점으로 서구제국주의 침략에 의한 중국의 반식민지화 과정과 그에 대한 중국 인민의 저항을 근대사의 주요 내용으로 다루었다(오병수 2017). 이와 같은 근대 중국과 외세의 관계를 마오쩌둥은 1939년 옌안에서 『中國革命和中國共產黨(중국혁명과 중국공산당)』(毛澤東 1939)이라는 문건을 통해 '두 개의 과정[兩個過程]'으로 체계화하였다(毛澤東 1939). 즉 중국근대사는 서양의 제국주의 세력이 중국의 봉건 지배세력과 중국을 반식민지(半植民地) 반봉건(半封建) 상태로 전락시키는 과정이자 중국 인민이 제국주의자와 그 앞잡이인 봉건지배세력에 저항하는 과정이라는 것이다(毛澤東 1968, 95). 판원란의 『中國近代史』 및 후성(胡繩)의 『帝國主義與中國政治(제국주의와 중국정치)』는 마오쩌둥의 이러한 선언적인 주장을 중국근대사 개설서로 체계화한 저서들이었다(範文瀾 1947; 胡繩 1949).

이들은 제국주의 세력의 침투에 대한 중국인들의 대응을 제국주의 세력에 투항하여 민중을 진압하는 통치계급의 반동적 매국노선과 반제 반봉건 투쟁을 벌이는 민중의 혁명적 애국노선으로 나누었는데, 양무운동, 광서신정이 전자에 해당하고, 태평천국, 의화단운동, 신해혁명이 후자에 해당한다고 설명하였다(윤세병 2013, 111). 이에 따라 태평천국을 진압한 쩡궈판은 한간 중의 망나니[漢奸創子手]로, 리훙장은 '투항주의[主降]', 대매판(大買辦)이라 비난하였다(範文瀾 1947, 231, 259, 421). 한편, 무술변법운동은 자산계급 개량주의 운동으로 높이 평가되었다(範文瀾 1947, 299). 이는 마오쩌둥이 '두 개의 과정'을 설명하면서 언급한 중국근대사의 주요 사건에 무술변법이 포함되어 있었던 것과 관련이 있다. 마오쩌둥이 언급한 사건들은 아편전쟁, 태평천국운동, 청프전쟁, 청일전쟁, 무술변법, 의화단운동, 신해혁명, 5.4운동, 5.30운동, 북벌전쟁, 토지혁명전쟁, 중일전쟁이었다(毛澤東, 1939).

### 3) 장팅푸의 근대화사관(近代化史觀)

1930년대 이후 다수의 역사학자들이 일본의 침략에 대응하여 민족주의 역사학과 마르크스주의 역사학으로 전향하고, 국민정부의 역사교육 역시 민족주의와 반제국주의 교육을 강조했다면, 중국 외교사 연구의 비조(鼻祖)라 불리는 장팅푸는 재직하던 칭화대학을 떠나 1936년부터 국민정부 행정원 정무처장, 소련 주재 중국대사 등으로 활동하였다. 그는 공직에 있던 기간에 『中國近代史』를 집필하여 중일전쟁이 한창이던 1938년에 출판하였다.

그는 책의 서두에서 중국근대사의 일련의 경험과 교훈으로부터 항일전쟁과 국가건설이라는 국민정부의 과업에 필요한 경험과 교훈을 뽑아내는 것을 목표로 이 책을 집필했다고 언급하고 있는 데, 이는 주로 중국근대사의 경험 속에서 대외관계를 처리하는 여러 방안과 근대화를 위한 여러 방안의 성패를 검토하여 향후의 제국주의 침략에 대한 대응과 국가 건설을 위한 교훈을 얻으려는 것이었다(蔣廷黻 1938, 5).

그는 세계사 속에서 중화문명과 서구문명이 각각의 방식으로 발전해 왔으며, 중국인들은 고대에 찬란하고 위대한 제국을 건설했으나, 서양이 과학과 기술, 애국심과 민족관념을 발전시켜 근대 문명을 건설한 것과 달리 오랫동안 정체되었기 때문에 결국 서양과의 경쟁에서 낙오한 것이라고 보았다. 따라서 중국은 시급히 서구의 근대 과학과 기술, 민족주의를 수용하여 세계사의 흐름을 따라잡아야 하며, 이는 메이지 일본, 표트르 대제의 러시아, 19세기 말의 오스만 제국이 근대화 개혁에 성공한 사례에서 보듯 불가능한 일이 아니라고 보았다(蔣廷黻 1938, 3-5). 이러한 논리는 앞서 언급한 역사 교안에서 보이는 사회진화론의 우승열패적 사고방식과 유사하다. 다만 막연한 '진취적인 정신'과 '자강의 의지'가 아닌 과학, 기술, 민족주의의 수용을 통해 근대화된 국민국가를 건설한다는 구체적이고 명확한 목표를 제시하고 있다는 차이가 있을 뿐이다.

지난 100년 동안 중화민족에는 근본적으로 단 하나의 문제만이 있었다. 그것은 바로 중국이 근대화를 이룰 수 있을까? 서양인을 따라잡을 수 있을까? 과학과 기계를 이용할 수 있을까? 우리의 가족, 고향

관념을 폐지하고 근대적인 국민국가를 조직할 수 있을까? 하는 것이었다. 그것이 가능하다면 우리 민족의 미래는 밝고, 불가능하다면 우리 민족은 미래가 없다. 왜냐하면 전 세계에서 근대 문화를 받아들이는 모든 국가는 부유하고 강해질 것이며 그렇지 못한 국가는 예외 없이 참패할 것이기 때문이다(蔣廷黻 1938, 3).

근대적인 국민국가 건설을 중국인들의 지상 과제로 설정한 이상, 외세와 제국주의에 대한 대응 방안 역시 이를 염두에 두고 진행되어야 했다. 따라서 그는 제1, 2차 아편전쟁, 청불전쟁, 청일전쟁, 의화단 전쟁의 개전 과정에서 외세에 대한 강경 대응을 주장하여 재앙적인 결과를 초래한 주전파들을 비판하였다. 그들이 '애국적'이지 않았던 것은 아니나, 일시적인 수모를 참고 인내하지 못하여 세계 각국과 전쟁을 벌이는 행위로 인해 청 정부는 결국 큰 대가를 치룰 수밖에 없었다고 평가한다(蔣廷黻 1938, 103).

반면, 외국과의 분쟁을 회피하고 근대화 건설을 추진할 시간을 벌 것을 주장한 공친왕 이신(奕訢), 원상(文祥), 쩡궈판(曾國藩), 줘종탕(左宗棠), 리훙장(李鴻章)과 같은 양무파 관료들을 긍정적으로 평가하였다. 1931년 9.18사변 이래 거국적인 항일 요구가 빗발치는 와중에도 모욕을 견디며 경솔히 일본과의 전쟁을 말하지 않은 장제스 역시 긍정적으로 평가받아야 했다. 1937년 7.7사변이 일어날 때까지 일본에 대한 항전을 위한 국가 건설의 시간을 벌었다는 것이다(蔣廷黻 1938, 128).

한편, 장팅푸가 보기에 근대 중국이 외세의 침략에 대응한 구국구민의 방안은 크게 자강-변법-반동-혁명의 네 가지 단계를 거쳤다. 첫 번째는 자강운동, 즉 양무운동이었다. 이는 서양 문명에 대한 이해의 근본적 한계와 당시의 정치제도와 시대정신의 제약, 그리고 동시대의 일본이 더욱 철저한 서구화 개혁에 성공했다는 점 등의 한계가 있었다고 보았다. 결국 청일전쟁은 청과 일본의 근대화 경쟁에서 일본이 승리한 결과였다. 두 번째는 캉유웨이 등의 변법운동이었다. 군주입헌을 골자로 한 정치제도의 개혁운동은 양무운동보다 더욱 강력히 서구화와 근대화를 추진했으나 서태후를 중심으로 한 반동파의 저항으로 실패했다(蔣廷黻 1938, 108).

세 번째는 의화단운동이었다. 이는 양무운동과 변법운동의 반동으로 나타난 반서양, 반근대화 운동이었으며, 시대에 역행하였기 때문에 처참히 실패할 수밖에 없었다. 네 번째 방안인 쑨원의 혁명운동은 앞의 세 방안이 모두 실패한 다음에 등장하였으며, 그의 삼민주의 혁명은 가장 철저한 구국의 방략이었다(蔣廷黻 1938, 109-110). 이러한 역사 인식을 근거로 그는 책의 말미에 장제스의 국민정부에 대한 지지를 표한다. 장제스는 쑨원의 유지를 관철하여 북벌을 완수하고, 전국적인 근대화 정책에 박차를 가했으며, 9.18사변 이후 조속한 항전을 요구하는 여론의 비난과 이를 이용하려는 반대파의 책동, 일본의 모욕을 인내하면서 경솔하게 전쟁을 전쟁을 말하지 않고 근대화 추진을 늦추지 않았다. 건국 직후의 혼란과 어려움은 어느 신생국가나 다 겪게 되는 일이므로, 장제스를 지지하여 일본의 침략을 극복하고 근대국가 건설의 길로 나아가야 한다는 것이 그의 결론이었다(蔣廷黻 1938, 128).

## III  20세기 후반의 중국근대사 연구와 중외관계 인식

### 1. 신중국 시기의 계급투쟁론과 침략·반침략 구도의 대외관계 인식

1949년, 중화인민공화국이 성립하면서 유물사관에 기초한 마르크스주의 역사학이 주도적인 지위를 확립하게 되자, 후성은 「中國近代歷史的分期問題(중국근대역사의 분기문제)」라는 논문을 발표하여 다음과 같이 혁명사로서의 중국근대사 서술의 기본 틀을 확립하고자 했다(胡繩 1954). 첫째, 중국근대사의 시작은 1840년의 아편전쟁이다. 둘째, 중국근대사의 하한은 1919년의 5.4운동이다. 셋째, 중국근대 80년의 역사는 '태평천국-무술변법운동 및 의화단운동-신해혁명'의 '삼차혁명고조'를 주선율로 한다(胡繩 1954; 李懷印 2013; 王建朗 2019, 5).

그가 제시한 내용 중에서 가장 파급효과가 컸던 것은 '삼차혁명고조'설이었다. 이는 중국근대사의 혁명사로서의 서술체계를 구축한 것으로, 계급투쟁을 주선율로 삼고, '두 개의 과정'을 기본 발전 방향으로 삼아서 세 차례의 혁명 고조기를 중심으로 '팔대사건(八大事件)', 즉 1, 2차 아편전쟁, 태평천국운동, 양무운동, 청프전쟁, 청일전쟁, 무술변법, 의화단운동, 신해혁명이 일어났다는 서술 방식을 택했다. 이러한 서술 방식은 인민대중의 반제 반봉건투쟁을 돋보이게 하는 것이었으나, 계급투쟁론의 지나친 강조로 인해 '개량'운동에 해당하는 무술변법이 부정적인 평가를 받게 되고, '철저하지 않은' 혁명이었던 신해혁명이 상대적으로 연구자들의 외면을 받는 현상이 있었다고 한다(王建朗 2019, 5). 이처럼 신중국 17년 동안의 중국근대사 연구는 교조적이고 좌경적이고 편협한 경향이 있었다.

계급투쟁론과 '두 개의 과정'론이 근대사 서술의 기본 틀이 되면서 근대 중국 대외관계사 연구 역시 중화인민공화국 성립 이후 오랜 시간 동안 침략-반침략의 구도에 속박을 받게 되었다(王建朗 1999, 134). 이 시기에 출판된 대표적인 저작들로 꼽히는 책들은 상대적으로 호의적이거나 중성적인 표현이라 할 수 있는 '외교사', '교류사'라는 제목 대신 제국주의 중국 침략사〔帝國主義侵華史〕 등의 제목을 달고 있거나 중국 인민의 영웅적인 반침략투쟁사를 주제로 하는 책들이었다(丁名楠 외 1958; 陳錫祺 1956; 李時嶽 1958; 周明綺 1962).

한편으로는 국제정세의 영향을 받아 특정 국가의 중국 침략사〔侵華史〕 연구가 유행하기도 했다. 한국전쟁이 일어난 1950년대에는 중국군의 한국전쟁 참전으로 인해 미국의 중국 침략사에 대한 연구가 유행하였으며, 심지어 청일전쟁 시기 중일관계 연구서에서 미제국주의가 일본을 사주해서 청일전쟁을 일으켰다는 시류에 영합하기 위한 주장을 펼치기도 했다(劉大年 1951; 卿汝楫 1953; 欽本立 1954). 중러관계사의 경우에는 중국과 소련의 관계가 좋았던 1950년대만 해도 우호적인 시각에서 서술한 '중소우의사(中蘇友誼史)' 등의 저작이 출판되었으나(曹錫玲 1951; 彭明 1955), 1960년대 이후 중소관계가 악화되자 오히려 제정러시아의 중국 침략사에 대한 연구가 활발히 진행되기도 했다(中國社會科學院近代史研究所集體撰寫組 1976/1978; 複旦大學歷史系 1975; 吉林師範大學歷史系 1976).

역사 연구가 당시 중국의 대외 인식의 영향을 크게 받고 있었던 것이다.

## 2. 개혁개방 이후의 중국근대사 연구와 중외관계 인식

문화대혁명 시기 중국의 역사 연구는 사실상 마비 상태였다. 전체 기간 동안 대륙에서 발표된 중국근대사 방면의 글은 200편으로, 연구논문이라 할 것은 20편도 채 되지 않았다(이은자 2004, 522). 개혁개방 시대에 들어서자 마르크스주의 역사학계에서도 기존의 계급투쟁사관에 기초한 연구 동향에 대한 재평가가 이루어졌다. 1979년 다이이(戴逸)는 계급투쟁론을 부정하고 '생산투쟁', '민족투쟁', '과학기술발전투쟁' 모두 계급사회를 발전시키는 위대한 동력이며, 역사를 발전시키는 직접적이고 주요한 동력은 '생산투쟁', 즉 생산력의 발전이라 주장했다(戴逸 1979; 王建朗 2019, 8). 그의 주장이 광범위한 지지를 얻으며 역사 연구자들의 관심은 계급투쟁과 혁명에 대한 연구에서 생산력 발전에 대한 연구, 근대화 연구로 급격하게 옮겨갔다.

이에 따라 양무운동이 긍정적으로 재평가되고 인기 있는 연구주제가 되었다. 기존의 마르크스주의 역사 연구에서 양무운동은 태평천국 농민기의를 진압한 쩡궈판, 리훙장 등 '군벌'이 제국주의 침략자들에 의해 선택되어 주도한 반동운동이라 폄하되어왔다(範文瀾 1947, 206; 이은자 2004, 529; 王建朗 2019, 8). 그러나 이제 양무운동은 열강의 침입을 제어하고 서방의 선진 과학기술을 광범위하게 수입하여 중국의 민족자본주의 발전에 기여했다는 점을 긍정적으로 평가받았다.

또한 그동안의 혁명사 위주로 인해 '개량파', 근대화, '통치계급'에 대한 연구의 부족을 초래했다는 반성 속에서 청말 신정과 북양정부의 외교적 성취도 긍정적으로 재평가받았고, 오히려 혁명사관에서 중시되었던 태평천국과 의화단운동에 대해서는 봉건성, 미신, 맹목성 등에 대한 부정적인 평가가 이루어지며 그 혁명적 성격에 의문부호가 붙었다(王建朗 2019, 8-9).

이러한 분위기 속에서 근대사 서술의 기본 체제를 수정하려는 움직임도 나왔다. 리스위에(李時嶽)는 반식민지 반봉건론을 재해석하여 그것이 독립국가가 반식민지와 식민지가 되는 과정이지만 봉건사회가 반봉건, 자본주의 사회로 발전하는 과정이기도 하다고 주장하면서, 중국 근대의 역사 발전의 기본 맥락으로서 '농민전쟁(태평천국)–양무운동–유신운동(무술변법)–부르주아혁명운동(신해혁명)'의 4계단론을 제시하여 계급투쟁론에 기반한 '태평천국–무술변법 및 의화단운동–신해혁명'의 '삼차혁명고조'론을 수정하고자 하여 후성을 비롯한 학계의 논쟁에 불을 당겼다(李時嶽 1980; 王建朗 2019, 8; 이은자 2004, 522-526).

1990년대에 들어 류다녠(劉大年)은 중국근대사의 '두 개의 기본문제(兩個基本問題)'로 민족의 독립과 근대화를 들었다. 민족의 독립이 없으면 근대화를 달성할 수 없고, 근대화가 진행되지 않으면 정치, 경제, 문화가 낙후되어 진정한 독립을 실현할 수 없으나, 중국은 제국주의와 봉건주의의 결합으로 인해 반식민지 반봉건 상태에 있었기 때문에 먼저 혁명을 통해 반식민지 반봉건의 통치질서를 무너뜨리고 민족의 독립을 얻어야지만 근대화 실현의 길을 닦을 수 있다고 보았다(劉大年 1997, 3-6; 이은자 2004, 526-527). 그의 주장은 민족의 독립과 근대화의 실현이라는 현대 중국이 걸어온 실제 역사와도 일치하는 것이었으며, 1980년대 이후 '혁명'과 '현대화'라는 근대의 기본노선 문제에 대한 주류 학계의 입장을 종합적으로 정리한 것이라 할 수 있다(이은자 2004, 527).

한편, 개혁개방 이후 중국학자들이 직접 서방세계를 방문할 수 있게 되면서, 중국이 외부 세계를 어떻게 인식할 것인가에 대한 문제가 새롭게 제기되었다. 중국이 외부 세계를 어떻게 인식할 것인가 하는 문제는 한편으로 중국이 외부 세계와 어떠한 관계를 맺고 어떻게 발전해 나가야 할 것인가라는, 근대중국 이래의 오랜 화두로 이어졌다. 한편으로는 비교적 느슨하고 포용적인 학술환경 속에서 침략-반침략 구도를 넘어선 새로운 대외관계사 연구가 활발히 진행되었으며, 한편으로는 사상사와 문화사, 학술사 등 영역에서도 활발한 탐구가 진행되었다.

특히 1990년대 이후에는 근대 중국의 자유주의 지식인과 문화보수주의자들을 포함한 다양한 개인과 단체에 대한 광범위한 연구가 이루어졌다. 이는 문화열(文化熱)과 국학열(國學熱) 같은, 외부 사상 또는 중국적 전통과의 관계 속에서 중국의 나아갈 길을 모색하려는 사회적 분위기와도 깊은 관련이 있었다. 이는 또한 중국근대사의 중요한 사상적 흐름이었으나 신중국 성립 이후, 특히 문화대혁명으로 인해 철저하게 단절된 서구적 보편가치 및 중국의 전통적 가치 속에서 근대 중국의 출로를 모색하려는 사상적 경향의 복원이기도 했다.

문화열은 대체로 중국적 전통을 부정하고 외부 문명에서 답을 찾으려는 5.4운동 이후의 전반서화(全般西化)의 사상적 전통을 계승했으나 천안문 사태 이후 급격히 식어버렸다(전인갑 2022, 93). 반면 국학열은 과거의 문명제국 중국이 남긴 전통을 긍정하고 발굴해서 5.4정신과 융합하여 중국특색의 국가를 건설하자는 흐름으로서, 전통의 긍정과 중화의 발굴을 통해 이는 중국의 부상과 맞물려 "문명제국 중국이 생산한 가치, 중국의 개념과 사유방식으로 중국을 건설해야 한다는" 담론의 확산으로 이어졌다(전인갑 2019; 2020). 신유가, 자유주의, 신좌파, 문화보수주의 등 거의 모든 사조들이 유교와 같은 중국의 전통 속에서 새로운 사유 모델이나 미래 담론을 모색하였고, 이는 2000년대 후반 '천하' 패러다임으로 이어졌다(전인갑 2022, 93-94).

## 3. '신시대'의 중외관계 인식과 중국근대사

2017년 시진핑은 중국이 '신시대'로 진입했음을 선언했다. 이는 덩샤오핑 이래의 개혁개방 시대와 새로운 시대를 구분하고, 중국이 국민국가 건설의 차원을 넘어서 새로운 단계로의 질적 전환을 시작했음을 선언한 것이었다(조영남 2023, 9-10). 중국특색 사회주의의 길과 중국식 사유방식, 중국식 대안으로 인류운명공동체를 건설하고, 새로운 세계질서를 구축하겠다는 것이었다(전인갑 2022, 95). 이는 중국식 사유방식과 개념, 이론으로 서구의 가치규범과 담론체계를 대체하는 것을 포함한다. 근대의 보편이 되었던 서구, 특히 미국과의 문명 경쟁을 통해 새로운 보편을 창조하고, 세계질서를 주도하겠다는 선언이다.

이는 국학열이 중국적 전통의 근대적 재구성을 넘어서 중화를 재보편화하는 방향으로 발전하고, '천하(天下)' 담론이 유행하는 중국 지성계의 움직임과도 궤를 같이한다. 이러한 분위기 속에서 '시진핑 신시대 중국특색사회주의이론' 또한 '마르크스주의의 기본원리'와 '중화의 우수한 전통문화'를 결합할 것을 강조하기 시작했다.[6]

　　이와 함께 중국 당국은 역사학에게도 신시대와 중국몽에 복무할 것을 요구하고 있다(전인갑 2022. 96). 그 일환으로 2019년 1월, 중국사회과학원 산하에 '당대 마르크스주의 역사 이론'을 개발하는 기구인 역사이론연구소를 신설하여 고고연구소, 역사연구소, 근대사연구소, 세계사연구소, 중국변강연구소와 함께 역사학부(歷史學部)에 소속시켰다. 이어서 역사학부 자체를 중국역사연구원(中國歷史研究院)으로 승격시켜 그 위상을 강화하였다. 초대 역사연구원 원장으로 임명된 가오샹(高翔)은 사회과학원 부원장을 겸하도록 하였으며, 2022년 12월에는 사회과학원 원장으로 승진시켰다. 역사학에 무게를 실어주는 분위기이다. 이와 함께 '신시대' 중국 역사학의 사명과 책임을 강조하는 학술대회가 개최되고, 역사학 분과에서 서양의 '지식패권'에서 벗어난 중국의 자주적 지식체계 구축을 실현하자는 칼럼이 주목을 받았다(謝伏瞻 2020).[7]

　　서양의 보편 담론을 대체할 새로운 보편 담론을 개발하려는

<hr />

6　習近平, 「慶祝中國共産黨成立100周年大會上的重要講話」(2021.7.1.); 「中共中央關於黨的百年奮鬥重大成就和歷史經驗的決議」(2021.11.16.).

7　"新時代中國歷史工作者的使命與擔當." 研討會成功擧辦. https://news.bnu.edu.cn/zx/xzdt/129055.htm (2023년 6월 25일 최종 검색).

야심 찬 움직임의 한편에는 서구식 역사 이론의 국내 확산에 대한 불안감이 공존하고 있다. 시진핑은 당원 교육에서 '사사(四史)', 즉 중국근현대사, 중국공산당사, 신중국사, 개혁개방 40년사 교육을 강화할 것을 반복적으로 요구하고, 고등교육과정의 필수과목인 사상정치 교과목에 대해서도 같은 요구를 관철해왔다. 그 근본적인 의도는 '역사허무주의(歷史虛無主義)'에 대한 대응이다. 소위 9호 문건이라고 불리는 「이데올로기 영역에 관한 통보」는 '역사허무주의'를 서구식 헌정, 보편가치(인권), 시민사회, 신자유주의, 언론자유와 함께 당국이 금지해야 할 일곱 가지 반체제 이념으로 꼽았다. 그 이유를 해당 문건은 다음과 같이 밝히고 있다.

> "역사허무주의는 "재평가"를 명분으로 당과 신중국의 역사를 왜곡한다. … 혁명을 부정하여, 중국공산당이 영도하는 '혁명'은 "파괴적 작용"밖에 한 게 없다고 주장한다. 중국이 사회주의 노선을 선택한 역사적 필연성을 부정하며, …신중국의 역사를 "실패의 연속"으로 규정한다. 또 이미 정론(定論)이 내려진 역사 사건과 역사인물을 부정하며, 혁명 선배와 당의 영수를 폄훼한다. 최근 일부 사람들은 … 모택동사상의 과학성과 지도력을 부인하였다. 일부 인사는 개혁개방 전후의 두 역사 시기를 분할 또는 대립시키거나, 개혁개방 후의 역사 시기로써 그 전 시기를 부정한다. 역사허무주의의 가장 큰 폐해는 중국공산당과 신중국 역사를 부정함으로써, 근본적으로 중국공산당의 역사 지위와 작용을 부정하고, 나아가 중국공산당의 장기 집권의 합법성을 부인한다는 것이다."[8]

이러한 비판은 역사허무주의가 중국의 주류 역사인식을 해체하려는 서구의 공세적 이데올로기로서, 서구식 현대화 이론을 바탕으로 중국근현대사를 재해석하여 중국 사회주의 혁명의 당위성을 부정하고 서구식 체제로의 개혁을 주장하게 하여 체제를 전복하려는 미국의 전략적 산물이라는 인식에서 비롯된 것이다(夏春濤 2019).[9]

천안문 사태 이래 중국 당국은 '역사허무주의'에 대한 대응으로 고대사 교육을 통해 중화문명의 위대함을 강조하고 근현대사 교육을 통해 중국공산당의 역사적 지위를 정당화하는 애국주의 역사교육을 강화해왔다(김인희, 2018). '사사' 교육의 강조 역시 이러한 맥락에서 이해할 수 있다. 그러나, '사사' 교육을 위한 중국근현대사 교재의 수준은 21세기 이후 이데올로기 교육의 일부인 중국의 역사교육과 학술 연구로서의 중국근대사 연구 사이의 격차가 매우 커졌음을 확인할 수 있다.

개혁개방 이후 대륙의 중국근대사 학계는 부단한 노력을 통해서 세계와의 연구 수준의 격차를 좁히고 세계의 중국근대사 연구를 주도하는 위상을 확보하게 되었다(王建朗 2019). 그러나 중국근현대사 교재, 특히 '사사' 교육용 교재(本書編寫組 編 2021)의 수준은 이러한 변화를 따라잡지 못하고 있다. 역사 해석에서 정해진 답을 강요하는 것은 미래 중국 역사학, 특히 중국근현대사 학문 분과의 자유로운 발전에 부정적인 요소로 작용할 수 있다. 마찬가지로

---

8 「關於當前意識形態領域情況的通報」(中辦發【2013】9號). 오병수(2017, 233)에서 재인용.

9 역사허무주의에 대한 관변 학자들의 대응 논의는 오병수(2017, 232-238) 참조.

경직된 분위기 속에서 개발하려는 중국식 보편 담론 또한 새로운 '보편'이 아닌, 경직된 '중국특색'의 담론으로 흘러갈 수 있다.


## IV  맺음말

중국의 근대사 연구와 교육은 중국과 외부 세계의 관계 변화에 밀접한 관련을 맺으며 형성되었다. 중국의 근대는 외부 세계와의 긴밀한 상호작용 속에서 전개되었으며, 중국근대사의 연구와 서술은 시대와 이념에 따라 변화하고, 연구자나 정치권력의 시야에 따라 중국의 외부 세계, 그와 관계를 맺고 있는 국내의 집단과 주요 사건에 대한 평가가 크게 달라지기도 했다. 민국 초기의 역사교육은 우승열패의 사고 속에서 중국을 침략한 제국주의 서양의 진취적인 정신과 자강의 의지를 배워야 한다고 학생들을 가르쳤고, 국민정부 시기에는 민족주의와 혁명의 서사를 강조하며 국민당이 영도하는 국가 건설과 항일을 위한 전 국민의 단결을 요구하였다. 근대화사관의 입장에서는 세계사의 흐름에서 뒤처진 중국이 서구식 근대화를 이루어내는 것이 중국근대사의 지상 과제라 보았다. 혁명과 신중국 건설의 시기에 마르크스주의 역사학자들은 중국근대사와 중국공산당이 영도한 '신민주주의 혁명'과의 연속성을 설명하기 위해 제국주의 침략에 대한 민중의 반침략, 즉 계급투쟁과 혁명의 서사를 강조했다. 그러나 미-중 데탕트와 문화대혁명의 종결, 개혁개방 정책 추진에 따라 중국과 외부 세계의 관계는 크게 변화하였다. 이에 따라 중국근대사 연구의 관점도 크게 변화했다. 계급투쟁을 강조하는 좌편향에서 벗어나 개혁개방과 오버랩되는 근대화 개혁들이 긍정적으로 재평가되었다. 개혁개방의 심화와 천안문 사태 등 여러 사건을 겪으며, 중국근현대사 연구는 문화열과 국학열 등 중국과 세계의 관계를 고민하는 다양한 사회 사조와 문제의식을 공유하며 성장해왔다.

21세기 들어 중국은 외부 세계와의 관계를 새로이 재설정하고 있다. 중국특색 사회주의의 길과 중국식 사유방식으로 인류운명공동체를 건설하고 세계질서를 구축하겠다는 의지를 밝히고 있다. 이는 중국의 전통과 현대를 재구성하여, 서구와의 경쟁에서 새로운 보편을 창조하고 세계를 주도하려는 야심 찬 움직임이다. 이에 복무하기 위한 자주적인 학문체계를 건설하는 것이 역사학계의 임무로 요구되고 있다. 그러나 개혁개방 이후 서구식 역사 이론의 국내 확산으로 인해 중국공산당의 역사적 위상과 체제의 정당성을 부정당하는 것에 대한 불안감도 공존한다. 시진핑 체제는 이에 대한 대응으로 중국근현대사 교육을 동원하고 있다. 요컨대 현재 중국의 역사를 이용한 통치 전략(historical statecraft)과 그에 복무하는 중국근현대사 연구 및 교육의 문제의식 속에는 국민국가를 넘어서 중국적 가치를 바탕으로 세계질서를 주도하겠다는 21세기의 강국 중국으로서의 중외관계 구상과 19세기 후반 이래의 '백년굴욕'으로 상징되는 제국주의 침략-반침략의 중외관계 인식이 공존하고 있는 것이다.

# 참고문헌

김지훈. 2014. "현대중국 역사교과서의 청일전쟁 인식." 『역사와 세계』 46.

동북아역사재단 교과서연구센터 편. 2021. 『시진핑 시대 교과서 국정화와 역사 담론』. 동북아역사재단.

동북아역사재단 편. 2006. 『중국의 역사교육과 역사학』. 동북아역사재단.

오병수. 2014. "중국 근대 역사 교과서의 자국사 구축과정과 '중화민족'." 『역사교육』 132.

_____. 2017. "항전시기 중국의 "중국근대사" 서술과 동아시아 인식의 변용 및 그 유산." 『서강인문논총』 50.

_____. 2020. "시진핑 시대 중국의 역사정책과 자국사의 재구성: 『歷史: 中外歷史綱要』 과목의 개설 배경과 이데올로기." 『역사교육』 156.

오병수 편. 2021. 『한중 역사교과서 대화: 근대의 서사와 이데올로기』. 동북아역사재단.

유용태. 2015. "四夷藩屬을 中華領土로-民國時期 中國의 領土想像과 동아시아 인식-." 『동양사학연구』 130.

윤세병. 2007. "중국에서의 양무운동 연구와 교과서 서술." 『역사와 역사교육』 3.

_____. 2013. "현대중국의 역사교육-역사교과서의 서사구조와 이데올로기." 공주대학교대학원 박사학위논문.

이개석. 1999. "현대중국의 역사학(1949~1999): 사회주의 역사학의 모색과 좌절 그리고 새로운 지평." 『동아시아역사연구』 6.

_____. 2006. "역사학과 문화대혁명." 『동양사학연구』 97.

이은자. 2003. "아편전쟁과 중국의 '문호개방'에 대한 역사교육과 역사인식." 『中國近現代史研究』 9.

_____. 2004. "중국의 '近代'(1840~1919) 史觀과 역사교육." 『中國學論叢』 8.

이재령. 2010. "중일전쟁 시기 중국 역사학계의 연구 동향." 『한국사학사학보』 22.

전인갑. 2019. "오사 100년, 「신화」에서 「역사」로: 현대 중국 문화담론의 반전." 『현대중국연구』 21(2).

_____. 2020. "국가건설 패러다임의 전환과 민족주의-'민족'과 '천하'의 길항(拮抗)." 『동북아역사논총』 67.

_____. 2022. "중국 국가건설 100년의 역사학-국가건설 패러다임의 진화와 역사학-." 『2022년 역사학회 창립 70주년 기념 학술대회 자료집』.

정세련. 2023. "淸末民初 "歷史敎授" 개념의 도입과 변용: 1902-1921." 『중국근현대사학회 2023년 6월 정례발표회 자료집』.

조병한. 1995. "중국에서 양무운동과 변법운동에 대한 재평가." 『역사비평』 8.

조영남. 2023. "시진핑, '일인 지배'의 첫발을 내딛다!: 중국공산당 20차 전국대표대회 분석." 『중국사회과학논총』 5.


卿汝楫. 1953. 『美國侵華史』. 生活·讀書·新知三聯書店.

課程敎材硏究所 編. 1999. 『20世紀中國中小學課程標準敎學大綱彙編』. 人民敎育出版社.

郭廷以. 1940. 『中國近代史』(第一冊). 商務印書館.

吉林師範大學歷史系. 1976. 『沙俄侵華史簡編』. 吉林人民出版社.

羅家倫. 1931. "研究中國近代史的意義和方法." 郭廷以 編. 1941. 『近代中國史』.
　　　　商務印書館에 수록.

戴逸. 1979. "關於歷史研究中階級鬥爭理論問題的幾點看法." 『社會科學研究』(1979-5).

毛澤東. 1939. "中國革命和中國共產黨." 毛澤東. 1968. 『毛澤東選集』(一卷本).
　　　　人民出版社에 수록.

範文瀾. 1947. 『中國近代史』(上冊).

複旦大學歷史系. 1975. 『沙俄侵華史』. 上海人民出版社.

本書編寫組 編. 2021. 『中國近現代史剛要』. 高等教育出版社.

謝伏瞻. 2020. "努力開創新中國史研究新局面." 『人民日報』 2020.04.30.

梁啓超. 1930. "中國歷史研究法(補編)." 梁啓超. 1978. 『飮冰室專集』. 中華書局 1에 수록.

王建朗. 2019. "中國近代史研究70年(1949-2019)." 『近代史研究』(2019-4).

王建朗·酈永慶. 1999. "50年來的近代中外關系史研究." 『近代史研究』(1999-5).

王建朗·黃克武 主編. 2016. 『兩岸新編中國近代史(晚清卷)』. 社會科學文獻出版社.

劉大年. 1951. 『美國侵華史』. 人民出版社.

_____. 1997. "方法論問題." 『近代史研究』(1997-1).

李金強. 2014. "明代爲中國近代史上限說-以郭廷以(1904-1975)及黃仁宇(1918-2000)
　　　　爲例." 『人文中國學報』 20.

李時嶽. 1958. 『近代中國反洋教運動』. 人民出版社.

_____. 1980. "從洋務, 維新到資産階級革命." 『歷史研究』(1980-1).

李鼎聲. 1933. 『中國近代史』. 光明書店.

李懷印. 2013. 『重構近代中國: 中國歷史寫作中的想象與眞實』. 歲有生·王傳奇 譯. 中華書局

張景山. 1905. "敎授管理: 歷史敎案." 『敎育雜誌(天津)』 18.

蔣廷黻. 1938. 『中國近代史』. 商務印書館.

張海鵬. 1998. "關於中國近代史的分期及其"沈淪"與"上昇"諸問題."
　　　　『近代史研究』(1998-2).

丁名楠·餘繩武·張振鵾等. 1958. 『帝國主義侵華史』第1卷. 科學出版社.

曹錫玲. 1951. 『中蘇外交史』. 上海世界知識出版社.

周明綺. 1962. 『1905年的反美愛國運動』. 中華書局.

中國社會科學院近代史研究所集體撰寫組. 1976/1978. 『沙俄侵華史』(共4卷).

曾業英 主編. 2000. 『五十年來的中國近代史研究』. 上海書店出版社.

陳恭祿. 1935. 『中國近代史』. 商務印書館.

陳錫祺. 1956. 『廣東三元裏人民的抗英鬥爭』. 廣東人民出版社.

彭明. 1955. 『中蘇友誼簡史』. 中國靑年出版社.

夏春濤. 2019. "歷史虛無主義解析." 『史學理論研究』(2019-3).

胡繩. 1949. 『帝國主義與中國政治』. 人民出版社.

_____. 1954. "中國近代歷史的分期問題." 『歷史研究』(1954-1).

欽本立. 1954. 『美國經濟侵華史』. 世界知識出版社.

**필자 소개**

이동욱 Lee, Dong-uk

동북아역사재단 한중관계사연구소 연구위원
베이징대학 역사학 박사

논저 "청말 국제법 번역과 '藩屬' 관련 개념의 의미 확장", 『청일전쟁과 근대 동아시아의 세력전이』(공저), "『大義覺迷錄』 해석의 역사적 변천에 대한 일고찰: '君臣大義'에서 '中華大義'까지", 『근대조약과 동아시아 영토침탈 관련 자료 선집』(공저)

이메일 dongsa96@hanmail.net

**제4장**

# '종변관계'론의 시원

## ― 20세기 전반 장팅푸의 외교사 연구

The Origin of the Zongfan Relation (宗藩關係) Theory: the
study of the diplomatic history of Tsiang Tingfu(蔣廷黻) in the
Early 20th Century

손성욱 | 창원대학교 사학과

\* 이 글은 "20세기 전반 蔣廷黻의 외교사 연구와 '宗藩關係'론." 『학림』 제51권
(2023)에 실린 글을 수정, 보완한 것이다.

**근래** 전근대 중국의 대외관계를 설명하는 틀로 '종번관계'론이 주목받고 있다. 페어뱅크의 '조공체제'론을 극복하기 위해 일련의 중국학자들은 유구한 역사를 지니는 '종번(宗藩)'을 활용해 언설을 구축하고 종번의 병음인 'Zongfan'을 제시한다. 'Zongfan'은 점점 서양학자의 영문 논저에서 레퍼런스로도 등장하고 있다. 하지만 '종번관계'론은 새로운 논의가 아니다. 2000년대 여러 학자에 의해 비판받았으며, '종번관계'라는 용어는 20세기 초 'suzerainty'의 번역어인 '종주권'이라는 용어가 일본으로부터 수용된 이후 등장했다. '종번관계'를 본격적으로 사용한 것은 1930년대 중국의 외교사 연구자이자 정치가였던 장팅푸(蔣廷黻)였다. 문제는 최근의 '종번관계'론은 이러한 학술사적 맥락을 전혀 다루지 않으며, 중국학계에서 장팅푸가 1980년대 이전 부정적 평가와 달리 긍정적 평가를 받고 있음에도 그의 '종번관계'론을 언급하지 않는다는 점이다. 하지만 장팅푸는 100년 전 근대 중국의 외교 문제를 다루는 데 있어 중국의 전통적 종주권과 서구 국제법의 종주권의 차이를 강조했고, 중국과 주변국의 관계를 설명하기 위해 종주국과 번속관계를 드러내는 '종번관계'라는 용어를 사용하였다. 근대적 관념이 투영된 '종번관계'론은 서구의 충격과 근대화의 사명이라는 역사적 환경 속에서 등장했다.

The Zongfan theory has gained significant attention in explaining the international relations of premodern China. Chinese scholars in American and European academia have started using the term "Zongfan", pinyin for 宗藩, as an alternative to the existing term "tribute system". The term "Zongfan" has gradually gained influence due to the problems associated with the tribute system, such as the absence of context in academic history, limited analysis, and a lack of historicity. Those who support the use of the term "Zongfan" instead of the term "tribute system" argue that the term "Zongfan" was first used in the Western Zhou period, providing it with a historical basis.

However, the meaning and scope of Zongfan changed throughout different periods. Additionally, the term "Zongfan relation" was coined after the terms "suzerainty" and "suzerain", which were translated from Japan, were accepted and introduced in China in the early 20th century. Hence, it is challenging to claim that the term "Zongfan" has historicity. To support the Zongfan theory, its origin must be understood from an academic historical perspective. Tsiang Tingfu (蔣廷黻) was the first to analyze the origin of this theory, investigating diplomatic issues in premodern China and highlighting the difference between China's traditional concept of suzerainty and the Western concept. He translated the relationship between suzerain and vassal as a Zongfan relation in Chinese, adopting the Western concept of suzerainty to differentiate it from China's traditional concept. In essence, when the term "Zongfan" is used to explain foreign relations, it does not have historicity, but rather reflects the Western concept of suzerainty.

KEYWORDS 장팅푸 Tsiang Tingfu, 종번관계 Zongfan Relation, 종주권 Suzerainty, 제국주의 Imperialism, 근대화 Modernization

# I 서론

중국에서의 전근대 동아시아 국제질서에 대한 이론화 논의는 1990년대가 되어서야 본격적으로 이루어졌다. 페어뱅크의 '중국적 세계질서'나 '조공체제' 등 서구학계의 문제점을 인식하면서, 화이질서(何芳川 1998; 李治安 2014), 천조예치체계(黃枝連 1994), 종번체제(魏志江 2014), 번속체제(李大龍 2006), 봉공체제(陳尙勝 2008; 陳志剛 2010) 등 다양한 이론이 나왔다. 이들은 명칭에서 드러나듯 각각 강조점이 다르지만, 모두 중화사상을 중심으로 조공, 책봉, 예치를 강조하며, 기본적인 설명에서 페어뱅크의 '조공체제'와 크게 차별점을 보이지 않는다. 전근대 중원왕조 중심의 국제질서의 이념과 작동원리에 있어 강조점이 다를 뿐이다.

최근에는 다양한 논의 중 전근대 중국의 대외관계를 설명하는 틀로 '종번(宗藩, zongfan)'이 화두다. 근래 '종번관계/체제'를 쓰는 빈도가 증가하고 있으며, 구미학계에서도 일부 중국학자들을 중심으로 페어뱅크의 '조공체제론(tributary system)'의 대안으로 '종번관계/체제'가 제시되고 있다. 쑹녠선(宋念申), 왕위안충(王元崇) 등은 영어 논저에서 '조공체제' 대신 서주 시대부터 청대까지 이어진 종번을 제시하며, 이를 'suzerain and vassal'로 번역하지 않고 중국어 병음인 'Zongfan'을 쓴다(Song 2012; Wang 2018). 현재 구미학계에서 'Zongfan'이 주요 용어로 쓰이고 있지는 않지만, 점점 영문 논저의 레퍼런스로도 등장하고 있다(Duggan 2014; Spruyt 2020; Andrade 2021). 게다가 최근 국정교과서로 바뀐 중국 고등학교 필수 과목 역사 교과서인 『중외역사강요(中外歷史綱要)』에 서구의 식민관계와 차별되는 중국의 전통적 대외관계를 설명하기 위해 이전에 보이지 않던 '종번관계(宗藩關係)'라는 용어가 등장했다 (손성욱 2021, 416).

그런데 전근대 중국의 대외관계를 설명하기 위한 개념으로 '종번관계'는 페어뱅크의 조공체제론이나 식민주의에 대응하기 위해 최근에 만들어진 용어가 아니다. 1930년대 중국외교사 연구의 개창자라고 평가받는 장팅푸(蔣廷黻)에 의해 이미 제시된 바 있다. 장팅푸는 1932년 10월 톈진 『대공보(大公報)』 "문학부간(文學副刊)"에 발표한 「외교사와 외교 사료(外交史及外交史料)」에서 19세기 후반 청은 조선에 대한 '종주권'을 인정받고 지키기 위해 노력했으며, 역사적으로 존재한 종주관념에 따른 청과 조선의 관계를 설명하며 처음 '종번관계'라는 말로 양자관계를 규정하였다. 그의 언설에서 '종번관계'는 '종주권' 문제의 대두로 등장하였다.

19세기 중반 이후 서구 열강의 동진이 거세지면서, 열강들은 청의 주요 조공인 베트남, 유구, 조선과 청의 관계에 대해 의문을 제기했고, 청의 전통적 대외 관념은 서양 중심의 국제법 질서로부터 도전받으며 청의 종주권 문제가 대두되었다. 하지만 당시 청은 한문 문헌 속에서 자신들의 주요 조공국에 대한 '권한'을 '종주권'으로 칭하지 않았으며, 주변국과의 관계를 설명하는 '종번관계'라는 말도 등장하지 않았다. '종주권'이란 용어는 19세기 말 일본에서 수용된 번역어였다(劉淸濤 2017, 1-2). 'suzerain and vassal'도 '종속관계'로 옮긴 일본의 번역어가 주로 사용되었다.

하지만 장팅푸는 '종속관계'를 '종번관계'로 명명했다. 그의 설명에 따르면, '종번관계'에서 종주국인 중국은 번속을 보호할 책임이 있으며, 그밖에는 어떠한 간섭도 하지 않는다. 번속은 중국에 예(禮)를 다해야 하며, 이밖에 어떠한 정치적·경제적 부담도 없다. 이는 전근대 중국적 대외관계의 위계성과 평화적 성격을 강조하는 최근의 '종번관계'론의 설명과 대동소이하다. 하지만 최근의 '종번관계'론자들은 장팅푸를 전혀 언급하지 않는다. 장팅푸가 대외관계사에서 차지하는 위치와 그의 유명한 논저『중국근대사(中國近代史)』에서도 '종주권'의 문제를 다루고 있는데, 그의 논의를 언급하지 않는 것은 무지하다기보다 자신들의 논지를 선명하기 위해 의도적으로 배제했다고밖에 볼 수 없다.[1] 장팅푸의 '종번관계'를 호명하지 않으며 선명한 단절성을 드러내는 것이다. 이 글은 '백년'의 격차를 두고 보이는 '종번관계'론의 간극에 주목하여, '종번관계'론의 시초라고 볼 수 있는 장팅푸의 논의가 지닌 함의와 의도를 그의 중국 근대외교사 연구 맥락[2]에서 밝히고자 한다.

---

1    장팅푸는 1980년대 이전 중국 대륙 역사학계에서 후스(胡適)와 함께 '반동'으로 평가받으며 그의 학맥이 이어지지 못했지만, 1980년대 이후 혁명사관에서 벗어나 그를 긍정적으로 보는 다양한 평가가 이루어졌으며, 여러 출판사에서『中國近代史』를 재간행하였다. 김세호는 「蔣廷黻『中國近代史』(1938)의 재검토」(김세호 2021)에서 이를 두고 '장정불 현상'이라 해도 좋을 만하다고 설명하고 있는데, 이런 상황 속에서 근자의 '종번관계'를 내세우는 학자들이 장팅푸를 언급하지 않는 것에도 주목할 필요가 있다.

2    중국에서는 장팅푸의 중국외교사 연구와 사상에 대해 이루어진 국외 연구가 많으나, 국내 연구로는 김정현(2017)과 김세호(2021)를 참조.

## II 외교사 연구의 시작: 제국주의와 근대화

장팅푸는 컬럼비아 대학에서 역사학으로 박사학위를 받았으며, 귀국 후 난카이대학(南開大學)과 칭화대학(淸華大學) 역사학과 교수를 역임했다. 1935년부터는 학계를 떠나 중화민국의 행정원 정무처장, 주소련 대사, 주미 대사 등으로 활동했다. 역사학계에서 정계로 투신한 그의 이력에서 엿볼 수 있듯 그는 현실의식이 강한 인물이었다. 미국 유학 시절 "역사야말로 우리가 실제 정치를 이해할 수 있도록 해주는 유일한 전공"(蔣廷黻 2017, 84-85)이라는 생각으로 역사학을 전공했으며 당대 현실과 밀접한 관계가 있던 제국주의를 주제로 박사학위 논문을 썼다.

그런데 후일 중국 근대외교사 연구를 개척한 장팅푸의 박사학위 논문 주제는 중국과 제국주의 문제가 아니다. 중국의 근대화에 큰 영향을 끼친 영국 제국주의, 특히 영국 국내 정치와 제국주의 정책 간의 관련성에 집중했다. 미국에서 중국외교사를 연구하기에는 자료 수집에 한계가 있었고, 중국의 '근대' 전환에 압력을 가한 '제국주의'와 제1차 세계대전을 겪으며 목도한 국제사회에서 대국의 영향력을 통해 영국 제국주의 문제에 관심을 가졌다(楊釗 2018, 139-140). 그의 학위논문 제목은 『노동당과 제국: 주요 국회 대표를 중심으로 한 1880년 이래 영국 노동당의 영국 제국주의에 대한 반응 연구』[3]로, 그는 영국에서 영향력이 커지고 있는 노동당이 1880년대부터 40년 동안 영국 제국주의 정책에 어떤 영향을 끼쳤

---

3    그의 박사학위 논문은 1923년에 제출됐고, 바로 컬럼비아대학교에서 출간되었다. Tsiang(1923).

으며, 근대 제국주의에 대한 직접적 피해자인 인도, 멕시코, 중국 같은 나라는 여러 강대국의 정치적 우파보다 좌파로부터 더 나은 대우를 기대할 수 있는가의 문제에 집중했다(Tsiang 1923, 7).

　장팅푸는 『노동당과 제국』의 서론에서 노동운동과 제국주의 의 관계를 연구한 존 흡슨(John A. Hobson), 프리드리히 폰 베른하 르디(Friedrich von Bernhardi), 소스타인 베블런(Thorstein Veblen) 등의 이론을 언급하며, 일반론을 설명하는 그들과 달리 자신은 영 국의 특정 사례에 한정해 분석한다고 밝혔다(Tsiang 1923, 22-23). 이 논문은 영국과 식민지 관계, 영국과 다른 제국주의 열강 간 경 쟁에 대한 노동당의 반응과 정책을 분석하면서, 노동당은 반(反)제 국주의적이며 빅토리아 시대 영국의 국제 문제 관여에 부정적이 었던 소영국주의(Little Englander)의 이상을 보였다고 봤다(Tsiang 1923, 215).

　『노동당과 제국』에서 풀어보고자 했던 제국주의 열강의 좌파 가 우파보다 제국주의 피해국들에 더 나은 대우를 할 것인가에 대 한 문제에 대해서 장팅푸는 명확한 답을 내놓지 않았다. 다만 제1 차 세계대전으로 인한 영국 노동당의 변화가 제국주의로 이어지는 공격적인 배타적 민족주의에서 영국이 한 발짝 물러나도록 했다는 사실에 주목했으며, 이는 당시 중국에 나쁜 변화가 아니었다. 하지 만 학술적으로 영국 제국주의를 분석하는 것을 떠나, 제국주의 피 해자로 중국이 제국주의를 어떻게 이해할 것이냐의 문제가 여전히 남았다.

　장팅푸는 귀국 후 난카이대학에 부임하여 중국과 제국주의 문제를 중심으로 근대 중국 외교 문제에 천착했다. 20세기 초 제국주의 개념은 외연이 확장하고 있었고, 학자마다 각기 다른 시각을 가지고 있어 명확히 정의하기 어려웠다. '제국주의'도 '종주권'과 마찬가지로 일본에서 수용된 번역어였는데(陳力衛 2012), 'imperialism'을 어떻게 번역할 것인가 논쟁이 있었다.[4] 하지만 제1차 세계대전을 겪으며 중국 내 민족주의가 최고조에 이르고, 사회주의 세력을 통해 레닌의 제국주의론이 유입되며 제국주의는 반제국주의와 결합하여 폭넓게 활용되며 'imperialism'은 '제국주의'로 자리 잡았다. 전통적으로 사용되던 '식민지화(植民地化)'라는 용어와 제국주의가 밀접하게 결부되어 이해된 것이다.

당시 중국 분위기와 달리 장팅푸는 식민지화 문제를 감정적으로 접근하지 않았다. 그는 식민지화를 한 지역의 사람이 다른 지역의 사람에 발휘하는 역량으로 이해하고, 그 역량을 '조직역량(組織力量)'이라고 불렀다. 만약 식민지와 피식민지의 조직역량이 같다면 소위 식민지화 문제는 일어나지 않을 것이라고 지적했다(蔣廷黻 2017, 88-89). 국내에 과잉상품/자본이 발생했을 때 그것을 해결하기 위해 대외 확장이 불가피하게 일어나게 되고, 역량의 불균형으로 식민지화가 일어난다. 그는 제국주의에 책임을 미루고, 제국주의 타도를 외치는 것만으로 식민지화 문제를 해결하는 것은 불가능하다고 봤다.

---

4    20세기 전반 중국의 제국주의 수용과 논쟁에 관해서는 尹鈦, 「"帝國主義"在中國的建構 —以20世紀20年代的國民革命爲例」, 『國際關係學院學報』, 2007-3; 曹龍虎, 「近代中國帝國主義槪念的輸入及衍」, 『武漢大學學報(人文科學版)』, 2017-4; 葛靜波, 張昭軍, 「國民革命時期列寧〈帝國主義論〉的譯介與論爭」, 『中共黨史研究』, 2019-9; 李映瑈, 「"帝國主義"還是"大國家主義": 大革命時期"Imperialism"的槪念爭論及其政治考量」, 『上海黨史與黨建』, 2022-3 참조.

제국주의를 타도하고 식민지화되는 상황을 타개하기 위해서는 자강(自强)이 이루어져야 했다. 장팅푸는 중국이 자강을 위해 얼마나 노력했는가 반문하고 그렇지 못했음을 비판한다. 그는 회고록에서 "내가 미국에서 돌아왔을 때, 곰곰이 셰퍼드 교수의 수업 내용을 생각했다. 당시, 중국은 제국주의와 불평등조약을 반대하는 목소리가 떠들썩했지만, 나는 다른 중국인처럼 제국주의를 증오할 수 없었다"(蔣廷黻 2017, 89)고 밝혔는데, 제국주의의 압박에 직면해 외부가 아닌 내부의 문제, 즉 근대화 문제를 직시해야 한다고 강조했다. 그가 보기에 중국은 서양의 충격으로 변화하기 시작했고, 근대 중국의 불운은 더딘 근대화에 기인했다(蔣廷黻 1933, 2). 이를 꿰뚫어 보는 중국인은 극히 드물었다. 대부분 제국주의 타도를 외칠 뿐이었다. 중국은 굴욕을 당하더라도 외교를 통해 대외적 마찰을 줄이며 근대화에 박차를 가해야 했지만, 중국인들은 제국주의에 책임을 돌릴 뿐이었다. 침략과 수탈로 얼룩진 근대 중국의 역사를 정치적 선전 도구로 활용할 뿐이었다. 이에 대해 장팅푸는 1932년 발표한 「외교사와 외교 사료」에서 다음과 같이 비판했다.

　　외교사는 곧 정치사의 일부이다. 모든 정치사 연구의 조건과 방법을 외교사 연구에 필히 활용해야 한다. 우리나라 사람들은 왕왕 이러한 기본 원칙을 무시하며, 외교사는 마음대로 쓸 수 있으며, 저자는 사료를 활용하지 않아도 되고, 사료가 있으면 조사와 분석이 불필요하고, 저자가 단지 욕을 많이 할 수 있다면, 통쾌하게 '피제국주의자(彼帝國主義者)'라고 욕할 수 있으면, 그의 책을 대작이라고 여겼다(蔣廷黻 1932).

제국주의에 대해 제대로 이해하지 못하고, 근대화에 박차를 가하지 않는 중국인을 각성시키기 위한 비판이다. 장팅푸는 강한 현실 인식을 지니고 있었지만, 역사가 선전 도구로 활용되는 것을 경계하면서 사료의 나열이 아닌 실증적이고 과학적인 방법론을 통해 인과관계를 밝히는 "사회과학화(社會科學化)"의 역사 연구를 주장했다(朱發建 2016, 214-217). 특히 현실 문제와 밀접한 외교사 연구에 있어, 그는 "외교사를 연구하는 것은 외교를 하는 것도 선전을 위한 것도 아니며, 역사를 연구하는 것으로 학문을 추구하는 것이다. 두 개를 혼합해 하나로 만들어서는 안 된다. 당신이 역사를 들어 선전한다면, 당신은 역사가가 아니라 선전가이다. 당신의 저작은 역사가 아니라 선전물이다. 선전물 역시 가치가 있으며, 큰 가치가 있기도 하지만 역사의 길과는 다르다. 내가 볼 때, 우리나라 사람에게 지금 필요한 것은 사람들에게 선전물로 감정을 뜨겁게 하는 것이 아니라, 역사로 지식의 빛을 주는 것이다"(蔣廷黻 1932)라고 강조했다.

물론 정계 진출 이후 장팅푸는 자신이 내세운 "중국외교사의 역사화와 학술화"에 반하는 주장을 하기도 했다. 역사학자가 아닌 정치인으로 1939년 『신경제(新經濟)』에 발표한 「백년의 외교(百年 的外交)」는 그의 역사 연구가 어떻게 현실에 활용되었는지를 잘 보여준다. 그는 외교를 내정의 연장선으로 이해했다. 외교의 실패는 제국주의 침략에 있다기보다 중국의 더딘 근대화에 기인하며, 상황을 제대로 파악하지 못하고 외세의 압박에 대한 호전적 대응이 문제라고 봤다. 중국의 열강 외교는 굴욕을 참고 근대화를 이룰 시간이 필요했다. 그렇기에 장팅푸는 「백년의 외교」에서 전쟁을 막기 위해 유화적 외교를 펼친 기선(琦善), 이홍장(李鴻章), 원세개(袁世凱) 등을 시류에 휩쓸려 일방적으로 매도하지 않았으며, 그들의 외교적 노력을 긍정적으로 평가했다. 특히 정치적으로 부정적 평가를 받던 원세개가 제1차 세계대전 당시 일본의 21개조 요구를 수용한 것을 높이 평가했다. 이러한 평가는 이전부터 견지해왔지만, 7.7사변 이후 전면적인 중일전쟁 중 「백년의 외교」가 발표되었다는 점에서 그 정치적 목적 또한 분명했다. 1931년 9.18사변 이후 대일전쟁에 미온적이었던 국민정부를 옹호하고 전쟁 중이지만 여전히 외교적 해결의 중요성을 강조한 것이다. 이를 위해 '백년의 외교'라는 역사적 경험을 끌고 왔다.[5]

## III. 외교의 근대화: '종주권'에서 '통치권'으로

장팅푸는 제국주의에 냉철하게 접근할 것을 주장하며, 역사가 정치 선전물로 이용되는 것을 비판했다. 이를 위해 "중국 외교사의 역사화와 학술화(歷史化中國外交史, 學術化中國外交史)"(蔣廷黻 2008, 2)를 추구했다.[6] 제국주의를 제대로 이해하고 감정적으로 휘둘려

5    항일전쟁 시기 발표된 「백년의 외교」에 대해 장팅푸는 '시작(試作)'이라 칭했지만, 그의 중국 근대 외교에 대한 인식과 현실 의식이 압축적으로 담겨 있다. 이 글이 발표된 후 덩공쉬안(鄧公玄, 1901-1977)은 「評蔣廷黻〈百年的外交〉」(『中山半月刊』第1卷 第6期, 1939)를 발표해 그의 관점을 비판하며 정치적 저의를 의심했다. 이에 장팅푸는 「再論近百年的外交」(『新經濟』第1卷 第7期, 1939)로 반박했고, 덩공쉬안도 「再評蔣廷黻〈論近百年的外交〉」(『中山半月刊』第1卷 第9期, 1939)를 발표해 재반박했다.

6    장팅푸의 외교사 연구와 공헌에 대해서는 朱梅光(2012, 90-130) 참조.

충돌하기보다 내부의 '조직역량(組織力量)' 강화에 집중해야 한다고 주장했다. 하지만 이러한 언설은 중국 국내용이었다. 그는 다수의 영어 논저를 발표했지만, 이러한 논리를 펼치지 않았다. 오히려 중국의 입장을 대변하는 글을 썼다. 국익이 충돌하는 외교에 있어 이러한 논리는 제국주의 열강의 중국 침략에 정당성을 제공할 수 있기 때문이었다.

호세아 발로우 모스(Hosea Ballou Morse)의 『중화제국 대외관계사(The International Relations of the Chinese Empire)』이래 구미에서 중국의 근대 대외관계를 다룬 논저가 적지 않게 나왔지만, 모스의 저작이 영국과 미국의 자료만을 활용했듯 일방적으로 서양 자료만을 활용했다. 당시 구미학계는 중국 사료를 거의 활용하지 않았기에 중외관계사 연구에 있어 중국의 목소리가 부재했다. 이는 문명과 야만, 선진과 낙후의 이분법적 틀에서 제국주의 확장에 정당성을 부여할 수 있었다. 중국 근대외교사의 핵심 주제인 청일전쟁도 낙후한 청의 당연한 패배로 보일 수 있었다. 중국의 청일전쟁 패배는 중체서용(中體西用)을 내세운 자강운동의 종결을 가져왔다. 장팅푸가 보기에 청일전쟁의 발발과 패배는 전통적 관념에 속박되어 본격적인 근대화를 추동하지 못했고, 개혁이 내부의 저항 속에 더디게 진행됐기 때문이다. 이후 중국은 중서겸용(中西兼用)이 아닌 전면적인 서구식 근대화를 추진했고, 열강의 과분(瓜分)으로 민족의식이 성장하며 민족주의의 동력이 형성되면서 혁명의 움직임이 시작됐다. 하지만 이러한 논리로만 청일전쟁의 패배를 설명하면 근대국가인 일본과 전근대 국가인 중국의 대결로 인식될 수 있었다.

장팅푸에게 중국이 대외 마찰을 줄이고 '조직역량'을 키우는 것이 중요했지만, 이분법적인 근대화 척도로 일본에 청일전쟁의 정당성을 부여할 수는 없었다. 그 정당성을 깨뜨리는 핵심은 '종주권'이었다. 19세기 후반 조선 문제는 전통적 종주권과 국제법에 따른 종주권의 이해를 둘러싼 충돌에 기인했고, 청은 조청관계의 근대적 전환을 모색했다. 청의 적극적인 조선 간섭은 전통적 '종주(宗主)' 관념을 탈피한 외교의 근대화로 볼 수 있었다. 이러한 그의 생각은 왕윈성(王芸生)의 『지난 60년 중국과 일본(六十年來中國與日本)』에 대한 평가에서 선명하게 드러난다. 그는 『지난 60년 중국과 일본』을 '사료의 역사'를 구현한 외교사 연구의 수작이라고 평하면서, 종주권 문제를 제대로 다루지 않았다고 비평했다.

『지난 60년 중국과 일본』의 1권 1장은 "중일수호조규의 체결의 시초", 2장은 "일본의 대만 진공(進攻)", 3장은 "〈조일강화조약〉과 중일관계"이다. 장팅푸는 1, 2장의 구성은 적절하나 3장은 핵심적 내용인 중국의 '종주' 관념과 그 역사적 배경이 빠져 있다고 지적했다. 그는 전통적 종주관념과 종번관계에 대해 중국은 번속을 보호할 책임이 있으며 그 외의 어떠한 간섭도 하지 않고, 번속은 중국에 예를 표해야 하는 의무가 있지만, 그 외에 어떠한 정치적 혹은 경제적 부담도 없다고 설명한다. 하지만 광서 연간 들어 중국의 구(舊) 종주관념이 당시의 국제법/국제관례에 부합하지 않았고, 조선과 안남(安南)이 전례 없는 침략을 당하면서 새로운 국면이 전개되면서 중국은 새로운 종주관념을 채용하거나 종주권을 완전히 포기해야 했다. 중국의 전통적 종번관념과 국제법상의 새로운 종번관념의 충돌은 조선 문제의 근본 원인 중 하나로 3장 도입부에 이를 제시해 주었어야 한다고 강조한다. 3장 10절은 〈강화도조약〉 이후 이홍장이 이유원에게 비밀 서신을 통해 조선에 서양과의 통상을 권하는 내용과 이러한 정책을 상주하는 내용이 나오는데, 이 부분은 급변하는 정세 속 이홍장이 변통을 시도하는 모습을 보여주는 것으로 매우 적절한 배치이자 기술이나, 이후 이홍장이 어떻게 조선이 미국·영국과 조약을 체결하도록 협조하는지, 조약 체결 시 서양이 중국의 종주권을 인정하도록 어떻게 노력했는지 이 책에서는 전혀 언급되어 있지 않다고 지적했다(蔣廷黻 1932).

1870년대 후반부터 청은 조선에 서양 각국과의 조약 체결을 권고했고, 1882년 조선은 미국과 〈조미수호통상조약〉을 체결했다. 하지만 장팅푸는 임오군란이 발발하자 청은 군대를 파견하여 진압하였으며, 조선의 국제화를 포기하고 중국 단독으로 조선에 대한 적극적인 정책을 펼치기 시작했다고 설명한다. 전통적 관계와 달리 군대를 주둔시키고 상무위원을 파견했으며, 외국인을 고용해 조선해관을 관리하도록 하면서 한중관계의 성질이 크게 변했다는 것이다. 갑신정변은 또 한 번의 전환점이었다. 광서 11년 원세개가 "주조선총리(駐朝鮮總理)"에 임명되고, 이홍장과 원세개는 더 적극적인 개입정책을 펼쳤다. 조선의 서양 사절 파견은 중국의 제약을 받았고, 조선의 해관과 전신은 거의 중국의 손에 들어갔다. 조선은 오직 중국으로부터만 외채를 도입해야 했다. 장팅푸는 청일전쟁 이전 상황을 이같이 설명하면서 일본이나 서양 열강은 조선에서 이렇다 할 이권을 얻을 수 없었고, 그들에게 "조선이 중국에 속하거나 일본에 속하거나 차이가 없어"(蔣廷黻 1932) 보였으며, 사실상 서양 열강과 일본이 청의 조선에 대한 독점적 지위를 인정한

것으로 청의 '종주권'이 거의 '통치권'으로 변했다고 설명한다(蔣廷黻 1932).[7]

　　1884년 독일 주조선 총영사 젬부쉬(Otto G. Zembsch, 曾額德)는 이홍장에게 조선을 "원동의 벨기에"로 만들어 열강이 공동으로 조선의 독립과 중립을 보장하자고 제안한 적이 있다. 하지만 이홍장은 중국의 조선에 대한 '전통 종주권'에 부합하지 않는다며 거부하면서도, 청은 오히려 조선에 대한 실제적 간섭을 강화했다(蔣廷黻 1939, 87). 그로 인해 미국 내 청의 조선 정책에 대한 여론이 악화됐고, 조선의 신진 세력은 청에 실망하여 일본이나 러시아와 손을 잡으려고 했다(蔣廷黻 1932). 장팅푸가 보기에 청의 조선 정책의 근본적인 문제는 표면적으로 전통적 종주권을 표방하면서, 통치권에 준하는 간섭을 했다는 점이었다. 전통적 관념은 당대 국제법 질서에 부합하지 않았다. 청은 조선에 대한 종주권을 포기하여 조선을 '독립'시키거나, 식민지로 만들거나 자국 영토로 편입시켜야 했다. 조선에 대한 권한을 포기하거나 확고히 해야 했다는 것이다. 청은 후자를 선택했다. 하지만 이러한 선택으로 인한 간섭을 설명할 때, 전통적 종주권을 내세웠다. 실제 정책은 국제질서의 변화에 따라 움직였지만, 과거와 확연히 다른 변화된 행위의 정당성을 전통적 종주권에서 찾았다. 하지만 장팅푸의 설명에 따르면, 전통적 종번관계에서 종주국은 유사시 번속을 보호할 의무를 제외하고,

---

7　장팅푸가 사용한 통치권이라는 용어는 1933년에 발표된 "Sino-Japanese Diplomatic Relations, 1870-1894"의 내용을 살펴볼 때, sovereignty의 번역어로 보인다. 좀 더 치밀한 분석이 필요하지만, 조선을 '주권국가'로 인정하지 않는 蔣廷黻의 시각이 드러난다.

번속에 어떠한 간섭도 하지 않는다. 당연히 명분과 실제 사이에 갈
등이 발생할 수밖에 없었다.

청은 조선 간섭정책을 시세(時勢)에 따른 변통(變通)이라 했지
만, 장팅푸가 보기에 그것은 전통적 외교 관념을 완전히 청산하지
못한 것으로 청일전쟁의 실패는 근대화의 실패였다. 중국인을 향
해 이야기할 때는 이 점을 강조했다. 하지만 영문 논저에서 19세기
후반 일본의 조선 침투와 침략을 비판할 때는 전통적 '종주권'에
기반한 종주국의 의무를 강조하며 청의 조선 문제 간여를 정당화
한다. '종주권'이 거의 '통치권'으로 변해가는 과정은 외교 근대화
의 과정이었다. 이는 미국의 페이슨 트리트와 펼친 논박에서 선명
하게 드러난다.


## IV  전통적 '종번관계'를 둘러싼 논박

청일전쟁의 결과로 맺어진 〈시모노세키조약〉을 통해 조선은 '완
전한' 독립국이 되었으며, 청은 조선에 가지고 있던 특수한 지위
를 모두 상실했다. 장팅푸는 청일전쟁의 근본적인 실패 원인이 중
국에 있다고 봤지만(蔣廷黻 1929, 54), 전쟁 발발의 책임을 중국
에 전가하면 전쟁의 승리자인 일본은 '근대화' 된 국가로, 청일전
쟁은 일본이 비문명 국가를 무너뜨린 전쟁처럼 인식될 수도 있다
는 문제가 있었다. 실제 일본은 청일전쟁을 문명과 비문명의 대결
로 그려냈고, 그런 이미지를 적극적으로 선전했으며, 이에 영향받
은 서양의 논저들이 적지 않았다. 이를 대표적으로 보여주는 저작

이 1932년 출간된 페이슨 트리트(Payson J. Treat)의 『미일 외교관계, 1853-1895(*Diplomatic Relations Between the United States and Japan, 1853-1895*)』이다. 이 책은 출간 이후 미국학계에서 5편 이상의 서평이 나올 정도로 많은 주목을 받았다.[8]

트리트의 『미일 외교관계, 1853-1895』는 대체로 호평을 받으면서도, 유럽의 수탈에 단호하게 투쟁한 일본에 대한 "따뜻한 동정(warm sympathy)"(Tansill 1933, 385)이 깔려 있다는 평을 받았다. 타일러 데넷(Tyler Dennett)은 이 책이 방대한 자료를 제시하며 일반화하는 방식을 자제하고 있지만, 서론에서 미국 정부의 일본에 대한 지속적 우호, 이를 얻기 위한 일본의 열망, 서양 외교 관행을 따르는 일본 외교관의 자질, 호의적이고 건설적인 비판에 대한 일본 정부의 수용을 그려내고 있다고 지적했다(Dennett 1933, 263). 트리트는 친서방적인 일본의 이미지를 만들어냈던 것이다. 만주사변 이후 미일 관계를 고려할 때, 미국에서 트리트와 같은 '따뜻한 동정'은 논쟁의 소지가 있었다. 일본의 근대화와 세력 확장에 대한 긍정적 평가는 정치적으로 이용될 가능성이 농후했다. 비판적 서평을 쓴 해롤드 퀴글리(Harold S. Quigley)는 유구와 한국의 문제에 대해서 트리트가 "극동의 종주권 개념(Far Eastern conceptions of suzerainty)"에 대한 충분한 증거를 제시하지 못하고 있다며, 자

8  Harold J. Noble(*Pacific Historical Review*, Vol.1, No.4, 1932), Charles C. Tansill(*The American Journal of International Law*, Vol.27, No.2, 1933), Tyler Dennett(*Political Science Quarterly*, Vol.48, No.2, 1933), Frederic H. Soward(*Pacific Affairs*, Vol.6, No.2/3, 1933), Harold S. Quigley (*The American Political Science Review*, Vol.27, No.1, 1933), W. W. McLaren (*The American Historical Review*, Vol.39, No.1, 1933) 등의 서평이 있다.

료의 한계로 인한 것으로 이해되지만, 이는 미해결 문제로 남겨놨어야 한다고 지적했다(Dennett 1933, 264).

유구와 조선 문제는 중국과 관련된 문제로 중일관계를 함께 살펴봐야 하지만, 트리트의 『미일 외교관계, 1853-1895』는 중일관계를 거의 다루고 있지 않다. 트리트가 중일관계에 관심이 없었던 것은 아니다. 그는 1895년까지 미일관계 연구를 끝냈기에 동북아의 근본적인 문제를 밝힐 수 있을 것이라며, 1932년 3월 「초기 중일관계(Early Sino-Japanese Diplomatic Relations)」라는 글을 발표했다. 이 글은 일본의 대만 정벌, 유구 문제, 조선 문제 등을 분석하며 중·일 간 마찰과 충돌을 근대화의 시각에서 바라본다.

1689년 중국이 러시아와 〈네르친스크조약〉을 맺었지만, 첫 근대적 통상 조약은 1842년 영국과 맺은 〈남경조약〉이며, 일본은 1854년 미국과 첫 조약을 체결했다. 하지만 중일 양국의 방향은 크게 달랐다. 일본은 서구 문명의 공헌으로 만들어진 이익을 얻기 위해 강력한 근대화를 추진해 동아시아에서 가장 큰 효과를 얻은 국가였고, 중국은 제2차 아편전쟁 이후에서야 양무운동을 추진했다. 국제관계에 있어 일본은 전통적 종번관념을 빠르게 벗어버렸지만, 중국은 근대 국제법 기반한 국제질서에 편입되었음에도 주변국과의 문제에 있어 전통적 관념을 탈피하지 못했다. 양국의 충돌을 보여주는 청일전쟁은 이러한 차이를 극명하게 보여준다. 트리트는 일본이 청에 국제법에 근거해 조선 문제 해결을 '정당'하게 요구했으나, 청이 전통적 종번관념을 내세워서 일본의 요구를 거부하고 조선 내정에 적극적으로 간섭했으며, 이로 인한 마찰이 청일전쟁을 촉발했다고 본다. 그는 조선이 '주권국가(sovereign state)'로서 1876년 일본과 조약을 체결하고 1882년 서구 열강과 조약을 체결했다며, 1890년 주조선 미국공사 허드(Augustine Heard)가 본국 국무부에 올린 보고서에서 나온 "중국이 한국에 대한 독점적 권리를 상실한 후에, 한국의 예속을 주장하는 것은 이상한 사실이다"라는 말을 인용해 중국의 조선 간섭은 국제법을 위배했다고 설명한다(Treat 1932, 31). 이에 일본은 지속해서 문제를 제기했고, 중국은 여전히 이를 수용하지 않았다. 1894년 청은 조선에 대한 종주권을 주장하며, 일본이 제안하고 조선 왕이 수용한 내정개혁안을 저지하기 위해 군대를 보내 청일전쟁이 일어났다고 지적했다(Treat 1932, 31).

장팅푸는 전쟁 책임을 중국에 전가하는 트리트의 주장을 받아들일 수 없었다. 1933년 4월 「중일 외교관계, 1870-1894(Sino-Japanese Diplomatic Relations, 1870-1894)」를 발표해 19세기 후반 중일관계에 관해 개괄적으로 기술하면서, 글의 목적을 다음과 같이 밝혔다.

중일 외교관계 연구는 확실히 어려움이 있다. 지난 60년 동안 중국과 일본 사이에 수많은 갈등이 일어나 편견과 분노가 수많은 학자의 시야를 가렸다고 지적하며, 현재 만주 논란은 상황을 더욱 악화시켜 중립국에 있는 학자들조차 공정성을 유지하게 어렵게 만들었다. 중국이나 일본에 유리한 사례를 드러내고 싶은 자연스러운 열망이 투영되어, 역사 연구의 망토 속에서 현재에 이용할 빛을 찾는, 교묘한 프로파간다가 넌지시 치켜들고 있다. 우리 앞에 놓인 역사 서술에 세계대전이 끼친 영향과 함께 극동 외교사의 영역에 전쟁적 사고라는 독이 침투하는 것을 막기 위해 모든 나라의 학자들이 각고의 노력을 기울여야 할 것으로 보인다(Tsiang 1933, 1).

장팅푸는 현실 요구에 부응한 역사 연구가 넘쳐나는 상황을 통렬히 비판하고 있다. 이어서 서양 학자들이 프랑스와 독일 자료를 보지 않고, 프랑스-독일 관계사를 연구할 엄두를 내지 않지만, 중일 관계 연구에서는 중국과 일본의 자료를 활용하지 않고도 판단을 내리는 데 주저하지 않는다고 비판했다. 트리트의 『중일 외교 관계, 1853-1895』도 중국 자료는 거의 참고하지 않고, 미국 자료와 매우 제한된 일본 자료만을 활용했다.[9]

장팅푸가 트리트의 이름을 적시하여 반박하지는 않았지만, 사실상 제국주의 국가로부터 인정받은 중국의 '종주권'이 존재했음을 밝히고, 일본은 국제법에 따른 근대 외교를 했으나 청은 그러지 않았다는 트리트의 설명을 반박한다. 그는 대표적인 사례로 운요호 사건 문제로 청을 방문한 일본 전권대신 모리 아리노리(森有禮)와 북양대신 이홍장의 대화 내용을 제시한다. 당시 모리 아리노리는 조약은 믿을 수 없는 존재라는 의견을 피력하면서, 힘의 원리에 따라 국제관계가 움직이며 국제법은 무용하다고 얘기했다. 반면, 이홍장은 평화는 일종의 정신이며, 조약은 그 정신을 담는 도구라며 조약의 중요성을 강조했다(Tsiang 1933, 59).

모리 아리노리와 이홍장이 조약에 대한 전반적 견해를 피력하는 것임과 동시에 조선 문제를 둘러싼 〈청일수호조규(淸日修好條

---

9    장팅푸와 트리트 간 논쟁의 개괄적 상황에 관해서는 尹媛萍(2017) 참조.

規)〉의 해석 문제이기도 했다. 이 조규의 1조는 양국의 소속방토(所屬邦土)를 상호 침범하지 않기로 규정하고 있다. 모리 아리노리는 국제법의 '무용론'을 얘기하면서도, 국제법에 근거해 조선이 청의 속국이 아닌 '자주국'임을 강조하였고, 이홍장은 전통적 관계를 들어 청의 속방임을 주장했다. 이 문제에 관해서는 많은 연구 성과가 있으나, 이 글이 중점을 두는 부분은 이홍장이 주장한 전통적 관계를 장팅푸가 어떻게 인식했느냐이다. 장팅푸는 조청 간 전통적 관계를 독특한 '종번관계'라고 설명한다.

> 종번관계(the relations between suzerain and vassal)는 독특한 유형이다. 법률과 의식(儀式)에서 종속성을 거의 볼 수 없다. 한국 왕들은 베이징으로부터 책봉을 받았으며, 매년 조공 사신을 보냈다. 중국 황제의 즉위와 사망 시, 한국은 반드시 그 의식에 참석하기 위해 사신을 보내야 한다. 황제가 칙사를 한국에 보낼 때, 왕은 그에게 직접 고두(叩頭)를 해야 한다. 번속(vassal state)에 내부 문제가 발생하거나 외국의 침략이 있을 때 종주국은 도와줄 의무가 있다. 그 외에 나머지는 모두 한국에 맡겨졌다. 그러한 관계는 서양에서 형성된 국제관계 시스템에 부합하지 않는다. 조공국을 거느린 중국은 중국을 큰형과 같이, 조공국들을 동생처럼 삼아 한 가족을 형성했다. 이 시스템은 그것이 조직된 역사적 상황에서 충분히 잘 작동했다. 그러나 19세기 중반 그 역사적 상황은 영원히 사라졌다(Tsiang 1933, 53-54).

이와 같은 설명이 실제 역사상에 부합하는가는 차치하고, 기본적으로 책봉–조공에 기초해 번속 혹은 조공국은 내부 혼란이나 외부의 침략이 없을 때, 의례적 규범만 준수하면 내정과 외교에 있어 독립이 보장되고, 형제관계와 같은 위계관계는 19세기 중반 이전 전근대 시기 마찰 없이 잘 작동했다는 것이 장팅푸의 설명이다. 여기서 핵심은 종번관계의 유구한 역사와 의무이다. 메이지유신 이후 일본은 청의 '종주권'을 부정하는 방향으로 마찰을 일으켰고, 트리트는 근대 외교의 틀에서 그 '종주권'을 부인했다. 하지만 서양과 다른 '종주권'이 존재했고, 그것은 유구한 역사를 지닌다.

유구한 역사를 지닌 종번관계에 기초해 청은 조선의 내부 혼란과 외부의 침략 시 원조의 의무라는 명분으로 조선 문제에 간섭할 수 있다. 중국의 종번관계는 근대 국제관계와 다른 것으로, 당시 서구 열강은 그러한 '특수한 관계'를 인지하고 있었고, 일본도 이를 잘 알고 있었다. 19세기 후반 제국주의 확장으로 각 지역의 다양한 국제관계가 서구 중심의 국제법으로 전환되면서 다양한 종주권의 문제가 발생했으며, 종주권은 국제법상에서도 중요한 문제였다.[10] 청의 '종주권'이 인정받을 수 없는 존재가 아니었다. 핵심은 '종주권'이 실질적 권한으로 작동하느냐였다. 청은 서세동점 속 외부의 압박으로 조청관계의 변통을 도모했고, 1876년 〈조일수호조규〉, 1882년 〈조미수호통상조약〉 등으로 그 관계가 완전히 청산될 수 있었던 것은 아니었다.

장팅푸가 보기에 오히려 일본이 청의 조선에 대한 '종주권'을 인정하지 않으면서 마찰을 증폭시켰고, 청일전쟁 이후 일본의 선전 활동으로 청일전쟁의 원인이 문명국가와 비문명국가의 충돌처

---

10　구체적 사례에 관해서는 豊田哲也(2018, 18-25); 이동욱(2021, 416-418) 참조.

럼 여겨지기 시작했다. 장팅푸는 청일전쟁의 발발 책임을 일본에
전가하면서 전통 사상의 영향을 받았지만, 청은 근대 외교를 수용
하고 국제법에 따라 대응해 나가고자 노력했다고 주장한다. 청일
전쟁은 외교의 근대화 문제가 아니라는 사실을 분명히 한 것이다.
1882년 이후 청은 조선에 대한 전통적 종주권을 새로운 성질의 종
주권으로 변화시켜 나갔고, 이는 사실상 '통치권'에 달하는 수준에
도달했다. 갑신정변 이후 청은 조선에서 일본이나 서구 열강보다
월등한 지위를 차지했다. 문제는 외부의 침략에 그것을 지킬 수 있
느냐의 문제였다. 전쟁으로 '종주권'을 지킬 역량이 갖춰지지 않은
상태에서 주전파의 주장에 밀려 전쟁이 일어났다는 것이다.

　　1934년 12월 트리트는 장팅푸의 주장을 반박하는 「중국과 한
국, 1885-1894(China and Korea, 1885-1894)」라는 논문을 발표
했다. 그는 종번관계의 역사 문제를 논하는 것이 아니라, 현재 조
선의 내정과 외교에 간섭하는 정책을 문제 삼는 것이라며, "서양
의 보호국 이론(the western theory of a protectorate)과 달리, 중
국의 봉신국(封臣國) 이론(the Chinese theory of vassalage)은 번
속(vassal)의 행위나 보호에 책임을 지지 않는다"(Treat 1934, 511)
고 지적했다. 트리트는 중국의 전통적 종번관계에 있어 번속(vassal
state)에 중대한 대내외 문제 발생 시 종주국이 도와줄 의무가 있다
는 장팅푸의 주장을 받아들이지 않았다. 병인양요, 제너럴셔먼호
사건, 신미양요 당시 프랑스와 미국의 중재 요청에 청이 조선은 조
공국이지만 자주(自主)하는 국가로 간섭할 수 없다고 반응한 것은
이러한 주장에 힘을 실어준다. 조선은 1876년 일본과 조약을 맺은
'주권국가'로 '서양의 보호국 이론'에 견주면 종주국이라 해도 조

선의 내정에 간섭할 권리가 없었다고 볼 수 있다.

하지만 장팅푸는 전통적 종주권으로만 19세기 후반 조청 관계를 설명한 것은 아니다. 비록 종번관계의 유구한 역사를 강조하며 청의 조선 간섭 명분을 제시하지만, 청은 변통을 모색했고 청의 '종주권'은 거의 '통치권'으로 변했으며, 갑신정변 이후에는 청의 조선에 대한 지배적 권한을 열강들로부터 인정받았다고 본다. 트리트는 '주권국가'인 조선에 대한 청의 간섭을 문제 삼았다. 장팅푸가 보기에 그러한 주장은 청의 전통적 종주권을 부정하는 것이자, 변통으로 구축하여 서양 열강도 실질적으로 인정한 청의 지배권을 부정하는 것이었다.

트리트가 주장하는 종주국은 번속에 간섭할 수 없다는 중국의 봉신국 이론은 전통적 종번관계에 대한 몰이해였다. 장팅푸뿐만 아니라, 앞서 언급한 해롤드 퀴글리도 이 문제를 지적했다. 장팅푸는 청의 간섭은 국제질서의 변화에 따라 조청관계를 재정립하는 외교의 근대화 과정으로 봤고, 청일전쟁 이전 청일문제의 핵심은 '근대화를 향한 속도 경쟁'이었다. 장팅푸와 트리트가 19세기 중일관계를 평가하는 기준은 모두 근대화지만, 전근대와 근대를 단절적으로 이해할지, 아니면 연속적으로 이해할지의 차이가 존재했다. 제국주의 열강의 식민지 개척은 국제법에 따라 도식적으로 이루어진 것이 아니라, 힘을 앞세워 누르고 국제법으로 명분을 세우는 과정을 겪었다. 청도 마찬가지였다. 청은 외교의 근대화를 추구했고, 제국주의 열강과 같은 식민관계로의 전환을 모색했다.

# V 결론

1930년대 초 중국의 종주권과 종번관계의 문제에 장팅푸가 관심을 가지기 시작했다. 그의 논저에서 '종번관계'라는 용어가 처음 등장한 것은 1932년 10월 톈진『대공보』"문학부간"에 발표한 「외교사와 외교 사료」로 추정된다. 그는 미국 유학을 마치고 돌아온 후 본격적으로 근대 중국외교사를 연구했지만, '종번관계'라는 용어는 1930년대 트리트와의 논쟁을 전후해 사용하기 시작했다. 장팅푸는 트리트를 중심으로 한 구미학계라는 카운터 파트너를 두고 중국의 '종주권'을 강조하며 의식적으로 '종번관계'를 사용했다.

장팅푸는 1932년『칭화대학학보(淸華大學學報)』에 발표한 로버트 스탠리 맥코독(Robert Stanley McCordock)의 저서『영국의 극동 정책(British Far Eastern Policy)』에 대한 서평에서 "고려는 17세기부터 중국의 번속이 되었다(高麗從十七世紀成爲中國的藩屬)"[11]는 맥코독의 설명은 한중 간 1,700년의 역사를 "말살(抹殺)"해 버렸다고 지적했다. 그런데 원문은 "은자(隱者)의 왕국은 17세기 이래 천조(天朝)의 조공국이었다(The Hermit Kingdom had been a tributary of the Celestial Empire since the seventeenth century)" (McCordock 1931, 76)이다. 원문에서 '은자의 왕국'은 조선으로, 천조는 청으로 읽을 수 있다. 하지만 장팅푸는 한중관계의 유구성

---

11  蔣廷黻, 「書籍評論—British Far Eastern Policy」, 『淸華大學學報』, 1932-2. 이 서평은 영문으로도 발표됐다. T. F. Tsiang, "Book Reviews: British Far Eastern Policy, 1894-1900 by R. Stanley McCordock," *The Journal of Modern History*, Vol.4, No.2, 1932.

을 강조하기 위해 '은자의 왕국'을 조선이 아닌 고려로 번역했다. 전통적 종번관계에 있어 종주국은 번속국의 내정에 간섭하지 않으며, 관계의 종속성을 거의 볼 수 없지만, 유사시 종주국은 번속국을 도울 의무가 있다고 봤다. 의무라는 실질적 권한을 더 선명하게 드러내기 위해 조공국을 번속으로 번역했다.

　종번관계로 구축된 유구한 한중관계와 종주국의 의무는 19세기 후반 청의 조선 내정간섭의 명분을 제공하기 위해 중요했다. 하지만 19세기 중반에 이르러 전통적 종주권과 종번관계를 원만하게 유지할 수 없게 됐다. 서세동점으로 급변하는 국제정세와 국제질서의 재편 속에서 변화가 필요했다. 장팅푸의 지도로 석사학위 논문을 완성한 왕신종(王信忠)의 표현을 빌리자면, "전통적 종번관계는 낙후하고 기형적"이어서 더 이상 유지할 수 없었다(王信忠 1937, 5). 전통적 종번관념이 완전히 청산된 것은 아니었으나 이홍장과 원세개 등은 근대 국제법에 근거한 종번관계로의 변화를 모색했다. 그것은 중국 외교의 근대화였다. 당대 많은 중국학자가 19세기 후반 청의 조선 간섭을 전통적 종주권의 강화로 이해하고, 속방화나 제국주의화를 인정하지 않는다. 제국주의 침략을 받은 청이 제국주의 정책을 펼쳤다는 것을 인정할 수 없는 것이다. 하지만 제국주의를 '부정적'으로 인식하지 않는 장팅푸에게 그것은 중요한 문제가 아니었다. 청의 조선 간섭은 전통적 종번관계를 근대 국제법에 따른 종번관계로 전환하기 위한 외교의 근대화였으며, 청일전쟁의 결과는 근대화 '속도 경쟁'의 패배였다.

# 참고문헌

김세호. 2021. "蔣廷黻『中國近代史』(1938)의 재검토."『중국사연구』130: 289-330.

김정현. 2017. "蔣廷黻의 중국 근대외교사 연구와 1930-40년대 외교활동."
　　　『중국근현대사연구』73: 107-131.

손성욱. 2019. "종번(宗藩)과 중화(中華)로 청제국을 볼 수 있는가-왕위안충 '조선
　　　모델'의 가능성과 한계."『동북아역사논총』66: 116-160.

＿＿＿. 2021. "『중외역사강요』의 전근대 대외관계 인식-두 차례 등장한 '종번관계'를
　　　중심으로-."『사림』78: 415-440.

이동욱. 2021. "1880-1890년대 동서양 종주권 개념의 변용과 착종-영국과 청조의
　　　사례를 중심으로-."『동양사학연구』157: 415-444.

鄧公玄. 1939. "再評蔣廷黻「論近百年的外交」."『中山半月刊』1(9).

＿＿＿. 1939. "評蔣廷黻〈百年的外交〉."『中山半月刊』1(6).

梁晨. 2006. "從朱延豐出國案看蔣廷黻對清華歷史學系之改造."
　　　『清華大學學報(哲學社會科學版)』2006-6.

劉清濤. 2017. "'宗主權'與傳統藩屬體系的解體――從'宗藩關係'一詞的來源談起."
　　　『中國邊疆史地研究』2017-1.

李大龍. 2006.『漢唐藩屬體制研究』. 北京: 中國社會科學出版社.

李雲泉. 2014. "話語'視角與方法: 近年來明清朝貢體制研究的幾個問題."『中國邊疆史地
　　　研究』2014-2.

李治安. 2014. "華夷秩序'大一統與文化多元."『史學集刊』2014-1.

楊釗. 2018. "蔣廷黻的博士論文."『讀書』2018-10.

王信忠. 1937.『中日甲午戰爭之外交背景』. 北平: 國立清華大學.

魏志江. 2014. "宗藩體制:東亞傳統國際安全體制析論."『現代國際關係』2014-4.

尹媛萍. 2017. "中美學界關於甲午戰爭起因的早期爭論-以蔣廷黻與魁特爲例."
　　　『史學史研究』2017-4.

蔣廷黻. 1929. "書評：評清史稿邦交志(續)."『國立北平圖書館月刊』3(1).

＿＿＿. 1932. "外交史及外交史料." 天津『大公報』"文學副刊"(10월 10일) 249.

＿＿＿. 1933. "長期抵抗中如何運用國聯與國際."『獨立評論』48.

＿＿＿. 939. "百年的外交."『新經濟』1(4).

＿＿＿. 1939. "再論近百年的外交."『新經濟』1(7).

＿＿＿. 2017.『蔣廷黻回憶錄(增補版)』. 長沙: 嶽麓書社.

蔣廷黻 編, 2008.『近代中國外交史資料輯要』. 長沙: 湖南教育出版社.

朱梅光. 2012.『近代中國外交史學研究』. 合肥: 黃山書社.

朱發建. 2016.『20世紀上半葉中國史學'科學化'問題研究』. 長沙: 湖南師範大學出版社.

陳力衛. 2012. "帝國主義考源."『東亞觀念史集刊』2012-3.

陳尚勝. 2008. "中國傳統對外關係研究芻議."『安徽史學』2008-1.

陳志剛. 2010. "關於封貢體系研究的幾個理論問題."『清華大學學報(哲學社會科學版)』
　　　2010-6.

何芳川. 1998. ""華夷秩序"論." 『北京大學學報(哲學社會科學版)』 1998-6.

黃枝連. 1994. 『天朝禮治體系研究
　　　下(朝鮮的儒化情境構造朝鮮王朝與滿淸王朝的關係形態論)』. 北京: 中國人民大學
　　　出版社.

岡本隆司 編. 2014. 『宗主権の世界史-東西アジアの近代と翻訳概念』, 名古屋:
　　　名古屋大學出版會.

豊田哲也. 2018. "国際法における保護関係(protectorate)概念の形成と展開." 『ノモス』
　　　43.

Andrade, Tonio. 2021. *The Last Embassy: The Dutch Mission of 1795 and the
　　　Forgotten History of Western Encounters with China*. New Jersey: Princeton
　　　University Press.

Dennett, Tyler. 1933. "Reviews: Diplomatic Relations between the United States
　　　and Japan: 1853-1895 by Payson J. Treat." *Political Science Quarterly*
　　　48(2).

Duggan, Niall. 2014. "The Rise of China within Global Governance." In
　　　*Interpreting China as a Regional and Global Power: Nationalism and
　　　Historical Consciousness in World Politics*. edited by Bart Dessein.
　　　London: Palgrave Macmillan, 2014.

McCordock, Robert Stanley. 1931. *British Far Eastern Policy, 1894-1900*. New
　　　York: Columbia University.

Song, Nianshen. 2012. "'Tributary' from a Multilateral and Multi-Layered
　　　Perspective." *Chinese Journal of International Politics* 5(2).

Spruyt, Hendrik. 2020. *The World Imagined: Collective Beliefs and Political
　　　Order in the Sinocentric, Islamic and Southeast Asian International
　　　Societies*. London: Cambridge University Press.

Tansill, Charles C. 1933. "Reviews: Diplomatic Relations between the United
　　　States and Japan, 1853-1895 by Payson J. Treat." *The American Journal of
　　　International Law* 27(2).

Treat, Payson J. 1932. *Diplomatic Relations Between the United States and
　　　Japan, 1853-1895*. California: Stanford University Press.

_____. 1934. "China and Korea, 1885-1894." *Political Science Quarterly* 49(4):
　　　506-543.

Tsiang, Tingfu F. 1923. *Labor and Empire: a Study of the Reaction of British
　　　Labor, Mainly as Represented in Parliament to British Imperialism since
　　　1880*. New York: Columbia University.

_____. 1933. "Sino-Japanese Diplomatic Relations, 1870-1894." *Chinese Social
　　　and Political Science Review* 17(1).

Wang, Yuanchong. 2018. *Remaking the Chinese Empire Manchu-Korean
　　　Relations, 1616-1911*. Ithaca: Cornell University Press.

**필자 소개**

손성욱 Son, Sungwook

창원대학교 사학과 부교수
베이징대학 역사학 박사

논저 『사신을 따라 청나라에 가다』, 『베이징에 온 서양인, 조선과 마주치다』, 『중국 시진핑시대 교과서 국정화와 역사담론』(공저), 『구미학계의 중국사 인식과 한국사 서술 연구』(공저)

이메일 historia@changwon.ac.kr

# 청조(淸朝)의 제국 통치와 신해혁명, 그리고 중국의 통일적 다민족국가론

## The Qing Dynasty's Empire Governance, the Revolution of 1911, and China's Unitary Multinational State Theory

최진백 | 국립외교원 중국연구센터

\* 이 글은 『한국정치외교사논총』 제45집(2023)에 게재될 예정임.

**만주족에** 의해 설립된 청나라는 한족의 다른 중국 어떤 역대 왕조보다 훨씬 넓은 제국을 건설해 유지해 왔고 시기적으로는 전근대에서 근대 정치체제로의 이행이라는 역사적 과정을 거쳤다. 이민족 아래 지배를 받는 기간이었음에도 오늘날 중국은 자신의 역사에서 이러한 청의 역사를 '통일적 다민족국가'의 틀로써 이해하고 있다. 전통적인 한화(漢化)의 입장을 넘어 만주족을 포함한 다른 비한족(非漢族) 집단을 역사적 융합의 과정을 통해 역사적으로 '중화민족(中華民族)'이 구성되어 이를 포괄하는 청의 역사를 중국사의 하나로 받아들이고 있다. 청조는 팔기(八旗)라는 독특한 조직을 통해서 지배집단으로서 자신들의 정체성을 구성하면서 이를 바탕으로 만주에서 중앙아시아에 이르는 넓은 지역의 몽골과 티베트를 아우르는 유목 지역의 맹주로서 한족이 다수인 중원지방을 전통적 중화질서를 바탕으로 한 통치체제를 구성하였다. 그러나 아편전쟁과 태평천국의 난을 거치며 팔기제도의 운영에 문제가 노정된 이후 청조는 만한연합정권을 구성하여 양무운동과 변법운동을 통해 나름의 근대화를 추진하였지만 결국 신해혁명으로 붕괴되어 민국(民國)의 시대로 넘어갔다.

새로운 중화민국은 '오족공화(五族共和)'를 내세우면서 청 제국 내부의 여러 비한 종족을 그 구성원으로 포함하고자 하였으나 이는 당시 한족과 비한족들이 '중화민족'으로 하나의 정체성을 갖추었기 때문이 아니라 신생 중화민국의 영토를 청 제국의 판도에 걸쳐 구성하고자 했기 때문이었다. 그리고 오늘날 중국 역시 현재 자신의 영토 범위를 기준으로 중국의 역사를 구성하고 있다. 문제는 이러한 과정에서 이들 비한족 집단들은 청조에서 주어졌던 정치적 승인이 무시되면서 이들이 유지했던 자신의 문화적 정체성을 포기하고 중화의 문화에 감화되는, 즉 한화의 과정을 전제로 그 구성원 자격이 주어진 것이라는 점이다. 따라서 이러한 내용의 현재 중국의 '통일적 다민족국가'에 대한 논의가 향후 많이 필요해 보인다.

Founded by the Manchus, the Qing Dynasty built and maintained a much wider empire than any other Han Chinese dynasties, and underwent the upheaval process of transition to modern political systems. Even if it was an era of domination under immigrants, China today encompasses Qing as a part of its history with a framework of "unitary multi-national state." Beyond the traditional Hanhwa idea, which refers to Sinicization of non-Han groups, this involves a new idea of historical formation of the 'Chinese Nation' out of historical unifying process of Han and non-Han ethnic groups including Manchus. Qing formed its national identity as a ruling group through a unique organization called the Palgi (Eight Flags) system, and, based on this, assumed the leadership of broad nomad area of Mongolia and Tibet from Manchuria to Central Asia. The Qing also constructed a governance system in China where majority of population was Han Chinese based on the traditional Chinese order. However, the problem of the Palgi system became salient through the Opium War and the Taiping rebellion, and the Qing Dynasty formed a virtual Man-han coalition government to promote its modernization push through the Yangwu and the Bianfa movements. The Man-Han coalition regime collapsed by the revolution of 1911, which opened the new era of the Republic.

The revolutionaries at first tried to drive out the Manchus to build up a Han-Chinese republic, but after the Revolution, they promoted the "Five Nation Republic," which included various non-Chinese groups within the Qing Empire as the citizens. This was not because the Han and non-Han ethnic groups had a common identity as the "Chinese people," but because they wanted to form the territory of the new Republic of China following the broad areas of Qing Empire. This is the reason why China today considers the history of its territory as the criterion of building up the Chinese history. The problem is that the scheme accepts those non-Han ethnic groups on the Sinicization premise which supposes full cultural enlightenment of Chinese authenticity, and ignores the political recognition that they got under the Qing Empire. This means that the discussion of a "unitary multi-national state" needs further review and re-examination.

**KEYWORDS** 한화 Sinicization, 팔기 The Eight Flags, 오족공화 Five Nation Republic, 과분 Carving Up, 통일적 다민족국가 Unitary Multi-National State, 정치적 승인 Political Recognition

# Ⅰ 머리말

청의 역사는 중국사 전체에서 매우 독특한 자리를 차지하고 있다. 이민족의 정복 왕조이면서 그 통치 영역을 크게 확대한 왕조로서 중원을 넘어 중앙아시아에 걸친 대제국을 건설하였다. 이와 더불어 중국이 근대의 역사로 넘어가는 과정을 온전히 포괄하고 있어 전통적인 중국이 어떤 과정을 통해 근대를 맞이했는지를 보여주고 있다. 이와 같이 중요한 의미를 내포하고 있는 청나라의 역사를 중국사에서는 어떤 방식으로 기술하고 있는지 궁금하다. 따라서 이민족 정복 왕조인 청이 어떻게 그렇게 드넓은 제국을 건설할 수 있었고, 수적으로 압도적인 한족을 포함한 다른 여타 이민족들과는 어떤 내용으로 통치를 했고, 근대로의 이전 과정은 어떤 방식으로 진행되어 왔는지와 같이 중요한 문제들이 중국사의 맥락에서 어떻게 기술되어 있는지 살펴볼 필요가 있다.

전통적으로 중국의 역사 서술에 있어 강역사(疆域史)가 중요한 영역을 차지하고 있다. 선과 면을 의미하는 강역은 영토에 기반한 근대국가의 국경과는 다른 개념으로, 즉 명확한 국경 개념이 자리 잡기 이전에 역사적으로 많은 지역의 정치체들은 강역에 입각해서 구성되었다. 사실 중국은 역대 왕조의 변화에 분열되었다 통합되고 다시 분리되는 과정이 이어져 왔다. 이와 함께 그 강역의 내용과 규모는 역사적으로 끊임없이 변해왔다. 따라서 기나긴 역사 과정 속에서 어떤 지역은 강역 밖이었다가 '중국'으로 변하였고 어떤 지역은 '중국'이었다가 그 밖으로 떨어져 나간 경우도 있다. 이와 같이 역사적으로 여러 왕조의 흥망성쇠와 더불어 끊임없이 변화해온 강역은 당연히 중국사의 중요한 내용이 된다.

　부단히 변화해 온 중국의 역대 왕조는 한족이 중심된 왕조와 이민족에 의해 수립된 왕조가 번갈아 등장하게 된다. 수당 시기 통일을 회복하고 당을 거치며 그 영역이 더욱 확대되었지만 이후 들어선 송은 이민족의 침략 앞에 수난을 겪게 되었다. 이후 원이 들어섰다가 명이 원을 몰아내고 다시 한족의 왕조를 수립하였다. 그런데 송명 두 왕조의 정치제도, 문화풍속은 중국적이어서 그 내적 구성은 동질적이고 상대적으로 그 강역의 범위 역시 한족들의 거주지에 한정되어 있었다. 이에 반해 원과 청은 이민족의 정복 왕조인데, 그들은 통치지역을 크게 확장하여 '중국'이 아니었던 이민족 지역을 제국의 판도에 들어오게 하였다(거자오광 2019, 36). 이러한 상황에서 중국은 상대적으로 제한된 통치 영역의 한족 왕조 중심의 역사를 기술해야 할지 아니면 드넓은 판도를 구성했던 이민족의 통치 기간을 한족 왕조의 역사와 함께 기술해야 할지 어려움에 직면하게 되었다.

　내전에서 승리한 중국 공산당이 1949년 중화인민공화국을 수립하고 난 다음 자신들의 영토 안에 한족만이 아닌 많은 여러 이민족이 함께 존재하고 있고 이를 위해 다민족국가로서 중국이라는 국가 정체성을 마련해야 했다. 즉 한족만으로 이룩한 통일국가가 아닌 여러 소수 이민족들이 구성된 현실을 받아들이되 과연 어떻게 이를 하나의 정치공동체로 구성해갈지라는 과제에 직면하게 된 것이다. 이러한 맥락에서 중국은 '통일적 다민족국가론'을 제시하면서 이민족이 통치한 기간 확대된 판도를 중심으로 역사를 기술하기 위해 중국의 영토 속에 있었던 과거의 모든 역사는 모두 중국의 역사로 규정하고자 하였다. 이러한 '통일적 다민족국가론'을 주장하는 데 있어 이민족 정복 왕조로서 광활한 제국을 건설하여 많은 이민족을 통치하였던 청의 역사가 갖는 의미가 남다르다.

여기에는 전통적 화이관(華夷觀)과는 결이 다른 내용이 자리잡고 있다. 전통적으로는 중국은 여러 이민족이 한화(漢化)의 과정을 통해 역사적으로 중화문화에 편입되어 왔다고 간주되었다. 즉 야만에서 문명으로의 이민족의 한화 과정에 대한 논의가 중국의 역사 이해에서 주된 담론으로 자리 잡아 왔다. 그동안 중국사는 주변 이민족들에 대한 끊임없는 정복 이민과 합병의 과정과 함께 만들어진 공간 안에서 여러 이민족들이 한화되어 가면서 제도의 통일과 문화적 동화가 이어지면서 중화세계를 구성해 왔다고 보았다.

그런데 페이사오통(費孝通)이 1989년 발표한 "중화민족다원일체격국(中華民族多元一切格局)"이 중국의 통일적 다민족국가의 입장에 대한 이론적 근거로 제기된다(費孝通 1989). 그 역시 중국의 영토 안에서 발생한 과거의 모든 일들은 모두 중국 역사의 일부라는 입장에서 '중화민족'은 현재 중국 56개 민족의 총칭이며 현재 중국의 강역 속에 들어와 있는 12억 인구 모두를 함께 아우른다고 주장한다. 그는 56개의 민족이 서로 결합하여 상호 의존적이고 불가분의 관계에 놓여 민족 실체로서 하나의 민족으로 받아들이고 있다고 주장한다. 그는 이러한 중화민족이 근대 100년 서구 열강과 대립하는 과정에서 생성된 자각적 민족 실체라고 주장하였다(김종박 2011, 34). 이러한 논의는 신중국 성립 이후 통일적 다민족국가로서 '중국'을 만들어가는 과정에서 이와 부합하는 '중화민족'

에 대한 '상상'의 결과물이라고 볼 수 있다. 이러한 다원일체의 실체로서 '중화민족'은 이미 응집력을 구비한 단위체로서 역사적으로 구성되었다고 주장한다.

이러한 논의와 함께 종전의 한화론이 유보되면서 흉노, 거란, 여진, 몽골 등 비한족 종족들과의 중국 역대 왕조의 전쟁 역시 이민족과의 전쟁이 아닌 같은 중화민족 내부에서의 통일적 다민족국가로 나아가는 과정에서 빚어진 갈등으로 이해하게 된다. 결국 한족의 왕조와 이민족의 왕조 모두 국제 문제가 아닌 국내 문제로 파악해야 한다는 것이다. 따라서 종전의 한화의 과정에 의한 일방적인 감화의 과정보다는 여러 이민족들이 한족과 함께 상호작용하면서 문화적으로 융합의 과정을 거치게 되었다는 입장을 보여준다. 한족 역시 이민족의 문화적 영향을 받았음을 인정하는 것이다. 이과정에서 전통적으로 금과 몽골에 항거한 한족의 민족 영웅인 악비(岳飛)와 문천상(文天祥)을 통일적 다민족론에 입각한 중국의 교과서에서는 다분히 평가절하해 기술하고 있다(이동훈 2011, 143).

이러한 중국의 통일적 다민족국가론의 논의와 더불어 주목해야 할 것이 청나라에 대한 역사적 평가이다. 사실 1949년에 건립된 중화인민공화국은 사회주의를 지향하면서 봉건적 이민족 지배체제였던 청조와는 그 정치적 구성 원리가 완전히 상이하였다. 그럼에도 신중국은 청과의 연계를 찾고자 하였고 이러한 과정에서 청 표준론이 중요한 역할을 한 것으로 보인다. 탄치샹(譚其驤)은 '역사상의 중국'이라는 개념을 제시하면서 중국의 역대 강역은 수천 년 동안 발전 과정을 거쳐 청조 하의 18세기 중반에 이르러 "역사상의 중국"이 완성되며 이러한 청의 영역을 표준으로 중국의 영역을 삼아야 한다고 주장하였고, 이후 중국의 범위에 대해서 청 표준론이 중국에서 주류의 입장이 되었다(김승욱 2021, 21-23). 따라서 이민족이 통치한 왕조였지만 오늘날 많은 중국인들에게 청의 강역을 통한 중국 역사에 대한 기여는 대체적으로 받아들여지는 것 같다.[1] 이러한 청의 강역을 표준으로 중국의 역사적 정체성을 찾으려고 하면서 중국 공산당은 소수민족을 포함한 자신의 정체성을 통일적 다민족국가로 구성하고자 하는 입장에서 청의 제국 통치와 연계시켜서 하는 것으로 이해된다.

중국사에서 청나라 역사가 갖는 중요성은 무엇보다 청조에 의해 중국의 강역이 가장 확대되어 오늘날 중국의 영토를 규정하는 모태가 되었기 때문이다. 그런데 청 제국 내부에는 한족뿐 아니라 다른 여러 이민족들이 함께 살았다. 따라서 만주족을 포함해서 다른 이민족들의 경우 중국사와 과연 어떻게 연계될 수 있는지 검토가 필요하다. 이에 대한 중국의 전통적 입장은 여러 이민족들이 지고한 중국 문화에 감화를 받아 중국화되는 '한화(漢化)'의 과정을 겪어 중국에 통합 흡수되었다는 입장이었다. 그러나 최근 제기되고 있는 '중화민족다원일체론'에 따르면 일방적인 한화의 과정보다는 여러 비한족 집단과의 정치적, 문화적 융합의 과정이 진행되어 왔다는 입장을 견지하고 있다.

중국에는 역대 왕조가 이전 왕조의 역사를 기록해 이어가는

---

1   저우언라이(周恩來)는 청조의 다민족국가를 통일한 공적을 높이 평가하면서, "滿族이 건립한 청조 정권은 중국을 근 300년 통치했다. 청조 이전에는 명, 송, 당, 한 각 조대를 막론하고 모두 청조처럼 그렇게 통일된 것이 없었다. 청조는 통일의 역할을 수행했다"고 언급하였다(김승욱 2021, 26).

역대수사(歷代修史)의 전통이 있었다. 이러한 맥락에서 중국은 현재 청사편수공정(淸史編修工程)을 진행하고 있어 이에 대한 관심이 중국 안팎에서 높다. 물론 공화혁명을 거쳐 사회주의 체제를 갖춘 중국에서 이러한 역사편찬 사업이 갖는 의미가 과연 무엇인지 검토가 필요해 보인다. 청사편수공정이 아직 진행되고 있는 상황에서 그 결과에 대해서 미리 예단할 수는 없지만 그 결과물이 현재 중국의 청에 대한 역사 인식과 밀접히 관련될 내용임은 분명하다.

관건은 이러한 중국의 '통일적 다민족국가론'과 '중화민족다원일체론'의 역사적 적실성 여부이다. 이를 위해서는 과연 당시 청 조정이 제국 내의 여러 다른 종족들을 어떤 방식으로 통치하였는지 검토해서 당시 제국 내부의 다른 집단들의 관계가 어떻게 구성되었는지를 파악해야 한다. 그런데 중국사의 맥락에서 이루어진 기왕의 많은 청사 연구는 주로 만한(滿漢) 관계에 집중되었는데 이를 통해서 당시 여러 다른 종족들이 서로 얼마나 융합되었었는지 파악하기 어렵다. 결국 문제는 청의 역사가 중국 역사의 일부인지 아니면 청나라의 독자적 역사가 중국의 역사와 교차하게 된 것인지 여부에 달린 것이다. 이와 관련해서 미국에서 그동안 축적된 '신청사(The New Qing History)'의 연구 결과물이 주목되는데 이들은 그 연구의 출발점으로 청나라 역사는 중국사의 일부가 아닌 청의 독자적인 역사로 이해해야 한다는 입장을 취하고 있다.[2] 따라서 청의 역사에 대한 적절한 이해를 위해서는 청 제국 내부의 다양한 종족들의 관계가 어떤 내용으로 구성되었는지 살펴보아야 한

2    이와 관련된 대표적 연구들로는 Elliott(2001); Perdue(2010); Crossley(1990) 등이 있음.

다. 이러한 맥락에서 본 연구는 청의 제국 통치 양식이 시기별로 어떻게 구성되어 왔고, 청 제국이 붕괴된 신해혁명 이후에는 이들 여러 다른 종족들이 어떤 역사적 과정을 거치며 중국의 역사 속에 포함되어 왔는지를 파악해 보고자 한다.


## II 청조의 제국 통치와 팔기(八旗)

누르하치는 여러 다른 종족들을 자신의 지휘 아래에서 통합해 구성하는 정책을 갖고 후일 팔기의 원형이 되는 조직을 구성하였다. 특히 여기서 주목되는 것이 만주 지역에 거주하며 누르하치의 군대에 투신한 몽골 병사들이 있었는데 이들은 상당한 전략적 영향력을 갖고 청의 통치에 강력한 정치적 기반을 제공하였다(크로슬리 2013, 32). 몽골 제국 이후 중앙유라시아 세계에서 칭기즈 칸 일족이 누린 권위는 절대적이었고 그 일족이 아니면 칸을 칭할 수 없었다. 따라서 누르하치 입장에서는 칭기즈 칸 일족을 자기 쪽으로 끌어들여 그들의 뛰어난 기병과 함께 그 권위를 활용하고자 했다. 청에게 몽골인은 처음부터 동행자였고 이들은 제국에서 특별한 지위를 누렸다(구범진 2012, 128). 1619년 요동에서 전쟁이 발발하자 누르하치는 여진족, 요동에 근거지를 둔 몽골족을 넘어 이 지역 한족 농민들을 자신의 기체제 안에 통합시켰다. 칸이 다스리는 지역에서 이러한 한족들의 숫자가 빠르게 증가하였는데 이들은 여진의 방식대로 머리를 자르고 여진의 옷을 입고 여진의 절을 하면서 누르하치에게 자신의 복종을 보여주었다. 이들은 상당한 사람, 가축,

토지를 하사받았고 많은 경우 칸에 의해 귀족으로 책봉되었다(크로슬리 2013, 139).

여진인이 다수였던 누르하치 시기 팔기에 비해, 홍타이지는 몽골 유목민 중 일부를 편성하여 팔기몽고를 조직하였고, 그리고 한군 조직을 확대하여 팔기한군을 만들었다. 팔기만주, 팔기몽고, 팔기한군을 포괄하는 팔기 구성의 변화는 1636년 홍타이지가 다민족 제국으로서 다이칭, 즉 청 제국의 구성과 함께 스스로를 칸이 아닌 황제로 선언한 것과 관련된다. 동시에 그는 이전의 여진 대신 만주(滿洲)라는 이름을 쓰도록 하였다. 입관(入關) 전 1636년 탄생한 다이칭 제국체제는 청나라 황제의 직접 지배를 받는 모든 사람은 만주, 몽고, 한군 등으로 이루어진 팔기에 편성되었다(구범진 2012, 115, 119). 누르하치가 세운 후금이 기본적으로 여진족의 국가였다면 홍타이지가 수립한 대청은 만(滿), 몽(蒙), 한(漢)의 다민족으로 구성된 새로운 제국이었다(구범진 2012, 70).

따라서 만주족은 존재하지 않았고 다만 여진의 후손으로 불렸던 이들이 있었다. 그렇다고 이것은 만주족의 정체성이 허구란 의미는 아니다. 다른 민족들의 경우와 같이 만주족의 정체성은 역사, 문화, 언어와 같은 그 정체성의 요소를 제도화한 국가의 성장과 분리될 수 없었다. 무엇보다 만주족의 경우 그 정체성을 구성하는 제도적 핵심 요소는 팔기로 이것이 만주족이 끝까지 한족과 구분되는 정체성을 유지해 갔던 가장 큰 이유였다. 팔기는 건국 과정에서 구성된 군사집단으로 그 후에도 혈통에 의한 신분집단으로서 작동하였다. 팔기는 기본적으로 군사조직으로 그 구성원이 모두 병사이고 관리는 모두 장수였다. 이들은 생업에 종사하지 않고 군사적 능력을 배양하는 데 집중하도록 하였는데 이를 위해 청 조정은 전량(錢糧)을 제공하여 이들의 생활을 보장해 주었다. 이러한 명백히 구분되는 구성 원리를 바탕으로 팔기는 만주족 정체성의 기반을 이루는 제도로 자리 잡게 된다(조세현 2010, 29). 팔기 제도는 청의 정복자 엘리트의 통합된 문화적 정체성을 구성하는 기본조직으로 군사뿐만 아니라 과거를 통하지 않고 고급관료를 등용할 수 있는 인재의 공급원으로 청조 국가체제의 근간을 구성하고 있었다(요시자와 2006, 36).

무엇보다 청이 제국의 기본구조를 완성하게 된 것은 명을 계승하여 한인들의 황제가 된 것이 결정적이었다. 이자성이 이끄는 농민 반란군이 베이징을 점령하자 청은 당시 명의 대군을 이끌고 산해관(山海關)을 지키던 오삼계(吳三桂)를 설득하여 청과 함께 이자성의 군대를 베이징에서 몰아내게 된다. 이후 청에 귀순하여 중국 정복에 동참했던 한인 무장 세력에게 주었던 삼번(三藩) 철폐에 저항한 오삼계를 진압하고 중국 내부의 모든 반발 세력을 1681년까지 완전히 진압하게 된다(구범진 2012, 81-84). 이와 함께 강희제는 톈산산맥 북쪽의 초원 지역에 본거지를 둔 유목제국 준가르와 본격적인 대결을 시작하게 된다. 그를 이어 옹정제와 건륭제의 노력으로 1755년 준가르를 멸망시켜 몽골에 대한 패권을 완벽하게 획득하게 되었고 그 본거지인 동투르키스탄을 신장(新疆)으로 명명하여 통치하에 두게 되었다.

청은 여러 티베트 불교 사원을 수립하였고 달라이 라마를 극진히 대접하였다. 이러한 청 조정의 노력은 분명 티베트 불교를 믿고 있던 몽골을 의식한 것이다(구범진 2012, 90). 사실 청의 준가르와 경쟁 과정은 티베트 불교세계의 패권을 얻기 위함이었다는 것이다(구범진 2012, 93). 청조는 서북에 펼쳐진 오아시스 세계에서 칭기즈 칸 이래의 몽골의 전통을 계승함과 동시에 몽골인이 귀의한 티베트 불교의 대단월(大檀越)로서 티베트 불교세계의 맹주가 되었다(岡本隆司 2017, 412). 이로써 청은 고비 이북의 외몽골 초원을 비롯하여 오늘날 칭하이(靑海)성 지역, 자치구로 설정된 티베트 본토, 그리고 톈산산맥 북쪽의 초원과 남쪽의 타림분지 등을 차례로 판도에 편입시켜 거대 제국을 만들게 되었다(구범진 2012, 87). 군사적 정복과 함께 이러한 탁월한 정치적 조율의 결과 17세기 중엽 명을 대체한 청왕조의 판도는 이전 명왕조의 영역을 훌쩍 넘는 범위로 확대되었다. 여기엔 만주족과 한족을 넘어 몽골 티베트 그리고 회족이라는 이민족까지 포괄하였다. 청의 이러한 광범위한 제국의 구조 안에서 티베트는 가장 예민한 부문에 놓여 있었다. 즉 몽골에 대한 청조의 지배를 문화적으로 가능하게 하는 티베트는 청조의 통치 유지에 핵심적인 위치를 차지하고 있었다.

청조는 복속 과정을 거치며 새로 편입된 광대한 지역의 여러 이민족을 별개의 제도 아래에서 통치했는데 크게 보면 직접통치 지역과 간접통치 지역으로 구분해 지배하였다. 직접통치 지역은 만주인의 '고지(故地)'와 주로 한인이 거주하는 '성부(省部)'로 이루어져 있었다. 전자의 경우 입관 이전부터 청을 따랐던 만주인, 몽골인, 한인으로 이뤄진 '기인(旗人)'에 의해 통치되었다. 성부에 대한 통치는 청 황제가 중국 왕조의 천자로서 기인·한인 관료를 통해 이루어졌다(오노데라 2020, 21). 청은 그 광활한 다민족 제국을 본속주의(本俗主義)에 입각해 통치하였는데, 이는 본래 지역의 퐁 속에 입각한 통치를 의미한다. 따라서 한인은 한인의 법률 제도, 즉 명나라의 법률 제도로 다스리고 기인은 팔기의 법률 제도에 입각한 통치를 한다는 것이다(구범진 2012, 126). 육부(六部)는 당나라 이래 중국 중앙 통치체제의 근간을 이루는 기구였는데 청도 육부를 설치하였다. 그리고 그 아래 18성을 설치하여 전통 시기 중국의 군현제 등에 입각한 행정체계와 법률, 세금, 호적 등의 제도를 계승했다. 그리고 명과 같이 과거제도를 실시하였고, 피정복민 한인 출신이라도 적지 않은 사람들이 최고 관직에 올랐다. 특히 중앙 정부의 주요 기구에서는 장관과 차관을 기인과 한인을 동수를 이루도록 관리하면서 '만한병용(滿漢一家)' 제도를 운영하였다(구범진 2012, 105).

중국의 역사 서술은 그동안 청나라가 문화적으로 한화의 과정을 거친 것으로 보아 왔다. 한족들의 역사 입장에서 청 제국의 통치를 보면서 청이 자신들의 법과 제도로 통치하였기 때문에 청 조정이 결국 중국의 문화에 동화된 것으로 이해하게 된다. 이러한 관점에서 한족들은 청나라가 다른 이민족들을 어떻게 통치했는지에 대해서 크게 관심을 두지 않았다. 그리고 '만한병용'의 실제의 내용은 그렇게 이상적인 것은 아니어서 청나라에서 이성봉작을 받은 사람들이 많지만, 그 절대 다수는 팔기만주, 팔기몽고, 팔기한군 등에 속하는 기인이었다. 현실적으로 한인이 최고의 공신 대우를 받기란 매우 힘들었다(구범진 2012, 128-131).

한족의 지역이 아닌 제국의 간접지배 지역에서도 본속주의 원칙이 적용되었다. 즉 몽골인은 몽골의 법과 제도, 티베트인은 티베트의 법과 제도, 타림분지의 위구르 무슬림은 이슬람의 법과 제도를 적용하였다(구범진 2012, 126). 청조는 이번원(理藩院)을 통해서 이들 지역을 관할하였다. 그 기원은 홍타이지가 몽고아문(蒙古衙門)을 두어 몽골연맹을 다스렸던 것으로 올라가고 1638년에 이를 이번원으로 변경하였다. 이후 그 관할 범위가 몽골을 넘어 티베트를 비롯해 러시아의 문제까지 다루는 기구로 확장되었다(크로슬리 2013, 175). 그중 내외몽골과 칭하이(靑海)는 부(部), 맹(盟), 기(旗) 등의 행정체계 및 부락의 지도자(자사크)와 중앙관리(도통, 都統) 그리고 티베트 불교의 라마와 같은 현지의 종교지도자에 의해 관리되었다. 준가르를 멸망시키고 그 지역을 신장(新疆)으로 명명하였는데 그 내부는 각각 중국의 주현제도뿐 아니라 몽고와 비슷한 자사크제 등 상당히 다양한 방식으로 관리되었다(거자오광 2019, 130-131).

이러한 본속주의에 입각한 간접통치 지역이기 때문에 개별 지역이 청 조정과 맺은 관계의 내용은 서로 달랐다. 청의 황제는 몽골인에게 칸이자 몽골인이 믿는 티베트 불교의 보호자로서 군림하고 현지의 몽골 왕공들에 의해 통치를 승인했다. 티베트의 경우 황제는 티베트 불교의 보호자인 전륜성왕(轉輪聖王), 문수보살(文殊菩薩)의 화신으로서 기인 주장(駐藏)대신을 티베트에 파견하고 감독하는 형식을 취하였다. 준가르를 물리치고 얻은 신장에는 기인의 이리장군(伊犁將軍)이 파견되어 군사지배를 하였다. 다만 준가르 타도에 협력했던 현지의 무슬림인들이 관리에 임용되었고 현지 지배자들의 통치도 허용되었다(오노데라 2020, 22).

따라서 청은 광대한 영역에 걸쳐 서구 근대국가 체제와도 다르고 중국의 전통왕조 방식으로만 구성된 것도 아닌 복합적인 양식의 매우 독특한 통치체제를 구축하였다. 이것은 청 제국이 한족에 대한 지배 방식과 다른 이민족에 대한 지배 방식이 전혀 다른 내용으로 이루어졌음을 의미한다. 따라서 중국에게 적용한 중화전통에 입각한 통치방식이 결코 한족의 영역을 넘지 않았다. 청 조정은 몽고 칭하이, 신장, 티베트는 번부로 구분하여 이번원을 통해 간접적으로 통치하였는데 이번원의 장관인 상서를 포함해 모든 관직은 한인에게 닫혀 있었다. 한인 관료는 이번원에 접근할 수 없었을 뿐 아니라 제국의 전체를 통치하는 사안에 있어 그 활동 범위는 제한되어 있었다. 건륭제 시기에는 한인들의 만주로의 이주를 금지하였고 한인 관료의 만주 파견 역시 억제하였다. 따라서 만한일가의 구호에도 불구하고 청의 제국 통치에서 한인들에게 주어진 역할은 한족들의 영역에 국한되었고 결국 청 제국의 통치는 어디까지나 팔기를 주축으로 이루어졌다(구범진 2012, 140, 145).

한족은 원래 자신의 중화문화가 세계의 중심이라고 생각해 왔고 이러한 중화의 유사어로 화하(華夏)가 있었고 이에 대한 상대어가 이적(夷狄)이었다. 그리고 화와 이의 대립이 역사적으로 이어져 왔는데 중화의 입장에서 문화적으로 열악한 이적에게 역사적으로 자주 굴복하는 것을 어떻게 수용해야 할지가 큰 과제였다. 이러한 맥락에서 '화이지변(華夷之辨)'에 철저히 따르면서 주변의 이적들을 제어하기 위해 명조는 힘쓰게 되었다. 이에 반해 중원을 지배하게 된 청조는 '화이일가(華夷一家)'를 내세우며 이를 지배를 받는 한인들이 수용할 수 있도록 노력하였다. 이러한 맥락에서 청의 옹정제는 『대의각미록(大義覺迷錄)』을 간행하여 청조는 유덕하기 때문에 통치를 하고 있는 것이며 화이의 구별을 근거로 한 비판은 부적절하다고 주장하였다. 그러나 이 저작은 다음 황제인 건륭제에 의해 금서로 지정된다. 이는 청 조정의 입장에서 화이의 문제가 그만큼 예민한 문제로 자칫 잘못 다루다가 큰 정치적 혼란으로 이어질 수도 있음을 보여준다. 왜냐하면 만주족의 청 황실과 팔기라는 특별한 군사조직이 청 제국 건설의 근간을 이루고 있는바, 만한의 구별이 청 통치체제의 부정할 수 없는 본질적 성격이기 때문이다 (요시자와 2006, 63).

정복 과정에서 핵심적 역할을 한 것이 팔기였고, 청조의 지배가 지속될 수 있는 물리력의 근원이었다. 따라서 청은 제국의 광범위한 지역에 걸쳐 전략적 요충지에 팔기 군대를 주둔시켰다. 청은 입관 이후 압도적으로 많은 한인들을 다스리기 위해 대부분의 팔기를 중국으로 이주시켰다. 1648년 팔기 성인 남성은 노복까지 합해서 약 35만 명으로 이들은 명나라 인구의 1퍼센트에도 미치지 못한 규모였기 때문에 청 조정은 팔기와 한인 사회를 엄격히 구분하여 다스렸다. 이는 분명 수적으로 압도적일 뿐 아니라 문화 수준도 높은 한인 사회와 동화될 수 있다는 우려 때문이었다. 그래서 청은 팔기의 호적은 기적(旗籍)으로 그리고 한족 호적은 민적(民籍)으로 분리해서 구성하였고 기인과 민인은 원칙적으로 결혼이 금지되는 등 법률적, 사회적으로 분리되었을 뿐 아니라 실제 거주 공간도 격리되어 구성되었다(구범진 2012, 123-124). 즉 활동이 엄격히 제한된 폐쇄된 주방(駐防) 공동체에서 생활하도록 하였다.

만주에 거주하던 기인들은 농산물의 생산자였으며 그들이 불하받은 토지에는 세금이 부과되었다. 그러나 중국에서 기인들은 주방의 울타리 안에서 더 이상 생산자가 아니라 봉급을 받았고 불하받은 토지에서 나오는 수익금으로 생활을 하였다. 기인들은 명조의 귀족으로부터 몰수한 토지에 정착했지만 그들의 필요를 충족시키기에는 부족하였다. 1664년부터 1669년 사이에 강력한 토지 몰수를 추진하였다. 토지의 몰수와 격리 과정은 17세기에도 이어졌고, 1730년대 말까지 주방이 계속 건립되었다(크로슬리 2013, 152-153). 청의 정복 과정과 함께 기인은 만주에서 북경으로, 북경에서 중국의 각 성으로, 그런 다음 다시 티베트나 투르키스탄으로 이동하였다. 그리고 이들 제국의 간접지배 지역에서도 팔기를 비롯한 청나라 군대는 대개 별도로 수축한 성 안에 거주하여 현지의 위구르 무슬림과는 다른 공간에서 살았다(구범진 2012, 126).

팔기는 몽골과 한인까지 포함해 구성되었지만 이들은 주방이라는 폐쇄적인 영역에 거주하는 차별적인 정체성을 통해 충성스러운 군사적 카스트로 자리 잡게 되었다. 청조의 제국 통치는 팔기에 의해 이루어졌는데 이를 위해 팔기와 중국 한족 사회는 절연되어 있었고 팔기는 엄밀한 의미에서는 캠프와 같이 운영되었다. 건륭제는 만주족들이 한족의 습속에 동화되어 무사 엘리트의 상무정신 상실을 우려하여 만주성을 고취하기 위한 정책을 시행하게 된다. 그러나 이것이 당시 한화가 상당하게 진행되었음을 의미하는 것은 아니다. 사실 팔기 조직의 중국 사회와의 철저한 분리는 청 제국의 붕괴 때까지 이어졌다.

청의 제국 통치는 결코 한화에 입각해서 이루어지지 않았다. 청의 극성기를 완성한 건륭제는 자신을 만물의 군주이자 끝없이 도덕적인 영역을 차지하고 있는 존재로 설정하였는데 이는 유교적 배경이 아닌 전륜성왕이라는 불교적 이상에 그 연원을 두고 있다.

전륜성왕은 부처의 이름으로 이룩한 정복을 통해 만물의 구원이라는 다음 단계를 향해 세상을 움직이는 지상의 군주로 알려져 있다. 불교에 대한 이 같은 관심은 티베트와 몽골 지역을 포괄하는 종교적, 정치적 이상에 근거를 두고 있다(크로슬리 2013, 199-201). 건륭제는 티벳, 몽골뿐만이 아니라 만주 지역과 만주족에 대해서도 특별한 역사적, 문화적 의미를 갖추도록 하였다. 그는 만주족이 살았던 만주 지역이 한족 문명을 모방하는 데 급급한 변경이 아니라 당당하고 영광스러운 역사의 주된 공간으로 구성하고자 하였다. 즉 고대 주대(周代) 숙신(肅愼)의 영토 안에서 말갈(靺鞨) 연맹에 살았는데 이들의 야만적 관습에 대한 한족의 역사적 기록을 부정하거나 감추기보다는 만주족의 호전적인 자랑스러운 문화로서 주장하고자 했다(크로슬리 2013, 214-215).

청은 다양한 통치 수단과 정치제도를 갖고 다민족을 구성하여 제국을 운영하였고 만주족의 정체성을 지키기 위한 노력을 하면서, 즉 티베트불교, 샤머니즘, 이슬람을 믿었으며 18세기에는 각각의 독립적인 문화와 신앙 시스템이 청 통치자의 지원을 받으며 발전 유지되었다고 본다. 청의 강역은 광대하고 문화는 다원적이었고 민족도 복잡한 '제국'을 구성하였고 북경이 아닌 승덕(承德, 청더)이 내륙 아시아 또는 중앙아시아 제국의 수도로 간주되었다(거자오광 2019, 125). 분명 청의 역사는 전통 중국의 틀을 벗어난 광범위한 중원제국의 건설에 기초했음을 의미하고 중국 통치는 그 제국의 일부만을 구성했던 것이다. 이러한 분치(分治)를 통해 제국에는 다원적 문화가 공존할 수 있었고 이는 결코 단순한 한화의 과정으로 설명될 수 없다. 청조가 한화를 완전히 거부한 것이 아니라 한족 통치를 위해 필요한 만큼 수용한 것이다(거자오광 2019, 104).

그러나 이것이 청조 아래 의미 있는 한화 과정이 없었던 것을 의미하지는 않는다. 청의 통치자는 서남지방의 묘(苗)족과 이(彝)족에 대하여 문화적으로 오랑캐로 보아 이들이 시서(詩書)를 배우지 않아 유가의 예법을 모른다면서 한화의 필요성을 언급하였다(거자오광 2019, 111). 결국 청 조정은 이들 서남부 지역의 비한인 오랑캐 집단에 대하여 몽골이나 티베트와 같은 본속주의에 입각한 통치를 하지 않았다. 사실 이들은 청조가 입관하기 이전부터 오랜 기간 자기들의 근거지를 침해하는 한족에게 밀려 늪지나 산악지대, 아니면 오지에서 삶을 영위하여 왔다. 청조에 들어와 이들의 토착 지도층을 토사로 임명하여 다스려 왔으나 옹정제는 중앙의 관료를 파견하여 직접 관할하는 개토귀류를 시행하여 종전의 반 독립적인 이들 지역을 내지화하는 정책을 추진하였다(크로슬리 2013, 191). 요컨대 청 조정은 모든 제국의 모든 비한인 지역에 걸쳐 한화를 추진한 것이 아니라 자신들이 정치적으로 승인하지 않았던 오랑캐 지역을 한화의 방식으로 통치했다고 보아야 한다. 사실 청나라 역사에서 한화를 이룬 지역은 대부분 정치적으로 승인을 받지 않은 서남지역에 국한되어 있었던 반면 정치적으로 그 존재를 승인하였던 여러 유목민들이 거주한 북방지역의 경우엔 각자 독자적 문화를 유지할 수 있도록 허용하였다.

결국 청조에게 한화는 제국을 통치하는 데 필요한 정책이고 수단이었다. 이러한 맥락에서 청조는 입관 이후 한족 지식인과 관료문화의 공공연한 후원자가 되었다. 청조는 유교적 표현방식이라고 평가받는 것들로 자신들을 표현하는 방법을 체득하였고, 그 사회의 문학적 자원을 활성화하기 위한 노력을 이어갔다. 청조의 황제는 중국어뿐만이 아니라 제국에 포괄된 다른 종족의 언어 역시 섭렵하였다. 청 조정은 자신의 제국 안에 포함된 여러 집단들의 문화를 자신의 방식으로 묶어내 제국의 통치체제로 포괄하는 방식을 터득해 갔다. 청조는 몽골로부터 세계 제국의 유산에 대한 상속 권리와 자기들의 정통성을 지탱해주는 종교적 근거를 끌어냈다. 또한 만주기인으로부터 정복을 수행할 군사적 힘과 기술을 이끌어냈고 그리고 만주 지역에 남아 있는 고대의 정치적 전통에 접근할 권리를 유지하였다. 한족으로부터는 관료적 기술을 끌어냈고, 조공 체제 아래 천자의 조선과 베트남에 대한 도덕적 영향력을 정당화하는 유가의 도덕률도 획득하였다. 무엇보다 티베트인들로부터는 보편적인 불교의 지도자들만큼이나 초월적인 권위를 이양 받았다 (크로슬리 2013, 190).

청조는 만주어, 몽골어, 중국어 세 가지 언어를 사용했지만 특히 만주어의 사용을 중요하게 여겼다. 사실 청의 모든 문서가 만주어와 중국어로 똑같이 작성된 것이 아니라 군사 업무와 관련된 경우 보안용으로 만주어로 작성하였다.[3] 그러나 시간이 흘러갈수록 기인들이 공부에 투자할 시간과 재정적 능력이 충분치 않았고 이를 위한 체계적 교육제도가 제공되지도 않았다. 강희제는 만주어를 사용하고 말을 타고 활을 쏘며 중국의 경학 역시 이해하는 기인들을 상정하였으나 이러한 이상적 모습은 현실 세계에서 크게 실

---

3    태평천국 난까지만 해도 기인 장령(將領)들은 일반 문관이나 외국인들이 잘 이해하지 못하는 만주어를 통해 중앙정부와 연락을 주고받았음이 확인된다. 팔기 기인의 지도층에게 만주어는 주요한 언어였다(크로슬리 2013, 39).

현되지 못하였다. 1670년대 이후 기인들은 자신이 주재하는 중국의 지역 방언을 배우기 시작하였고 다음 세대에 이르러 만주어를 사용하지 못하는 사람들이 나타나게 되었다.

중국을 정복한 이후 한 세기 동안 주방에 소속된 기인들의 수는 늘어나면서 이들을 부양하기 위해 조정에서 지급할 수 있는 토지는 부족하게 되었다. 은으로 지급되는 봉급 총액은 아주 조금씩 증가했지만 증가하는 인구와 감소하는 기인의 토지 때문에 1인당 지원액이 감소할 수밖에 없게 되었다. 1680년대에는 몇몇 주방의 지휘관들이 기인들의 노골적인 강도질이나 반란을 일으킬 가능성에 대한 우려를 표명하였다. 이에 강희제는 국가에서 사용할 수 있는 급료의 액수를 8만 냥에서 12만 냥으로 증가시켜 기인들의 주방체제를 강화시키려고 하였다. 그리고 기인들의 부채를 감면하려고 하였다(크로슬리 2013, 153, 157). 여러 노력에도 불구하고 기인들이 만주어 교육과 무술 습득을 모두 도외시하고 있다는 보고가 조정에 올라왔다. 문제는 기인들의 생활 기반이 점점 불안해져 갔다는 사실이다.

이러한 상황에서 1796년 발발한 백련교도의 난은 청의 통치 능력을 시험하는 계기가 되었다. 난이 진압된 이후에도 만주족 축출, 세속적인 정치질서의 종말, 부처의 중생 구제와 같은 생각들은 중국 사회에 계속 확산되었다. 이는 청 조정이 향후 더욱 심한 도전에 직면하게 될 것을 의미하는 것으로 과연 팔기제도가 이러한 도전에 대응할 수 있을지 의문을 제기하였다. 이에 청 조정은 1800년대에 팔기 강화를 위해 노력하게 된다. 안전한 의사소통을 위해 필요한 기인 군관들에게 만주어 능력을 강화하고자 하였다. 그리고 만주족의 본령으로서 무술 실력을 강화하고자 했지만 이들이 훈련에 전념토록 뒷받침할 물질적인 기반을 위한 제도가 마련되지 못하였다. 청조는 기인을 중국에서 만주로 내보내고 비교적 많은 급료를 받는 군관의 봉급을 줄이는 대신 사병의 급료는 약간 늘려 팔기의 예산 위기를 줄일 수 있기를 희망하였다. 그러나 그 결과는 성공적이진 못했다. 1820년대에 기인들이 제국 군사력의 근간으로 기인들의 역할에 대한 회의가 퍼져갔다.[4]

청 제국의 가장 핵심적 특징은 만주족이라는 소수민족을 기반으로서 절대다수의 한족을 포함해 몽골, 회족, 장족을 아우르는 거대한 제국을 건설 유지했다는 사실이다. 만주족의 인구는 한족의 40분의 1에 불과했다고 한다(조세현 2010, 28). 이와 같이 구조적으로 취약한 청조의 통치체제를 지탱해준 근간이 팔기제도였다. 당시 만주족은 기인과 동일시되었고 만주족 정체성의 근원은 기인이라고 볼 수 있었는데 이들은 군인·관료 이외에는 생업에 종사하는 것이 허용되지 않았다. 그러나 청조가 극성기를 지나면서 더 이상 정벌 사업이 진행되지 않게 되었고 이는 기인들에게 더 이상 새로운 경제적 자원들을 얻게 될 기회가 없어짐을 의미한다. 이와 같이 팔기제도의 경제적 기반이 동요하게 되면서 청조의 통치체제는 일정한 변화가 불가피하게 된다.

---

4    도광제는 기인들이 거지나 강도 심지어 아편 판매나 중독자가 되어 백성들에게 폐해를 끼치지 않도록 할 방안을 마련하기 위해 고민하게 되었다(크로슬리 2013, 262).

## III 만청(晚淸) 시기 자강(自強)과 입헌(立憲)의 정치 과정과 만한(滿漢) 관계

청조는 나름의 독특한 통치체제를 구성하여 이전의 거란, 금 혹은 원나라보다 중앙아시아의 여러 유목민족을 아우르는 매우 효율적인 통치 방식을 마련하여 중원의 다민족 제국체제를 구성하였다. 그러나 바다로부터 오는 서구 열강의 도전은 청에게 전혀 새로운 것이었다. 서세동점의 엄중한 위기 상황 아래 내부적으로는 태평천국의 난까지 일어나 제국을 그 근원에서 흔들게 되었다. 이러한 흔들림 속에서 한족들의 정치적 역할이 점차 커져 갔다.

한족의 신사층은 정복국가 아래에 살면서 몸을 사리며 처신하였다. 1770년대에 극에 달한 문자옥(文字獄)이 보여주는 바와 같이 한족 신사층들이 무심코 언급한 말 한 마디가 자신들의 신상에 치명적일 수 있다는 것을 잘 알고 있었다. 따라서 이들은 권력의 남용을 견제하기 위한 정치 결사체의 구성을 상상도 하지 못하였다. 청 황제 전제체제 아래 붕당의 일원으로 낙인찍힐까 두려워하였다. 사실 청 조정은 붕당에 대하여 단호한 입장을 견지했다(큔 1999, 56-59). 그리고 청 조정은 중앙과 지방의 주요 신료들과 비밀 문서를 주고받는 제도를 확립하여 신료들의 행정 실태를 밀착 감시하면서 한인들의 화이사상을 드러나지 않도록 억제하였다(구범진 2012, 114).

청의 통치체제는 신사층에 기반을 둔 광범한 독서층에 반해 극소수 관료 엘리트 사이의 엄청난 수적 불균형이 존재하였다. 따라서 관료가 될 수 없었던 대부분의 독서인들은 평생 통치제제 주변을 맴돌았다. 제국의 질서에 관해 늘 관심을 갖고 논의할 준비가 되어 있었지만 실제로 국정에 참여할 가능성은 거의 없는 광범위한 독서인층이 존재하였다. 이들은 중국의 고전 훈련을 받아 경전들에 대한 깊은 이해를 바탕으로 공공의 안녕과 선한 통치에 관한 공유된 인식을 갖고 있었다(쿤 1999, 63-67). 이처럼 청의 사회에는 광범위한 독서인층이 있어 이들이 여건, 즉 황제를 위시한 만주족 중심의 지배방식이 완화되면 정치적 입장을 표명하면서 공론을 이끌어갈 수 있는 잠재력을 갖고 있었다.

중국의 역대 왕조는 자신의 영역을 벗어난 외부의 정치단위들과 조공 관계를 유지해 왔다. 청조 역시 입관 후 이전 명대를 거의 답습하여 주변국들, 즉 조선, 유구(琉球), 샴, 베트남 등과는 이전의 조공 책봉 관계를 그대로 계승하였다. 명나라는 원칙적으로 모든 공식적, 대외적 교류를 조공체제의 양식 하나로만 구성하였고 다른 양식은 인정하지 않았다. 물론 이를 반대하는 경우도 있었다. 일본과 서양인은 실질적인 무역 거래를 하고자 하였으나 명나라가 이를 허용하지 않고 오직 조공양식만 고집하여 반발을 사게 되었다. 이러한 선례를 보고 청은 조공으로 무역관계를 포괄하는 통제방식을 접고 의례와 통교 없이 통상만의 관계를 맺는 것도 인정하여 이를 호시(互市)라고 하였다.[5] 결국 청조의 대외질서는 명과 달리 하나의 시스템으로만 이루어진 것은 아니었고 조공과 호시라고 하는 다른 양식이 병존하였다.

이러한 청의 대외관계 양식이 19세기가 되면서 동요하게 된

5    청은 북에서 내려오는 러시아와는 카흐타 조약을 체결해 경계를 나누면서 통상관계를 유지하였다.

다. 우선 18세기 후반 호시가 융성해졌는데 이는 당시 세계 경제를 서양이 중심이 되어 추동시킨 결과였다. 이와 함께 차와 비단의 거래가 팽창하면서 대량의 은이 청으로 유입되어 미증유의 호경기를 가져왔다. 이는 호시가 특별히 비대화되어 갔음을 의미하며 이와 관련된 분쟁이 이어지게 된다(岡本隆司 2017, 415). 이에 청은 호시 체제를 제한하고자 하면서 1784년 이후 서구 국가와의 교역을 광저우 한 곳에만 한정하는 '광둥체제'가 자리 잡게 되었다. 유럽 상인들은 광저우에서 중국 상인을 통해 보장과 보호의 혜택을 받았으며 광저우에서 무역으로 발생한 이익으로 납부할 세금은 광저우에 상주하는 대표를 통해 황실에 직접 납부하였다(크로슬리 2013, 242). 물론 이는 조공이 아닌 호시 양식이지만 이 역시 상당한 제약이 따르기 때문에 유럽인들로선 납득이 되지 않았다. 아편전쟁의 발발은 근본적으로 이렇게 제한된 지역에서만 가능한 무역관계를 보다 일반적인 대외관계의 양식으로 만들고자 했던 배경이 있었다.

아편전쟁의 결과 청은 영국과 1842년 남경조약을 체결하면서 근대 조약체제를 수용하게 된다. 그러나 이렇게 시작된 조약관계는 청에게 당초 어디까지나 호시의 범위에만 영향을 미치는 것이었다. 따라서 여러 호시 관계 가운데 영국과의 관계 하나를 재편한 것에 불과하고 이를 통해 조공체제 전체를 변경한 것으로 보는 것은 적절치 않다. 당시 청조는 조약에 구속력이 있다는 것은 알고 있었지만 평등호혜의 정신에서 대외관계 전체를 규율하는 원칙으로 본 것은 아니다(岡本隆司 2017, 415). 따라서 당시 청 조정은 그 의미를 그렇게 중요하게 인식하지 않았던 것으로 보인다. 불평등

조약의 문제 역시 대등한 국제관계를 정상적인 것으로 받아들여야 문제로 인식하게 되는데 당시 청의 관료들은 그러한 인식을 갖고 있지 않았다(요시자와 2006, 38).

그러나 1차, 2차 아편전쟁과 함께 10여 년이 넘도록 지속된 태평천국의 난과 같은 전례 없는 큰 시련이 청 제국의 통치체제에 큰 영향을 미치지 않을 수는 없었다. 무엇보다 이러한 위기 상황에서 팔기 군대의 무기력이 확인된 반면, 한인 무장이 상군(湘軍)과 회군(淮軍)을 조직하여 각지에서 반란 진압에서 두각을 나타내게 된다. 당시 기인들은 원래 자신의 공식 정규군의 지위를 접고 녹영병(綠營兵), 혹은 각 지역의 의용군과 함께 혼성적으로 편제되어 태평군에 대응하게 된다. 이러한 과정을 통해 기인들이 주방에서 벗어나 한족의 지방 관료들이 이끄는 지역 의용군에 편입되는 경우가 나타났다(크로슬리 2013, 273-274). 이는 팔기제도가 상당히 넓은 지역에 걸쳐 동요하고 있음을 보여준다.

쩡궈판(曾國藩)이 당시 가장 주목되는 인물이었다. 그는 무장이 아닌 문신으로서 한인 신사층의 주류를 대표하면서 관할 지역의 민정과 재정, 그리고 군사력을 장악하였다. "18세기 말까지 청 조정은 직성의 총독 자리를 한인 관료에게 맡기는 것을 꺼렸지만 동치 연간의 청나라는 한인의 활약에 힘입어 가까스로 망국의 위기를 벗어나 중흥의 시대를 맞이하였고," 그는 당시 한인 지배층이 청의 국정 전면에 등장하게 된 상황을 대표한다. 광서 원년에서 10년 동안 파견된 총독 80명 가운데 팔기만주 출신은 한 명에 지나지 않았고 나머지는 모두 한인이었다. 그렇다고 한인들이 청 제국의 통치 권력을 획득한 것은 아니었다. 기인과 민인의 구별이 여전히 있었고 중앙의 관제에는 만인들이 압도적인 비중을 차지하고 있었다. 그럼에도 이전의 허울뿐인 만한병용이 아니라 실질적인 만한 연합정권의 성격을 갖게 된다(구범진 2012, 230-231, 238).

이와 함께 한족 독서인들이 당시 전례 없던 서양 열강의 침탈이라는 시대적 과제에 어떻게 대응할 것인가에 대한 논의를 제시하기 시작했다. 펑구이펀(馮桂芬)은 아편전쟁을 겪으며 이러한 치욕을 씻기 위해 자강(自强)할 것을 주장하였다. 그는 도(道)란 자신이 남에게 뒤떨어진 원인을 아는 것인데 서양 국가들은 작으면서도 강한데 중국은 왜 크면서도 약한가라는 문제를 제기하였다(리쩌허우 2014, 108). 이러한 맥락에서 중국이 서양의 오랑캐에게 떨어진 이유가 무엇인지를 파악하기 위한 노력이 이어졌다. 이는 시대적으로 요구되는 자강 논의가 한족을 중심으로 등장한 것을 보여준다.

문제는 이를 위해 원용할 수 있는 옛 성현들의 가르침이 보이지 않았다는 것이다. 중국의 고전은 언제나 오랑캐의 후진적인 문화를 어떻게 앞선 중화 문화로 감화시킬 것인가에 관한 논의뿐이었기 때문이다. 이러한 상황에서 서양의 화포와 군대의 우수성을 인정하고 배우자는 논의를 이끌어 간 이가 웨이위안(魏源)이었다. 그는 당시 서세동점의 위기를 맞이해 현실과 유리된 한학에 반대하면서 당시 지배계층에 의해 장려되면서 현실과 유리된 송학을 거부하였다. 그러면서 "오랑캐의 장기를 배워서 오랑캐를 제압(師夷長技以制夷)"하기 위해 『해국도지(海國圖志)』를 저술했다. 그가 보기에 오랑캐의 장기는 세 가지인데, 즉 전함, 화기, 그리고 병사를 기르고 훈련하는 방법으로 모두 군사 관련 문제들이다(리쩌허우

2014, 106). 이러한 맥락에서 서구의 앞선 무기체제를 도입하여 중국의 전통질서를 지켜가자는 양무운동(洋務運動)이 중국 정치의 근본적 내용으로 자리 잡게 된다.

이러한 사고의 진전과 함께 서양에 대한 대응방식을 마련하는 과정에서 전통적 '치국책(statesmanship)'의 개념을 다시금 환기시켜 활용하게 된다. 즉 이에 청조는 동치 연간 자강의 맥락에서 앞선 서구의 군사적 능력을 획득하고자 양무운동을 추진하면서 이를 추진하기 위한 사고를 중국의 전통적인 치국책에서 끌어오게 된다. 즉 자강을 위한 노력으로 중국 고전에서 나타난 부국강병에 기반한 치국책에 관한 논의들을 재발견하여 이를 활용하고자 하였다. 그래서 부와 권력을 강조하는 법가적 맥락의 유교적 입장이 당시의 주류 담론을 구성하게 되었다(Schwartz 1969, 14-17).

이 과정에서 한족 관료와 광범위한 신사층이 주요한 역할을 수행하였다. 따라서 당시 중체서용(中體西用)이란 근대 서구세력의 도전 앞에 대응하기 위해 청 조정이 한족의 신사층과 공동대응에 나서면서 고전 중국의 사유체계를 재구성하여 법가적 입장이 보다 강화된 유학적 치국책의 입장이 주류 담론으로 자리 잡게 된 결과였다. 이러한 치국책의 내용이기 때문에 그 근본 내용에는 국가의 보존이라는 전제가 작동하고 있다. 이러한 맥락에서 웨이위안은 혁명이 아닌 강력한 중앙집권을 창출하여 청조 내외의 복합위기를 효과적으로 해결하고자 하였다(큔 1999, 103). 입관 이후 청조는 두 세기에 걸친 국가건설 노력으로 한족의 독서인층과 정치적 입장들을 서로 부합하게 조정하였고 이들은 청조의 국가권력이 지역사회에서 자신들의 이익을 보장해 준다고 인식하게 되었다(큔 1999,

106).

　아편전쟁 이후 도입된 근대적 조약체제가 청의 대외관계의 근본 내용을 흔들지 않았다. 이것이 가능했던 이유는 청의 대외관계를 구성하고 있던 주요한 양식인 조공체제가 종전과 같이 계속 이어지고 있었기 때문이다. 그러나 조공체제에 대한 도전이 근대화를 이룩한 일본으로부터 제기된다. 호시국이었던 일본으로부터 조약 교섭의 제의에 청은 역시 호시국이었던 다른 서양 국가들과의 전례에 따라 청일수호조규(淸日修好條規)를 체결하였다. 문제는 중국과 일본 사이에 놓인 유구였다. 원래 유구는 청과 일본에 함께 조공하는 중일양속체제(中日兩屬體制) 아래 놓여 있었는데 일본이 이를 부인하고 일본 전속체제(專屬體制)로 바꾸고자 1879년 유구처분(琉球處分)을 시행하였다. 이에 대해 청은 유구를 속국으로 남겨두고자 했지만 이는 근대 국제법상 속국이 아니라 청조에 대한 조공 의례에 근거한 속국으로 청조는 그 내정과 외교에는 간섭하지 않았다. 사실 청조에게 유구가 갖는 전략적 의미가 절대적인 것은 아니어서 일본의 이러한 조치에 적극적 대응을 하지 않아 유구는 결국 조공체제에서 떨어져 나갔다. 그러나 유구와 달리 청과 직접 경계가 맞닿은 베트남과 조선은 달랐다(岡本隆司 2017, 416).

　1860년대부터 인도지나 정복을 이어갔던 프랑스는 남부 코친차이나 병합을 마치고 이후 북쪽으로 방향을 돌리게 되었다. 그 결과 1874년에 베트남과 사이공조약을 체결하여 베트남 국왕의 주권과 그 완전독립을 인정하고 베트남에 대해서는 프랑스의 보호(protection)를 규정한 조약이었다. 한편 청은 조공국인 베트남에 대한 영향력을 지키기 위해 1870년대 말 군대를 북부 통킹지방에 보내면서 청불 간의 대립이 심화되었다. 프랑스는 이를 베트남에 대한 자신의 보호를 규정한 사이공조약과 충돌한다고 보았고 청조는 그러한 프랑스에 대해 베트남은 자신의 속국이라고 주장하였다. 양국의 갈등은 군사적 충돌로 이어졌고 1885년에 톈진조약을 통해 베트남은 더 이상 청의 속국이 아닌 것이 되어 조공체제로부터 분리되었다.

여기서 주목되는 것은 청이 속국인 베트남에게 군사적 보호를 위해 개입을 하였다는 사실이다. 청은 그 이전엔 속국에게 군사적 보호를 제공하지 않았고 유구의 경우에도 이를 고려하지 않았다. 그러다가 프랑스와의 대립을 통해 군사적 보호가 속국의 불가결한 것으로 인식되면서 속국의 개념에 전환을 맞게 되었다(岡本隆司 2017, 419). 이것은 청의 조공국들이 차례로 조공체제에서 떨어져 나가자 이에 적극적으로 대응할 필요를 느낀 결과이다. 이에 청은 한인의 이주가 진행된 신장과 대만에 성을 설치하여 통치를 강화시켜 가면서, 남은 조공국 조선에 대해서도 종래의 관례를 벗어나 내정에 깊게 개입하게 된다(오노데라 2020, 26).

조선의 경우 다른 나라와 조약 체결에 대해 청 측은 당초 개입에 소극적이었다. 청조는 조선의 조약 체결 여부는 자주적으로 하는 것으로 청조가 간섭하지 않는다고 하였다. 1876년 조선은 일본과 강화도조약을 체결하였는데, 그 1조는 조선은 자주지방(自主之邦)이라고 규정하였다. 그러나 1879년 일본의 유구처분 이후 청은 일본에 대한 경계감을 갖게 되었다. 이에 이홍장(李鴻章)은 조선에 구미제국과의 조약을 체결토록 하여 열강을 조선에 끌어들여 일본을 견제하는 동시에 조선의 지위를 명문화하여 관계국에 승인토록

하고자 하였다. 그러면서 그 지위를 '속국자주(屬國自主)'라고 하면서 조선이 청조의 속국이지만 그 내정과 외교는 '자주'라고 주장하게 된다. 이후 임오군란이 발발하자 청조는 파병하여 반란군을 진압하였는데 이는 베트남에서 보여준 바와 같이 속국에 대한 군사적 보호라는 맥락에서 이루어진 것이다(岡本隆司 2017, 420).

　조공으로부터 유래하는 속국과 근대 국제법적으로 독립으로 해석되는 자주라는 서로 어긋나는 조선의 지위가 이후 이 지역의 잠재적 불안정 요인으로 남게 된다. 1894년 동학의 봉기가 발발하자 조선 조정은 청에게 원군을 요청하였고 이에 청이 응하였다. 그러나 이로 인해 발발한 청일전쟁에서 중국은 패배하였고 그 결과 청은 자신의 속국 개념을 전면적으로 포기하게 되었다. 이후 청조는 조선을 속국이 아닌 대등한 우방으로 보아 1899년 한국과 조약을 체결하였다(岡本隆司 2017, 421). 동치중흥(同治中興) 시기 청은 양무운동에 입각한 자강의 노력을 통해 조선에 대한 자신의 지배력을 다시 강화하고자 하였으나 청일전쟁 패배 이후 마지막 남은 조선과의 조공관계까지 종결되었다. 따라서 이것은 단순한 패전의 문제가 아닌 역대 중국 왕조의 대외관계의 근간이었던 조공체제의 종결을 의미했다.

　청조는 한인 관료들과의 연합정권 아래 양무운동으로 일시적 중흥의 시기를 맞이했지만, 청일전쟁으로 그 한계가 드러났다. 이홍장은 시모노세키조약을 체결하고 일본에게 대만을 할양하고 막대한 배상금을 지불하기로 하였다. 이후 청 제국의 전통 치국책에 입각한 부국강병의 내용은 불가피하게 조정을 겪게 되었다. 이에 캉유웨이(康有爲)를 중심으로 변법운동이 일어났다. 그는 열국병립

지세(列國竝立之勢)에 의해 천하를 다스려야지 일통수상지세(一統垂
裳之勢, 교화를 통해 주변이 스스로 중화를 흠모하게 함)에 의해 천하를
다스릴 수 없다고 주장하였다. 이는 조공과 책봉에 근거한 중화주
의 천하관에서 벗어나 주권에 기반한 근대국가들 간의 근대국제질
서를 수용하여 이를 근거로 한 대내외 정책을 만들어 가야 한다는
주장을 한 것이다. 이를 위해 서양과 근대화를 먼저 이룩한 일본을
따라야 한다면서 이를 위한 정치개혁을 위로부터 시도하고자 하였
다(리쩌허우 2014, 166).

　　이러한 맥락에서 변법운동은 중국의 낡은 제도를 새롭게 고쳐
야 한다고 주장하였다. 즉 자강은 신식무기가 아닌 부패하고 혼미
한 정치를 개혁해야 이룰 수 있다는 것이다. 이에 변법유신을 요구
하는 수많은 상소문, 문장, 서적이 나왔고 캉유웨이의 "황제에게
올리는 글"과 량치차오(梁啓超)의 시무보의 정론은 그중 대표적인
것이다. 이어서 다양한 이름을 내건 학회〔월(粵)학회, 민(閩)학회, 남
(南)학회, 섬(陝)학회… 부전(不纏)학회〕가 전국의 수많은 지방에서 우
후죽순처럼 성립되었다. 이는 수백 년간 사인(士人)들의 집회 결사
와 정치 논의를 엄금하던 청조의 전통 법령이 타파되면서 한인 신
사층들의 적극적인 정치적 목소리가 분출된 것이다(리쩌허우 2014,
153). 양무운동이 한인 관료들에 의해 주도되었다면 변법운동은
광범위한 한인 신사층의 여론 확산에 의해 진행되었다. 캉유웨이
는 정치 면에서 국회를 열고 입헌제로 바꾸며 법률제도를 제정하
고 인민들이 상서하여 정사를 논의할 것을 허락하며, 지방에 민정
분국을 설립하여 신사가 지방정권에 참여하도록 하고 불필요한 관
원을 축소시키며, 국호를 바꾸고 우한으로 천도할 것을 주장했다

(리쩌허우 2014, 152-155).

　무술변법운동은 광서제(光緒帝)의 지원 아래 진행되었지만 지나치게 성급히 진행되면서 보수파의 반격으로 3개월 만에 실패했다. 서태후(西太后)는 광서제를 유폐시켰고, 다수 변법파는 체포 처형되었으며 캉유웨이와 량치차오는 해외로 망명하였다. 이 과정에서 기인들의 입장이 중요했다. 종전에는 서태후가 문제라고 생각했지만 재정적으로 어려움에 처해진 기인들은 이제 그녀를 자신들이 경제적 지원을 기대할 수 있는 최후 희망으로 보고 담사동(譚嗣同)과 같이 변법개혁의 반만적 요소에 대항하기 위해 서태후의 편에 서게 된다. 당시를 대표하는 만주관료 강의(剛毅)는 "개혁은 만주족에게 해롭고 한족에게만 이롭다"고 하면서 개혁적인 만주족들은 침묵하도록 압박하였다(크로슬리 2013, 294).

　변법파 역시 한계가 있었는데 이들은 서구의 자유주의 공화제도를 수용하지 못하면서 "중국 봉건주의의 '강상(綱常)과 명교(名教)'를 옹호했다". 변법파는 보수파에 반대하고 양무파를 비판했으면서도 "중학이 근본이고 서학은 말단이므로 중국으로 주를 삼고 서학으로 보좌한다"는 입장은 이들이 양무파의 중체서용과 근본적으로 분리되지 않고 있음을 보여준다(리쩌허우 2014, 142, 144). 당시 캉유웨이의 정치적 권위는 그가 변법유신의 논리를 유학 고전으로부터 철학적으로 도출해 냈다는 데에 있었다. 즉 캉유웨이가 금문(今文) 경학의 공양삼세설(公羊三世說)의 틀에 입각한 역사진화론적 관점, 사회주의 대동사상에 근거를 둔 자유주의 정치변화 주장이 그것이다(리쩌허우 2014, 158). 결국 그는 당시 중국이 처한 위험한 상황을 극복하기 위한 자강 담론을 중국의 전통 유가 경전에 대한 재해석을 통해 주도해 갔고 그 결과 반대파는 캉유웨이가 변법 개혁을 통해 청보다는 중국을 지키려 한다고 비판하였다(오노데라 2020, 33).

근대 서양 제국들의 도전 앞에 당시 광범위한 한족 신사층들은 청 제국의 틀을 통한 대응을 부국강병의 방안으로 모색하였다. 즉 한족 신사층이 이민족 만주족의 왕조를 흔들기보다는 청 제국 안에서 근대화를 이룩하고자 하였다. 분명 여기엔 당시 만한연합정권의 정치구조가 작용하고 있었다. 변법과 캉유웨이는 "동치(同治) 연간 이후 총독 순무(巡撫)는 거의 한인이 임명되었으며 만한 사이에는 실로 사소한 차이도 없다. 건국 이래 200여 년 통합되어 일체가 되었으며 국토는 확장되어 만리까지 미쳤다. …… 교화(敎化)와 문의(文義)는 모두 주공과 공자에 따르며 예악전장(禮樂典章)은 모두 한, 당, 송, 명나라의 것을 사용하고 있으며, 중국의 교화, 문자를 사용하지 않았던 원나라 시대와 매우 다른 것이다"라고 주장하였다(요코야마 2009, 92).

결국 만청 시기 청 조정은 한인 관료들과의 연합정권 아래 모든 논의가 서양의 충격에 대한 대응으로 수렴하면서 여기엔 청 제국 안에서 만한의 구분 없이 부국강병을 이루기 위한 노력들이 만들어졌다. 이것이 만청 이전의 청조의 역사와 달리 만청 연합정권 아래 중국의 전통적 부국강병의 담론이 중체서용이나 변법자강의 구분 없이 시대를 지배하게 된 것을 의미한다. 그렇다고 이것을 만청 시기에 들어서 만주족이 한화의 과정을 받아들인 결과로 해석하기는 어려워 보인다. 한족 관료들이 대거 등장하였고 광범위한 한족 독서층이 여론을 이끌기도 했지만 이는 청 조정이 이들에게 정치적 기회를 넓혀주면서 연합정권을 운영한 결과인 것이다.

　사실 동치 연간 이어진 부국강병의 시도들이 한족 관리들의 노력 때문만은 아니었다. 분명 만주족 지도층의 역할도 적지 않았다. 이 시기를 대표하는 만주족 인물은 웬샹(文祥)이었다. 그는 제국을 강화하고 그 밖의 다른 일들에 대해 시간을 끌 수 있으려면 서양 세력과 협력해야 한다고 주장하였다. 그는 이러한 근대적 외교 업무를 총괄하기 위해 총리각국사무아문(總理各國事務衙門)의 창설을 주창하면서 이를 위해 공친왕(恭親王) 혁흔(奕訢)과 함께 일하면서 총리아문이 조약의 규정을 준수하기 위한 엄격한 원칙을 세우도록 하였다. 웬샹은 팔기제도를 포함해 정규군을 10년간 90퍼센트까지 감축시키자는 계획도 구상하였다. 이를 통해 기인들 자체를 군대에서 최대한 해방시키고자 하였다. 그는 청 제국이 더 작고 더 숙련되고, 더 좋은 무장을 갖춘 군대로 더욱 튼튼한 안보를 이룰 수 있다고 확신했다(크로슬리 2013, 286-287).

　사실 청 조정은 기인의 권리를 보존시키고 그들의 무술 능력을 고양하고자 하였으나 이들의 역사적 역할은 감소해 갔다. 개별적 기인들의 전과들은 이어지기도 했지만 청 조정의 제국 통치를 떠받치는 조직으로서 팔기는 더 이상 작동하지 않았다. 오랜 기간 태평천국의 난을 거치면서 그로 인한 사망자가 3천만 명에 이를 정도로 그 폐해는 컸는데 여기에 청 조정은 1차, 2차 아편전쟁으로 엄청난 배상금까지 지불해야 했다. 이것은 청 조정이 재정적 능력으로 기인들을 경제적으로 계속해서 지원할 수 있는 여건이 사라졌음을 의미한다.

　아편전쟁 이후 개항장에서 늘어나는 외국인 상인과 선교사들의 숫자와 그들의 특권으로 민심이 흉흉해졌다. 이는 외국인의 침범으로부터 중국의 질서를 지켜야 하는 청조의 무능함을 보여주는 것이기도 했다. 여기에 청조가 이민족 정권이라 서구인들과 한통속일지도 모른다는 의심까지 받게 되었다(크로슬리 2013, 260). 이러한 반서구적 입장이 정치화되는 과정에서 청조보다는 중화질서를 강화하는 담론들이 강하게 재구성되어 갔다. 이에 대한 우려와 함께 당시 서태후 중심의 집권세력은 서구적 개혁에 대한 부정적 입장을 분명히 갖게 되었다(오노데라 2020, 35). 이러한 맥락에서 의화단(義和團)의 난이 발생하였고 그들의 부청멸양(扶淸滅洋)이라는 구호 뒤에는 서태후의 영향력이 작동하고 있었다. 이러한 반서양 운동은 열강들로 하여금 자국민 보호를 명목으로 개입을 불러와 8개국 연합군이 베이징을 함락하였다. 이에 베이징 의정서가 체결되어 청은 책임자 처벌과 배외활동의 단속을 약속하고 열강 군대의 베이징·톈진 주둔, 그리고 막대한 배상금을 지급하기로 하였다.

청조의 존속을 위해 새로운 개혁 조치가 필요하다는 인식이 확산되었다. 그래서 이전 무술변법의 경우와 달리 입헌 개혁의 필요성에 대하여 비단 지식인들뿐 아니라 청 조정의 집권층 역시 공감하는 상황에 이르게 된다. 이러한 맥락에서 청은 1901년 5월에 '예약변법(預約變法)'을 발표하면서 이후 광서신정(光緖新政)이라는 서양의 근대정치 양식을 수용하는 개혁을 이어갔는데 이는 중단된 무술변법을 재개해 간 것으로 볼 수 있다. 무엇보다 러일전쟁에서 일본의 승리로 인해 입헌국으로의 개혁이 강국에 이를 수 있는 확실한 정치적 선택으로 받아들여졌다. 청조는 심사숙고를 거쳐 1906년 입헌군주제를 실시할 것을 선포하였다(정세련 2014, 6).

총리아문은 외교부로 개조되었고, 일본을 모델로 한 학교 교육제도가 들어왔고, 1905년에는 유교에 입각한 관리 선발 시험이었던 과거제가 폐지되었다. 그리고 서양식의 신군(新軍)의 정비도 추진되었고 정치제도 시찰단이 구미와 일본에 파견되었다. 이어 입헌군주제로의 이행을 위한 예비입헌이 선언되었고 1908년에는 일본제국의 헌법을 모방한 흠정헌법대강(欽定憲法大綱)이 공포되었다. 이러한 신정에 따른 과거제의 폐지와 서구 제도의 도입은 유교에 입각한 전통적 중화질서의 상대적 지위 저하를 가져왔다(오노데라 2020, 37, 39). 따라서 전통 유가적 입장이 일정하게 유보되면서 보수파의 종전과 같은 개혁 반대가 잦아들고 일정한 개혁의 공간이 열리게 되었다.

이러한 광서신정의 개혁 아래에서 가장 근본적인 내용이 만주 기인들의 지위에 대한 것이었다. 18세기 후반부터 만주족의 수는 계속 증가해 오면서 청조가 이들을 계속 특권층으로 남겨두기엔 재정적 부담이 커져갔다. 1860년부터 재정난을 이유로 일반 팔기병에게 지급되었던 급료가 30~40% 삭감되었다. 여기에 아편전쟁 이래 청조가 서구 열강에게 엄청난 배상금을 지불해야 하면서 기인들에게 대한 청 조정의 경제적 지원이 비현실적인 상황이 되었다. 이러한 상황에서 기인에게 주어진 각종의 특혜를 철회하여 한족과 평등한 대우를 하는 '평만한진역(平滿漢畛域)'의 조치를 취하고자 하였다(정세련 2014, 5). 사실 당시 각지의 주방에 거주하고 있는 기인들은 그 본래의 주어진 정치사회적 역할에 대한 기대에 전혀 부응하지 못하고 있었다. 청조는 이와 같이 의미 있는 군사적 역할을 하지 못하는 이들을 위해 거액의 비용을 지불해야 하는지

고민하고 있었다. 한편 기인의 입장에서는 생업에 종사하지 못하기 때문에 경제적으로 어려워만 갔다.

이에 청 조정은 1907년 8월에 드디어 '평만한진역'을 결정하고, 청초 이래 유지된 만한 통혼금지의 해제, 관제상의 만결·한결의 구분 폐지, 기인의 일반 민적으로의 편입, 기인과 한인에게 적용되었던 법률의 일원화 등과 같은 만한 융화정책을 시행하게 된다. 이와 함께 기인이 일반 백성의 직업에 종사하도록 하여 기인들의 경제적 문제를 해결하는 것이었다(조세현 2010, 31). 문제는 기인들은 생업에 필요한 기술 습득이 전혀 되어 있지 않아 이러한 개혁은 만주족들에게 경제 여건 개선보다는 오히려 불안감을 불러일으켰다. 사실 이러한 조치로 말미암아 기인들의 사회적 생활 기반이 흔들리게 되면서 이들의 빈궁화를 가속화시켰다(오노데라 2020, 78).

중국 역사상 최초의 헌법적 문건인 「흠정헌법대강(欽定憲法大綱)」이 1908년 반포를 통해 입헌군주제로의 변화를 추진하면서 여기에 신민(臣民)의 권리를 명기하였는데 이를 통해 기존의 기민(旗民)과 민인(民人)이라는 구분이 소멸되고 법률상 동등한 지위의 공민(公民)으로 재편되게 되었다(정세런 2014, 1). 이것은 청조의 지배 양식을 유지해 지배집단으로서 만주족의 특별한 정치사회적 지위가 공식적으로 사라진다는 것을 의미한다. 문제는 기인들이 단순한 기능적 무력집단이 아닌 청 지배집단인 만주족의 근간을 이루고 있기 때문에 이러한 변화는 청 제국 지배체제에 큰 영향을 미칠 수 있는 조치였다. 따라서 신정 기간에 '평만한진역'은 당시 개혁에서 가장 예민한 문제로 등장하였고 이 문제를 여하히 처리하느냐에 따라 제국의 기초가 뿌리에서부터 바뀌게 될 수도 있었다.

이러한 민감한 시기였기 때문에 입헌 과정을 통해 만주족 지배층과 입헌을 추진하는 한족 관료들이 정치적으로 공통분모를 찾을 수 있을지가 관건이었다. 당시 배만(排滿)의 기치를 내걸고 있는 혁명파가 버티고 있는 상황에서 자칫 혁명으로 청의 통치체제 자체가 붕괴될 수도 있는 상황이었다. 따라서 입헌을 통한 정치적 타협으로 기왕의 만한 연립정권을 지속시켜 가야 했다. 여기에 장애물로 떠오른 것이 당시 심화되어 온 지방 분권화의 문제였다. 이는 태평천국의 난을 진압하는 과정에서 두각을 나타낸 각지의 의용부대를 운영할 수 있도록 지방에게 자체 징세 권한을 허용한 것과 관련이 깊다. 그리고 난이 진압된 이후에도 이러한 권한은 폐지되지 않고 남아 오히려 개별 지역의 양무운동 차원에서 지역 사업이 추진되기도 하였다.

이에 당시 청 조정은 이러한 지방 분권화를 견제하기 위해 증세와 중앙집권적 시책을 추진하였고, 이로 인해 청 조정과 지방 사이에 긴장이 높아갔다. 이러한 상황에서 만주족 지배의 제도적 근간인 팔기제도가 소멸해 가면서 한족 지방관들의 분권화 대세를 제어할 수 없는 현실에 직면하면서 청 조정은 더욱 불안하게 되었다. 이에 군주 중심의 입헌군주제를 도입하여 이를 통해 아편전쟁과 태평천국의 난 이래 영향력이 확대된 각 성의 한인 독무(督撫)들로부터 권한을 회수하려는 움직임이 신정의 한 축을 구성하였다. 이들에게 입헌주의는 정치적 근대화를 의미하는 것이 아니라 소수민족인 만주족이 한족을 위시한 다수 민족들을 효과적으로 통치하기 위한 수단이었던 것이다. 이들은 일본의 메이지 유신의 군주 중심의 입헌군주제를 모델로 외면적으로는 근대화의 틀을 갖추고 내면적으로는 지방에 대한 청조의 지배력을 강화하고자 했던 것이다(정세련 2014, 9-11).

반면에 입헌을 통해 황제권을 견제하고자 하는 입장의 한인 관료들도 있었다. 당시 이러한 입헌을 주장한 대표적 인물이 위안스카이(袁世凱)였는데 그는 내각(內閣)과 군기처(軍機處)를 없애고 책임내각을 만들자고 하였다. 이러한 입장에 대하여 만주 귀족들은 내각의 권한이 지나치게 막강해져서 군주권을 위협하고 대신전제(大臣專制)가 될 수 있다는 이유로 반대하였다. 이러한 상황에서 1906년 예비입헌을 선포한 청조는 관제개혁을 추진하였다. 이렇게 진행된 관제개혁은 위안스카이를 중심으로 한 유력한 한족 관료가 배제되고 만주족이 오히려 득세하게 되면서 황실 중심의 중앙집권화가 진행되었다(조세현 2010, 31-34). 이는 당시 입헌의 실제 과정에서 만한 관계가 정치적으로 융합보다는 오히려 긴장이 고조되어 갔음을 의미한다.

1908년 반포된 「흠정헌법대강」은 군주입헌과 삼권분립의 헌정 원칙을 천명했지만 황제의 권한이 제약보다는 상당히 강화된 내용을 갖고 있었다. 이후 광서제와 서태후가 잇달아 세상을 뜨고 불과 3세의 푸이(溥儀)가 황제가 되고 그의 부친인 순친왕(醇親王) 재풍(載灃)이 섭정왕이 되었다. 정치력이 그다지 크지 않은 그는 황실 중심이 집권화에 집중하면서 민감한 만한 문제에 적극적으로 대응하지 못하였다. 순친왕은 팔기를 재건하기 위해 기인들을 일부 신군(新軍)으로 재편하였다. 그런데 신군을 만드는 과정에서도 위안스카이와 장즈둥과 같은 한인 관료가 큰 역할을 하여 이들이 각각 북양신군과 호북신군을 만들었다. 그러나 순친왕은 각 지방의 독무들이 군권을 장악하고 있는 상황을 우려하여 병권을 회수하려고 하였다. 이러한 순친왕의 권력 집중 노력은 입헌파에게 큰 실망을 주었고 청 조정의 입헌 개혁에 대한 의지에 회의를 불러일으켰다(조세현 2010, 43).

1909년에 청 정부가 각 성에 자문기관인 자의국(諮議局)을 개설하고 일정한 학력, 재산을 가진 남성에 의한 제한선거를 실시하자, 의원으로 당선된 입헌파의 한인 신사층은 지방 자치와 국회의 조기 개설을 요구하기 시작하였다. 문제는 이러한 동향이 소수파인 만주인 입장에서는 한인들에게 압도될 수 있다는 불안감을 키우게 되었던 것이다. 순친왕은 1911년 책임내각을 발표하였는데 13명의 내각 인원 가운데 만주족이 9명(이 중 7명이 황족), 한족이 4명이었다. 이는 많은 입헌파를 비롯한 다른 정파들에게 엄청난 실망을 안겨주었다. 이에 한인 신사층은 청에 대한 기대를 접게 된다. 무엇보다 청 정부가 민간철도를 일괄 국유화하고, 우량 노선의 이익을 내륙의 채산성이 없는 노선의 운영을 위해 돌리고, 신규 노선의 부설에 외자를 도입한다는 방침이 발표되자 철도 이권 회수 운동을 주도해 온 지방의 한인 관료 및 신사층의 급격한 이반을 초래하게 된다. 각지에서 자의국 중심으로 격렬한 반대 운동이 일어났고 결국 우창(武昌)에서 신군(新軍)이 봉기했고 청을 포기한 각 성은 잇달아 중앙으로부터 독립을 선언했다(오노데라 2020, 79; 조세현 2010, 45).

이것이 신해혁명의 시작이었고 이어 청나라 군대와 혁명군 사이의 내전이 발생하였다. 혁명은 대혼란의 와중에 전개되었는데 사령탑이 존재하지 않았다. 18개 성이 청 왕조로부터 독립을 선언하였지만 혁명파가 주도하는 혁명군이 장악한 군정부는 광둥성 등 소수에 지나지 않았다. 순무 등 청 왕조의 지방 고위관료, 청 왕조에 의해 조각된 각 성의 지방의회에 해당하는 자의국 의원, 입헌파 등 다양한 정치적 야심을 품고 있던 무리들이 신해혁명에 참가하여 각지의 혁명군 정부를 장악했다. 그러나 청 왕조를 공격할 군사력을 보유하지 못하여 위안스카이에게 총통 자리를 넘겨주고 청조가 물러나도록 하면서 혁명이 일단락된다(요코야마 2009, 106-107).

요컨대 청말 광서신정의 입헌 과정을 거치며 청을 지탱해 왔던 만한연합정권이 파탄이 나게 되었다. 광서신정의 입헌 개혁의 방향은 옳았다. 그러나 그 과정에서 만청 시기 청 제국이 유지될 수 있었던 가장 주요한 정치적 기반인 만한연합정권이 붕괴되면서 청조는 무너졌다. 만주족을 한족과 구별 없이 통합해 동일한 시민으로 만드는 필수적인 과정에서 소수의 만주족 지배층은 더욱 불안감을 느끼게 되었다. 그 결과 청 조정의 만주 귀족들은 자신들의 기득권을 지키기 위해 더욱 집착하게 되었고 이를 제어하며 이끌어갈 정치력 있는 인물도 보이지 않는 상황에서 입헌파를 비롯한 다수의 한족 관료들은 청조에 대한 기대를 접고 혁명을 받아들이게 되었다.


## IV  오족공화(五族共和)와 과분(瓜分) 담론, 그리고 '중국' 만들기

신해혁명으로 청 제국체제가 붕괴되었는데 이것은 청 황실과의 특별한 관계들의 중층적 구성으로 만들어진 청 제국의 통치 양식을 대체할 새로운 정치체의 구성을 의미한다. 문제는 이를 위한 충분한 논의가 이루어지기 전에 청 제국이 붕괴되면서 과연 어떻게 새로운 공화국을 건설할 것인지에 대한 구체적 방침 없이 이와 관련된 결정을 해야 하는 상황에 몰리게 되었다는 점이다. 이 시기 주류 정치적 담론들은 한족들이 이끌어 가면서 이들에 의해 신생 공화국에 관한 결정이 만들어져 갔다.

신해혁명은 "오랑캐를 몰아내고 중화를 되찾자"는 '종족혁명', 즉 한족에 의한 민족혁명이었다. 당시 혁명의 핵심 원동력은 이민족인 청조를 타도하자는 배만(排滿)의 메시지로 "이민족 왕족인 만주족의 지배를 타도하고 한족의 영광을 재현하자"라는 한족의 광복혁명이 신해혁명의 중심 이념이었다. 즉 혁명파에게 공화제의 의미는 만주족의 왕조인 청조의 타도라는 의미를 깔고 있다. 쑨원(孫文)이 1894년 결성한 혁명결사 흥중회(興中會)의 혁명강령은 달로(韃虜)의 축출, 중국의 부흥, 합중국 정부의 창립이었는데, 여기서 달로는 만주족을 비하하는 용어이다. 여기에 한족 종족주의와 명조를 멸망시킨 청조에 대한 종족적 보복의 색채가 분명히 드러난다. 이러한 맥락에서 청조 타도는 이적 지배를 몰아내고 한족의 지배를 회복하는 의미의 광복을 내세우고 있다(요코야마 2009, 51, 53, 57).

혁명의 기운이 촉발되자 혁명파는 여론을 이끌어 가기 위해 한인들의 배만 감정을 자극하였고 그 결과 신해혁명을 즈음하여 한인 민중에 의한 만주인들에 대한 습격·살해사건이 각지에서 발생하였다(오노데라 2020, 83). 이것은 청조의 지배 아래 눌려 있어 드러나지 않았던 한족의 배만의식이 크게 분출하게 되었던 것이다. 배만의 인식이 뿌리 깊은 이유는 이와 함께 만주족이 입관했을 때 대량 학살에 대한 한족의 분명한 기억이 자리 잡고 있었다.[6] 이러한 맥락에서 혁명정부는 18개 직성(直省)을 상징하는 깃발을 내걸었는데 이것은 혁명으로 되찾을 '중화'의 실제 영역이 사실 18개 직성, 즉 한족의 영역에 국한되어 있음을 의미한다(구범진 2012, 246). 결국 당시 혁명파는 만주족을 배제한 국가 건설을 주장하면서 명나라 시대의 직할성이었던 한족이 거주하는 지역만을 중화민국으로 건설하고자 했다(요코야마 2009, 71).

이것은 혁명파들이 배만 혁명 이후 건설할 공화국이 청 제국 전체를 승계받지 못한다는 문제에 대해 크게 고민하지 않았음을 보여준다. 이들은 청 제국의 복합적 통치체제 전체를 종합적으로 검토하여 새로운 공화제를 어떻게 세울지보다는 빨리 청 제국을 무너뜨리고 한족의 공화제를 건설하고자 하였다. 사실 이전 명의 범위를 크게 넘어 티베트, 몽골 그리고 무슬림 지역인 신장 지역을 포괄하는 드넓은 지역을 아우른 청 제국의 강역은 그 편입된 역사적 경위, 주민의 귀속의식의 정도, 통치권력이 미치는 강도 등이 제각각이어서 결코 분가분의 일체성에 기반을 두고 있지 않았다(오노데라 2020, 46).

그러나 청 왕조가 붕괴되고 나자 상황은 급변하여 만주족을 장성 밖으로 쫓아내기보다는 만주족을 포함한 이민족들과 함께 새로운 정치공동체를 구성할 방안을 모색하게 된다. 이는 만주족을

6  1645년 청나라 군대는 중국 전역을 평정하는 과정에서 강남의 양저우를 포위하여 10일간 약 80만 명을 학살했다고 전해짐(요코야마 2009, 76).

포함하여 다른 이민족에 의한 정치적 위협이 당시 크지 않은 상황에서 신생 중화민국을 청 제국의 판도를 모두 아울러 구성하는 것이 정치적으로 보다 득이 된다고 보게 되었기 때문이다. 결국 '화이지변'의 논리가 혁명의 강력한 추진력이었지만 혁명이 이룩되고 청조가 무너지고 나자 그러한 주장은 뒤로 밀리게 되었다. 신국가의 임시대총통으로 선출된 쑨원은 취임 선언을 통해 "한·만·몽·회·장의 여러 지역을 합해 일국으로 삼고, 한·만·몽·회·장의 여러 민족을 합하여 1인으로 한다. 이를 통해 배만 민족주의의 입장은 약화되었고 쑨원은 오족의 협력을 주장하면서 이후 중화민국의 건설을 오족공화(五族共和)에 입각해서 추진하려는 논의가 확산되도록 하였다.[7]

이러한 오족공화의 논의가 등장한 이후 흥미롭게도 입헌파와 혁명파의 구분 없이 점차 입장이 수렴되어 가는 모습을 보여준다. 즉 역사적으로 구성된 '중화민족'의 범위를 정하고 나서 그에 따라 새로운 공화주의 국가를 건설하는 것이 아니라, 국가의 범위, 즉 청의 판도를 전제로 한 채 그 범위에 따라 민족의 범위를 정하는 것으로 입장이 정리되어 갔다(오노데라 2020, 76). 이것은 당시 '중화민족'이 충분히 구성되지 않은 여건 아래 이들 비한족 집단들을 중화민국에 포함하기 위해 고안한 방안이라고 볼 수 있다. 문제는 이러

---

7    그는 "중국은 광저우에서 만주에 이르기까지, 상하이에서 서쪽 국경에 이르기까지 명확히 동일국가와 동일민족이다"라고 하면서 결국 남방 한인 혁명가로서의 청 제국 내부의 복잡한 종족 문제를 깊게 인식하지 못했음을 보여준다. 그럼에도 이후 확산된 오족공화의 논의는 그 의도와 내용의 애매함에도 불구하고 신생 중화민국의 구성 방식을 나타내는 슬로건으로서 매우 유행하게 되었다(오노데라 2020, 90).

한 방안이 과연 어떠한 맥락에서 수용될 수 있었는지 여부이다.

이와 관련해서 당시 중국에서 광범위하게 확산된 '과분(瓜分)' 담론에 따른 위기감을 살펴보아야 한다. 청말에 중국이 근대적인 영토를 의식하게 된 계기는 1898년에 일어난 여러 사건을 거치면서였다. 즉 독일이 자국 선교사 살인사건을 구실로 산둥반도의 자우저우만(膠州灣)을 조차하자, 영국은 산둥반도의 웨이하이웨이(威海衛) 등을, 러시아는 랴오둥반도의 뤼순, 다롄, 그리고 프랑스는 다음해에 프랑스령 인도차이나에 가까운 광저우만을 조차하였다. 그리고 열강은 청일전쟁의 전비와 배상금으로 재정난에 빠진 청에 차관을 제공하고, 그 대가로 조차지 주변의 철도 부설권, 광산개발권 등을 획득하여 그 범위를 자신의 세력권으로 간주하였다. 이러한 열강의 중국 내 세력권을 담은 청의 지도가 인쇄 매체와 함께 확산되면서 중국의 지식인들이 청의 영역이 박을 가른 것처럼 열강에 의해 분할되는 '과분'의 위기감이 고조되면서 1899년 량치차오는 1899년 '과분위언(瓜分危言)'을 발표하게 된다(오노데라 2020, 45). 그는 '과분위언'에서 열강의 명백한 과분의 의도를 파악하지 못하고 있는 중국의 인식에 대해 한탄하고 있다.

이러한 '과분위언'을 게재했던 『청의보(淸議報)』는 당시 외국 신문 기사들을 번역해 게재하였는데, 그중 열강이 과분을 도모하고 있다는 내용이 적지 않았다. 그러나 그 기사의 주요 내용이 당시의 국제정세를 냉정히 판단하고 있는 것이 아니라 국난의 위기감을 자극하는 선정적인 내용이 적지 않았다. 기사가 오보에 가까운 것도 있고 논리 전개가 억지스러운 것도 있었는데 중국을 과분하기 위한 국제위원회가 구상되고 있다는 내용도 그중 하나였다.

분명 이러한 기사들은 과분과 관련된 위기의식을 선동하기 위한 것으로 보인다. 여기엔 열강의 침략에 대한 비판과 함께 무능한 정부 그리고 애국심이 결여된 인민에 대한 문제 제기를 포함하고 있다. 그래서 과분을 경계하는 담론을 통해 애국심을 함양하고 국토를 지켜야 한다는 주장을 하고 있다(요시자와 2006, 119-120).

이후 과분의 위기감은 더욱 심화된다. 러시아는 의화단의 난을 진압하기 위해 파병한 군대를 동삼성에 주둔시키고 있었다. 군대 철수 문제를 청조와 협의하고 있었지만, 1903년 7개조의 철병 조건을 내놓고 점령지에서의 러시아의 기득권을 승인하도록 청조를 압박하였다. 이에 당시 일본에 유학 중이었던 많은 중국 유학생들이 스스로 의용대를 조직하여 위안스카이의 북양군에 참가해 저항하고자 하였다. 이 의용대가 군국민교육회로 발전하여 이후 혁명운동에서 하나의 기점이 되었다. 당시 의용대가 실제로 파견되지는 않았지만 이러한 반러 운동을 일으킨 것은 결국 당시의 과분 담론의 영향력이었음은 명백하다.

박을 잘라 나눈다는 과분이라는 용어는 원래 국토가 완전한 일체성을 가진 것이라는 전제를 바탕으로 하고 있다. 청조가 통치하는 판도가 일정한 영역에 걸쳐 있었던 것은 분명하지만 그것이 불가분의 일체성을 가졌다고 하는 인식이 18세기에 존재했다고 볼수는 없다. 청조의 지배영역은 거듭된 외정의 결과로서 역사적으로 구성된 것이다. 그럼에도 이 시기 중국의 과분 담론은 이러한 역사적 우연의 결과를 망각하고 오히려 불가분의 일체로서 국토라는 관념을 확대재생산하고 있는 것이다(요시자와 2006, 121). 국토의 일체성은 중국의 영토와 관련해 청말의 역사적 과정을 거치며 상상된 결과물이다. 러시아의 동북과 영국의 티베트 침공이란 사건은 자신들의 영토가 강국에 의해 침범되고 있다는 인상을 유포시켜 이들 지역을 포함한 '중국'은 불가분의 일체라는 이념을 강하게 만들었다. 이러한 맥락에서 쑨원도 국토의 통일성에 대해 언급하고 있다(요시자와 2006, 148).

> "지나는 국토가 통일된 지 이미 수천 년이 된다. 그 사이 분열되었던 시기도 있었지만 이윽고 다시 통일되었다. 근래 500-600년 동안 18개 성의 토지는 거의 쇠로 만든 병처럼 견고하여 분열의 염려는 없다. 면적이 광대하여 복건성과 광동성의 언어는 중원과 다르지만, 그 외 지역은 약간 차이가 있을 뿐 대체로 일치한다. 문화 풍습은 전국이 대체로 비슷하다. 일찍이 외국인과 교섭이 없었던 시대에는 각 성이 고립되어 있다는 견해가 있었지만, 지금 그러한 것은 없어졌으며 서로를 형제처럼 생각하는 감정이 날로 깊어지고 있다."

여기엔 분명 과분의 우려로 말미암은 중국 국토의 본래적 불가분성의 논리를 깔고 있다. 물론 여기에 몽골이나 티베트를 포함하고 있는지는 분명하지 않다. 그럼에도 분명 과분의 담론이 갖는 의미는 잘라지기 이전의 원래 박, 즉 중국 국토는 불가분의 실체로 존재해 왔음을 깔고 있는 것이다(요시자와 2006, 148). 이러한 과분 담론의 광범한 확산과 더불어 청 제국의 판도에 입각한 불가분의 중화 영역에 따른 오족공화의 논의가 자리 잡게 되었다.

이미 언급한 바와 같이 청은 한족 지역인 성으로 구성된 지역과 이번원으로 통치한 지역으로 구분되었고, 그리고 이를 넘어선 지역으로 조공체제와 호시체제가 운영되고 있었다. 그리고 청일전쟁으로 역대로 중국을 에워싸고 이어져 온 조공체제는 종결되면서 서구의 근대 국제관계가 청의 대외관계 모두를 포괄하게 되었다. 문제는 이러한 근대 국제질서로 편입되어 가는 과정에서 속국이었던 조공국들을 상실한 것으로 받아들이면서 이를 과분의 맥락에서 이해하게 되었다는 사실이다. 만약 이것이 근대화 과정의 당연한 일부가 아닌 과분으로 여겨진다면 이는 결코 그냥 지나칠 수 없는 문제가 된다. 즉 조공체제의 붕괴가 전근대적 대외관계의 양식으로 더 이상 적실성을 갖지 못해 역사적으로 사라진 것이 아니라 열강들의 세력권 확장에 따른 중국의 속국에 대한 부당한 권리 상실로 받아들여지기 때문이다. 당시 중국 지식인들은 조선, 베트남, 유구 등 청의 조공체제를 구성했던 부분이 떨어져 나간 것을 이러한 과분의 맥락에서 이해하면서 향후 다시는 이러한 과분의 위험에 중국을 노출시키면 안 된다는 절박한 심정이 확산된다.

몽고, 티베트를 포함해 이번원에 의해 관리된 지역을 19세기 말 청은 번부(藩部)로 칭하였다. 이와 함께 청말에 번속(藩屬)으로 불리기도 하였는데 이는 이번원에 의해 관할된 지역과 조공국인 속국을 함께 아우르는 개념이었다. 이는 청 제국에 대한 열강들의 압력으로 번부와 속국이 동요하면서 과분의 위협으로 이 영역이 갖는 의미가 겹쳐지기 때문으로 볼 수 있다. 이러한 맥락에서 내용적으로 서로 상이한 이번원에 의해 관리된 번부와 조공국에 대한 소위 속국 역시 합해서 번속으로 불렸던 것이다. 이것은 당시 과분에 대한 우려 속에서 상실한 조공체제는 어쩔 수 없지만 번부 지역은 어떤 일이 있어도 지켜야 한다는 입장이 강화되었음을 반영한다.

그 결과 티베트, 몽골 그리고 신장 지역을 과연 어떻게 중국의 분명한 일부로 지켜갈 수 있을까 고민하게 되었다. 즉 이들 지역의 비한족 집단들을 어떻게 새로운 정치공동체로 구성할지에 대한 고민이 아닌 이들 지역을 중국의 영역 안에 반드시 포괄해야 한다는 입장이 광범위하게 확산되었다. 그 결과 이들 지역의 구성원들의 의사에 기반한 정치공동체 구성을 위한 정치적 계약을 마련하기보다는 이들 지역과 이해관계가 있는 다른 열강 등과 외교적 교섭을 통해 자신들이 생각하는 국경을 만드는 데 힘을 기울이게 된다(오노데라 2020, 48).

중국은 당시의 과분 담론의 영향 아래 이들 번부에 대한 자신들의 관리체제 수립을 중국의 일체의 영토라는 맥락에서 접근하고자 하면서 관련 열강과의 외교 협의는 더욱 복잡하게 되었다. 번부였던 티베트를 에워싼 영국, 그리고 몽골을 에워싼 러시아와의 각축 속에서 중국은 오랜 협의 과정을 거치게 되었다. 그러면서 청조에 속했던 번부는 일찍이 조공국을 의미하는 속국과 달리 청조가 주권을 가진 영토라는 의미를 갖고 있다고 주장하면서 이러한 영토에 입각해 종전의 티베트, 몽골에 대해 당시까지 허용된 자치적인 체제로부터 직접적인 지배로 전환시키려고 하였다(岡本隆司 2017, 424).

결국 과분 담론과 함께 중국의 분리할 수 없는 일체(一體)의 영토 개념에 따라 중국의 오족공화의 상상이 마련되었다. 이러한 맥락에서 보다 체계화된 오족공화의 기원은 양두(楊度)에 의해 처음 제기되었다. 그는 1907년 "금철주의설(金鐵主意說)"을 발표하여

한·만·몽·회·장의 오족이 모두 중국의 국민이라는 주장을 처음 제시하였다. 그는 이 오족을 합해서 하나로 합칠 수는 있지만 이를 나눌 수는 없다고 하면서 오직 다섯을 합해 하나를 이룬 다음 중국이 다스려질 것이라고 주장하였다. 그는 혁명당의 '배만공화(排滿共和)'를 격렬히 반대하였는데 이는 열강으로부터 과분의 위기를 초래할 수 있기 때문이었다(정세련 2014, 16-17).

> "한인이 공화국가를 조직하고, 만인이 근거지로 삼을 곳을 회복할 수 없다면 반드시 반발이 일어날 것이다. 몽·회·장족 역시 반드시 민족주의에 의해 각자 분립하려 할 것이다. … 만일 단일 국가의 건립이 불가능하다면, 세계 열강이 중국의 영토 보전에 대해 균등주의를 내세워 중국은 반드시 나뉘어지게 될 것이며 각국의 분쟁이 발생할 것이다. 내부의 과분이라는 원인은 외부의 과분이라는 결과를 얻게 한다. … 입헌을 말하자면, 현재의 군주입헌이 마땅하다. 만한평등, 몽회의 동화로서 국민통합의 한 방법을 실행하는 것이다"라고 주장하였다.

이러한 과분에서 연원된 영토 의식이 자리 잡은 가운데 신해혁명으로 청조를 대신한 중화민국은 임시약법으로 '22행성·내외몽골·西藏·青海'를 '영토'라고 규정하였다. 물론 이러한 선언이 국내외적으로 다 받아들여진 것은 아니었다. 사실 당시 몽골과 티베트 문제만이 아니라 22행성도 문제였다. 청대부터 중앙이 직할했던 것으로 보았던 각성에서까지 군벌이 할거하고 열강의 세력이 뿌리내려 상황이 더욱 복잡하였던 것이다(岡本隆司 2017, 425). 바

꿔 말하면 당시 중국이라는 국가는 아직 정치 관념으로만 존재했고 영토나 주권 그리고 국경도 명확히 규정된 것이 아니었다. 이러한 상황에서 당시 주류 논의는 어떻게 동질적인 국민국가와 일원적인 영토주권을 구축해 나갈지에 더욱 모아지게 되었다.

문제는 신생 중화민국의 영토와 그 구성원의 범위에 관해서 한인들은 대체적인 합의에 이르렀지만 청 제국의 판도에 포함되어 있던 비한인 지역과 그 구성원들이 이에 참여하고자 하는지에 대한 의사는 확인되지 않았다. 인종의 구성상 한족이 압도적으로 다수를 차지할 뿐만 아니라 이 시기 담론 구성 역시 한족들만의 전유물과 같이 되어 버렸다. 근대에 들어오면서 신문과 잡지와 같은 새로운 매체들이 한족 사회에서 끊임없이 확대되어 간 반면 다른 비한인들의 경우 자신들의 입장을 반영하는 담론 구성의 장이 보이지 않는다. 이는 당시 비한인들의 입장이 어떠한 것이었는지 확인하기 쉽지 않음을 의미한다.

이와 더불어 당시 중화민국은 이들 비한인들의 입장이 어떤 것인지 충분히 확인하는 노력이 보이지 않는다. 그 결과 이들의 입장은 자신의 의사와 상관없이 이 지역에 대한 중국과 관련 열강이 주장하는 자신들의 권리에 따라서 결정되어 갔다. 사실 이들 소위 번부의 비한인 집단은 처음부터 자신들을 번부라고도, 중국의 속지·영토라고도 생각하고 있지 않았다. 그럼에도 불구하고 그러한 개념을 기반으로 한인들의 과분 담론에 따른 위기감 속에서 사실 이들 번부의 비한인들의 운명이 이들의 뜻과 상관없이 결정되었다. 이러한 사실은 중국의 현재의 영토가 중국의 변경 지역의 여러 비한인 주민과 한인들의 역사적 상호작용의 결과 어떤 상호 승인된 정체성의 결과로 만들어진 것이 아니라 중국 당국과 해당 지역에 이권과 영향력을 갖고 있던 열강과의 정치적 합의의 결과물임을 보여준다.

이에 몽골인과 티베트인은 불만이 커져 갔고 이들은 1911년 신해혁명을 전후해서 청조·중국으로부터 이탈하려는 움직임이 본격화되었다. 우창봉기가 발발하자 곧이어 할하지방을 중심으로 한 외몽골의 복드 칸 정권이 러시아의 지지를 얻어 청으로부터 독립을 선언하였다. 1913년 1월에는 광서신정기에 영국령 인도로 망명하였던 달라이 라마 13세가 귀환하였고 다음날 티베트와 중국은 별개의 정치 주체라고 하는 포고를 발표했다. 그리고 몽골과 티베트는 조약을 체결하여 상호 승인을 하였다. 그러나 중화민국은 그 지역을 자국의 영토로 간주하고 독립을 인정하지 않았다(오노데라 2020, 92). 몽골과 티베트는 중화민국이 한족의 공화국일 뿐이기에 "청 제국이 붕괴된 이상 한족과 '한 지붕 아래'에 머물 이유가 없다"고 하였다(구범진 2012, 246-248).

신생 중화민국에서 벗어나고자 이들 비한족 지역의 입장이 강화될수록 당시 한인들은 자신들의 분할할 수 없는 영토를 지키려는 열망은 더욱 공고화되었다. 새로운 중화민국은 이들 지역에 대한 권리를 확인하기 위한 외교적 노력에 집중하게 된다. 쑨원의 양보로 총통이 된 위안스카이는 1913년 10월부터 1914년 7월에 걸쳐 중국, 티베트, 영국 3자에 의한 심라(Shimla)회의에 참가하였다. 회의 결과는 티베트가 중국의 종주권 하에서 자치권을 가진다고 하는 협정에 티베트와 영국이 조인했다. 그러나 중화민국은 영국이 중국의 티베트에 대한 주권을 명문화하려고 하지 않았을 뿐 아니라 자치의 대상으로서 티베트의 범위에 대한 합의가 되지 않았던 점 등의 사유를 들어 조인을 거부하였다(오노데라 2020, 92).

몽골에 대해선 1914년 9월부터 1915년 6월에 걸쳐 중국, 몽골, 러시아 3자에 의한 캬흐타회의가 개최되었다. 이 회의에서 러시아는 몽골이 중국의 영토의 일부임을 인정했는데, 때문에 외몽골이 중국의 종주권 아래 자치권을 갖는다고 하는 캬흐타협정에 중국도 조인하게 된다. 내몽골의 왕공(王公) 가운데 복드 칸 정권에 합류했던 자와 합류하지 않았던 자가 존재하는데, 위안스카이는 몽골대우조례에 따라 후자의 왕공들의 기득권익을 인정하는 방식으로 그들을 포섭하고자 했다. 티베트 몽골의 지위에 대한 중화민국과 이들 지역의 갈등은 분명 당시 "중국의 '오족공화'가 어디까지나 한인 내부의 논의이고 몽골, 티베트 및 신장의 회민 등은 그것에 합의하지 않았음을" 보여주고 있다(오노데라 2020, 93). 그 결과 1920년대에 소련의 원조를 받아 외몽골이 몽골인민공화국으로 독립을 이룩하였고 결국 외몽골 지역은 청의 판도 내부에서 중국의 영토로부터 분리된 지역으로 전환되게 된다.

이러한 과분 담론의 확산으로 신해혁명 이후 오족공화는 민국시기 주류 담론으로 자리 잡게 된다. 즉 청 제국 아래 번부의 영역을 중국의 영토로 지키고자 오족공화가 필요했던 것이다. 문제는 이렇게 이들 지역의 비한족 구성원을 포괄하는 방식이 개방적인 문화 다원주의 입장에서 이루어지기보다는 향후 이들의 한화를 전제한 오족공화였다는 데 있다. 따라서 여기서의 오족공화는 다섯 민족이 모두 평등한 입장에서 수평적으로 공화제에 참여하기보다는 화이지변의 맥락에서 한족의 주도하에 문화적으로 '자위 능력을 갖추지 못한' 이민족을 포용한다는 주종적 관계를 내포하고 있었다. 그래서 한화정책에 따라 계몽된 이민족을 총괄하여 '중화민족'으로 하자는 '대한족주의(大漢族主義)'의 입장이 자리 잡게 된다(요코야마 2009, 137, 140). 이는 당시의 오족공화 논의가 청대에 확대된 여러 이민족 지역의 구성원들을 하나의 민족 구성원으로 생각하지 않고 있었음과 함께 이들 이민족을 어떻게 새로운 중화민국에서 수용하고자 하는지의 고민을 보여주고 있다. 분명 청 제국 내부의 다른 비한족 집단들이 역사적으로 통합된 정치공동체의 일원으로 당시 받아들여지지 않았던 것이다.

신해혁명은 한족이 만주족의 지배체제에서 벗어난 것을 의미하지만 이들 비한 이민족에게는 그동안 청 제국과의 특별한 정치적 승인 관계가 종료되었음을 의미하는 것이다. 몽골과 티베트는 청의 통치체제 아래 한화의 과정을 통해 하나의 중화질서의 구성원으로 자신들의 정체성을 구성해 오지 않았다. 이들이 청 제국 안에 머물러 있었던 것은 청 조정이 이들에게 특별한 지위를 승인해 주었기 때문이었다. 이제 새로운 공화정부가 그러한 정치적 승인을 제공해 줄 수 있을지가 관건으로, 즉 새로운 중화민국과 이들이 새로운 정치적 계약을 통해 충분한 정치적 승인을 받게 되느냐에 따라 이들은 신생 중화민국에의 참여 여부를 결정하게 될 것이다. 그러나 오족공화의 내용을 통해 드러난 분명한 사실은 청 제국 내부에서 승인을 받았던 이들 비한족 이민족들이 신생 공화국에서 승인을 받지 못하고 한족에 의한 향후 한화의 대상으로서 그 영역 안에 포함되게 되었다는 것이다.

오족공화의 전개 과정에서 가장 극적인 경우는 만주족의 경우이다. 배만의 기치 아래 혁명파들은 만주족을 몰아내고 한족만의 공화체제를 구성하고자 하였지만 신해혁명 이후 '중국'은 만주족을 신생 공화국의 구성원으로 받아들이게 된다. 신해혁명 이후 만주족 정체성의 제도적 근간인 팔기가 붕괴되면서 한족에게 더 이상 위협이 되지 않게 되었다. 사실 대부분의 기인들은 하층민으로 몰락하면서 가난과 비숙련노동으로 내몰리게 되었다. 또한 오족공화의 기치에도 불구하고 기인은 정치적 대표권을 부정당했고 사회적 차별과 편견 속에서 정체성을 포기하거나 감추고 "한화"를 모색할 수밖에 없었다. 국민당 정권도 이들 기인에게 철저히 무관심하였고 하나의 중화민족만을 인정하여 동화, 즉 한화를 내세우며 이들의 정체성을 완전히 부정하게 되었다.

만주족은 애초에 중국사에 포함되어 있지 않았다. 그리고 만주족이 살던 만주 지역 역시 중국의 역사에 포함되지 않았다. 그리고 청나라는 입관 후 자신들의 본래 고향인 만주 지역을 봉금정책으로 류탸오삐엔(柳條邊) 넘은 지역에 한족이 살지 못하도록 규제하였다. 그래서 한족이 살지 않는 이 지역은 직접 통치하는 성부로 관리되지 않았다. 당시의 만주는 독자적 의식을 갖고 있었다. 그러나 19세기 후반이 되자 한족의 만주 이민이 급격히 증대되었지만, 청은 이를 제대로 규제하지 못하였다. 그런 가운데 만주는 중국, 러시아, 일본이 서로 경쟁하는 분쟁적 변방이 되었다(두아라 2008, 93, 125). 특히 러일전쟁 이후 러시아와 일본의 진출을 저지해야 했기 때문에 중국의 다른 지역과 마찬가지로 직할지로 바꾸어 통치할 필요가 있었다. 그래서 광서신정이 개시되면서 펑텐(奉天), 지린, 헤이룽장성이 정식으로 설치되었고, 이어서 동삼성의 행정을 기정(旗政)체제에서 민정(民政)체제로 변경하였고, 그 결과 중국의 다른 성들과 동등한 지위를 갖게 되었고 한족의 이주 제한도 철폐되었다(정세련 2014, 34-35). 1890년에서 1942년 사이에 매년 평균 50만 명의 이주자들이 만주로 쏟아져 8백만 명 이상의 기존 인구에 더해지게 되었다(두아라 2008, 96-98).

한인 이민자들의 급증과 함께 중국에서 변경으로서 만주 지역에 대한 담론들이 생산된다. 이와 함께 원래 중국 역사에 포함되어 있지 않았던 만주 지역이 민국 시기 이러한 중국의 변경 담론과 긴밀히 연결되면서 중국의 역사에 편입되게 되었다. 만주가 중국의 일부가 된 것은 청말 이래의 한족 이민자 급증과 이와 관련된 한족들의 변경으로서 만주에 관한 담론들의 양산 때문이지 결코 이 지역이 역사적으로 중국의 일부였던 이유 때문이 아니었다. 이러한 이유 때문에 만주사변 이후 리튼(Lytton) 조사단은 만주가 법적으로 중국의 불가분의 일부임을 확인하면서도 그 자치적인 성격을 놓고 일본과의 협상을 권고할 만큼 이 지역의 독자성을 인정하였다.[8] 청조의 지배집단으로서의 만주족은 사라지고 그들의 발상지로서의 만주 지역은 19세기 말 이해 한인 이민자들로 압도되면서 중국사의 일부로 비로소 편입되었던 것이다.

이렇게 역사에서 사라진 만주족의 경우가 아주 예외적인 것으로 볼 수는 없다. 사실 청 제국에 포함되었던 다른 오족공화의 비한족 집단 역시 중화민국에서 이탈할 자유가 박탈된 가운데 그 속

---

8    리튼 조사단의 보고서의 첫 원칙은 연맹의 결정이 중국과 일본 모두의 이익과 합치해야 하는 것을 분명히 하면서 그 네 번째 항에서 만주에서 "일본의 권익은 무시할 수 없는 사실"임을 밝히고 있다(두아라 2008, 115).

에 남기 위해 그들의 독자적 문화와 역사에 대한 주장을 포기하고 '중화'의 일부가 되어야만 하는 상황에 놓이게 되었다. 이것은 이들이 청 제국에서 보유하고 있었던 지위와는 너무도 다른 것이다. 청 제국에서 이들 비한 이민족들의 지위는 이들이 개별적으로 청 조정과 맺은 특별한 관계에 입각해 있었다. 이들은 정치적 승인이 주어지지 않고 개토귀류의 대상으로 적극적 한화가 추진된 묘족을 비롯한 서남부의 이민족과 달리 청 제국 아래 결코 한화의 대상이 아니라 독자적 문화와 그 지위를 인정받았다. 이러한 상황에서 등장한 오족공화 담론은 청 제국의 통치체제 아래에서 청 조정과의 특별한 관계를 기반으로 청 제국 안에 머물러 있던 비한인 종족들을 승인 없이 신생 중화민국이 청의 판도를 불가분의 중화 영토로 만들기 위해 마련한 정치적 장치라고 할 수 있다. 과분의 담론 아래 한족들의 영역을 청 제국의 판도에 맞추어 구성하려고 하면서 이들이 문화적으로 아직 미숙하지만 앞으로 한화의 과정을 통해 중화민국의 시민으로 탈바꿈할 수 있다는 전제하에 공동체의 일원으로 받아들이게 된다.

신해혁명으로 청 제국이 붕괴되면서 그 아래에서 만·몽·회·장족들에게 주어졌던 정치적 승인은 사라졌다. 오히려 오족공화의 논의는 한화의 대상으로서 이들 비한 이민족들의 지위를 구상하게 되면서 이들은 이제 자신들의 고유문화와 생활방식을 중화의 양식에 부합토록 조정해야 하는 과제가 주어졌다. 이에 역사민속학자로 유명한 구지에강(顧頡剛)은 민국 시기에 제기된 오족공화의 활발한 논의에도 불구하고 통합된 '중화민족'으로 재구성되지 못하고 있음을 고백하였다(두아라 2008, 126).

"오늘날 우리는 오족공화를 듣지만 만주족, 몽골인, 회족, 티베트인
들에 대한 한족의 우애감을 낳지 못한다. 이것은 이들을 번방(蕃邦)
으로 알아왔기 때문이다. 우리는 마음속에 교만함이 있어 이들에 대
한 친근함을 가질 수 없다."

## V 맺음말

오늘날 중국은 만청 시기 이래의 역사를 패전과 불평등 조약이라
고 하는 국치로 가득 찬 수모의 역사로 보고 이를 어떻게 설욕할지
에 대한 광범위한 열망을 부추기고 있다.[9] 분명 이러한 논의를 중
국의 지도부가 이끌어 가면서 민족주의를 고취시키려 하고 있다.
"1840년 이후 중국은 지속적으로 제국 열강의 침략과 유린을 당해
국가주권과 영토의 완정이 끊임없이 침범되어 중화민족의 재난은
점점 심화되었다"라고 후진타오 중국 주석이 2005년 9월 3일 2차
대전 종결 60주년에 언급하였다. 문제는 이러한 언급이 엄밀한 역
사적 사실에 기반하고 있지 않다는 점이다. 사실 1840년의 시점에
서는 원래 중국이라는 국가와 중화민족도 존재하지 않았다(岡本隆
司 2017, 411). 따라서 오늘날의 중국의 영토와 주권 그리고 '중화
민족'이 어떤 역사적 과정을 거치며 성립되었는지 검토가 우선 필
요하다. 그러나 '중화민족'의 구성을 이미 상정하고 있는 백년의
수모 담론은 청 제국의 지배체제 아래 여러 민족의 관계가 어떠했

9    백년의 수모에 입각한 역사인식의 정치적 분석에 대해선 Wang(2012) 참조.

는지, 만청 시기 서구 열강의 침탈 아래 청 조정의 대응은 어떠했는지, 그리고 신해혁명의 과정과 그 이후의 오족공화 모색의 역사적 과정들이 비한족 집단에게 어떤 의미가 있는지 보이지 않게 되었다.

오늘날 중화인민공화국은 그 역사적 정체성을 통일적 다민족국가로 제시하고자 하는데, 이를 통해 다양한 소수민족을 포함한 여러 비한족 집단들이 청 제국 안에서 서로 융합의 과정을 거치면서 '중화민족'을 구성하게 되어 오늘에 이르렀다고 주장하고 있다. 이러한 논리로 오늘날 중국은 청나라 시기 판도를 이어받아 그것을 영토로 해서 한족을 포함한 많은 소수민족을 포함한 '중화민족'을 통해서 건설되었다고 주장하고 있다. 종전엔 한화의 입장에서 청 제국의 건설 이후 만주족을 포함한 다른 비한 이민족이 중화 문화에 동화되면서 중화민족이 구성된 것으로 보았던 것에 반해, 통일적 다민족국가로서의 중국을 상정하면서 일방적 한화보다는 한족과 이민족의 역사적 융합에 의해 '중화민족'이 탄생하게 되었다는 주장을 제기하고 있다.

중국의 통일적 다민족국가 논의는 단순한 한화의 논리로 자신들의 주장을 구성하지 않고 있다. 오히려 한화보다는 역사적으로 다민족 간의 문화적 융합을 제시하며 오늘날 중화민족이 형성되었다고 주장하고 있다. 이것은 중화민족의 역사적 구성에 대한 나름 논의의 발전을 보여주지만 문제는 과연 그러한 융합의 과정이 충분히 역사적으로 확인될 수 있는가이다. 그런데 역사적으로 신해혁명으로 민국 시기가 시작되면서 당시 자신들의 공화국을 구성하면서 보여준 중화민국의 역사는 분명 한화의 대상으로서 이들 비한족 집단들을 간주하고 있지 결코 오족공화를 당시까지 진행된 충분한 융합 과정의 결과로서 당연시하고 있지 않았다. 오족공화에 입각한 '중화민족' 구성의 과정이 한화를 전제로 한 '화이지변'의 사고에 바탕을 두고 이루어졌다.

민국 이전의 청 제국 아래 화이지변은 제국 통치의 근간으로 자리 잡은 것은 아니었다. 팔기를 바탕으로 한 만주족을 지배집단으로 하는 청 제국은 연이은 정복 사업으로 북방에서 광대한 지역에 걸친 지배체제를 결코 화이지변에 입각해 구성하지 않았다. 오히려 청 조정과 북방 유목 민족들에 대한 충분한 정치적 승인을 바탕으로 각자 자신의 문화를 유지할 수 있도록 복합적 통치체제를 고안하여 제국을 운영하였다. 그러나 이러한 청 황실과의 특수관계를 통해서 묶여 있던 유목민 지역에 대한 정치적 승인이 신해혁명 이후 사라졌고 오히려 한화를 전제로 '중화민족'의 일부로 수용되게 되었다. 분명 한화나 문화적 융합 과정의 역사적 결과로서 오족공화가 아닌 과분 담론 아래 권력을 획득한 한족들이 청의 판도를 자신의 영토로 이어받기 위해 인위적으로 오족공화를 제기한 것이다.

최근 정체성에 대한 연구가 심화되면서 정체성이란 어떤 본래의 고유한 '순수성(authenticity)'이 유구한 시간을 통해 발현된 결과이기보다는 역사적 과정을 통해서 담론 차원에서 재구성된 결과임을 인식하게 되었다. 이와 관련하여 후기 구조주의의 논의는 정체성은 이미 존재하는 집단의 본질적 성격의 결과물이 아니라 어떤 주체(subject)에 대한 가능성과 제약을 구비하고 있는 사회적으로 구성된 담론의 결과물로 인식한다. 이는 결국 담론의 권력 작용을 의미하는 것으로, 즉 일정한 정체성의 구성과 밀접히 연계되어 있는 담론의 구성은 그 정체성과 관련된 가능성과 제약을 규정하게 된다. 이러한 의미에서 오늘날 중국의 통일적 다민족국가 논의와 함께 '중화민족' 다원일체론에 입각한 '중화민족'의 구성 담론이 갖고 있는 규정성이 중국의 역사에 갖는 의미가 무엇인지 살펴보아야 한다.

오늘날 중국은 백년의 수모라는 내러티브로 근대 중국의 역사 과정을 설명하고 있다. 이것은 '중화민족' 다원일체론에 입각한 통일적 다민족국가 중국이 서구 열강의 부당한 침략에 의해 백년이란 오랜 기간 역사적 수모를 감내해 왔다는 것이다. 문제는 이러한 역사 서술에서는 이미 '중화민족'이 완전히 구성되어 있었던 것을 상정하고 청 제국의 여러 비한족 집단들이 어떤 위치를 승인받아 왔는지를 논의하지 않고 있다. 마치 이들 모두 한족과 같이 수모의 세월을 보낸 것으로 간주하면서 이들에 대한 독자적 내러티브를 만들지 않고 있다. 이것은 신해혁명 이후 오족공화의 담론이 구성되면서 중화민국에 의해 이들 비한족 집단들의 정치적 지위가 승인받지 못하게 된 결과인 것이다.

현대 정치에서 중요한 정체성의 정치는 그것이 역사적으로 어떻게 구성되었는지에 관한 논의가 주요한 흐름을 차지하고 있다. 이와 동시에 정당한 지위를 승인받지 못한 다양한 억압된 집단에게 충분한 정치적 승인이 주어질 수 있도록 하는 또 다른 흐름이 자리를 차지하고 있다. 이것은 특정 정체성이 단지 주어지는 것이 아니라 개별 구성원들에게 자신의 정체성에 대한 끊임없는 주장을 통해 새로운 정체성이 만들어질 수 있어야 함을 의미한다. 따라서 기존에 받아들여지지 않았던 새로운 담론들이 시도되고 확장되면서 새로운 정치의 가능성이 열릴 수 있는 정체성의 정치 과정이 중요한 것으로 인식되어왔다. 최근 정체성의 정치는 정치체제가 그 구성원의 다양한 삶의 방식에 대한 충분한 승인을 전제로 보다 다양한 정체성이 목소리를 낼 수 있도록 여건을 허용해 주는 것을 전제로 한다.

현재 진행 중에 있는 중국의 청사편수공정은 강역사 중심으로 통일적 다민족국가를 구성하는 '중화민족' 다원일체론을 기반으로 그 내용을 구성할 가능성이 커 보인다. 청왕조는 중국의 역사적 강역을 넘는 유목민족을 포괄하는 제국을 성공적으로 건설하면서 한족은 청 제국의 일부로서 포함되었는데 중국은 이러한 청 제국의 역사를 한화나 융합 과정으로 결국 '중화민족'을 구성하게 되었다는 구성의 틀에 기반을 둘 것으로 보인다. 이 경우 청 제국의 일부였던 한족의 역사를 중심으로 청의 역사를 구성하면서 '중화민족' 다원일체론을 주장하려고 할 가능성이 커 보인다. 이는 일정한 역사목적론적 입장에서 권력담론으로서 청사편수공정으로 귀결될 수 있다는 우려가 제기된다. 따라서 지배적 담론에서 벗어나 역사적 사실에 기반해 청나라의 역사를 온전히 담아낼 수 있는 초석으로서의 청사편수공정이 되길 기대한다.

# 참고문헌

거자오광(葛兆光). 2019. 『전통시기 중국의 안과: 중국과 주변개념의 재인식』. 김효민
　　외 역. 소명출판.

구범진. 2012. 『청나라, 키메라의 제국』. 민음사.

김승욱. 2021. "중국의 歷史疆域: 중국 민족주의의 隱憂." 『한국외교사 논집』 2.

김종박. 2011. "중국의 민족학 연구와 통일적 다민족국가론의 등장." 김종박·정유선·
　　이동훈·김종건 지음. 『중국 역사교과서의 통일적 다민족국가론』. 동북아역사재단.

김종박·정유선·이동훈·김종건. 2011. 『중국 역사교과서의 통일적 다민족국가론』.
　　동북아역사재단.

두아라, 프래신짓트. 2008. 『주권과 순수성: 만주국과 동아시아적 근대』. 한석정 역.
　　나남.

리쩌허우(李澤厚). 2014. 『중국근대사상사론』. 임춘성 역. 한길사.

오노데라 시로(小野寺史郎). 2020. 『중국 내셔널리즘: 민족과 애국의 근현대사』.
　　김하림 역. 산지니.

요시자와 세이치로(吉澤誠一). 2006. 『애국주의의 형성: 내셔널리즘으로 본 근대 중국』.
　　정지호 역. 논형.

요코야마 히로아키(橫山宏章). 2009. 『중화민족의 탄생: 중국의 이민족 지배논리』.
　　이용빈 역. 한울아카데미.

이동훈. 2011. "중국 역사교과서의 통일적 다민족국가론 분석: 근대 이전의 민족관계를
　　중심으로." 김종박·정유선·이동훈·김종건 지음. 『중국 역사교과서의 통일적
　　다민족국가론』. 동북아역사재단.

정세련. 2014. "중국 국체변혁기 만주족 단체의 단체활동, 1901-1924." 서울대학교
　　대학원 교육학 석사학위논문.

조세현. 2010. "청말신정 시기 만한갈등과 군주입헌론의 굴절." 『동북아문화연구』 23.

쿤, 필립. 1999. 『중국 현대국가의 기원』. 윤성주 역. 동북아역사재단.

크로슬리, 패멀라 카일. 2013. 『만주족의 역사: 변방의 민족에서 청 제국의 건설자가
　　되다』. 양휘웅 역. 돌베개.

岡本隆司. 2017. 『中國の誕生 ─ 東アジアの近代外交と國家形成』. 名古屋大學出版會.

費孝通. 1989. "中華民族多元一切格局." 『北京大学学报(哲学社会科学版)』. 1989年 4期.

Crossley, Pamela K. 1990. *Orphan Warriors: Three Manchu Generations and the
　　End of the Qing World*. Princeton: Princeton University Press.

Elliott, Mark C. 2001. *The Manchu Way: The Eight Banners and Ethnic Identity
　　in Late Imperial China*. Stanford: Stanford University Press.

Perdue, Peter C. 2010. *China Marches West: The Qing Conquest of Central*

*Eurasia*. Cambridge: Harvard University Press.

Schwartz, Benjamin. 1969. *In Search for Wealth and Power: Yan Fu and the West*. New York: Harper & Row.

Wang, Zheng. 2012. *Never Forget National Humiliation*. New York: Columbia University Press.

필자 소개

## 최진백 Choi, Jinbaek

국립외교원 중국연구센터 연구교수
시카고대학교 정치학 박사

논저 "중국의 직공(职工)노동체제와 그 이원적 사회구성의 정치", "중국의 개혁 동력과
뉴노멀(新常态) 경제에 대한 연구", "중국의 경제 구조와 미중 무역 갈등의 의미", "미
중경쟁에서 디커플링이 갖는 전략적 의미와 향후 전망"

이메일 jbchoi17@mofa.go.kr

# 제6장

# 미중 전략경쟁과 중국의 역사적 비유

— "치욕의 100년사"와 "항미원조전쟁"을 중심으로

The U.S.-China Strategic Competition and China's Historical
Analogy: "Century of Humiliation" and "War to Resist US
Aggression and Aid Korea"

차정미 ｜ 국회미래연구원

\*　　이 글은 『국가전략』 제29권 2호(2023)호에 실린 글을 수정, 보완한 것이다.

**최근** 미중 경쟁의 심화와 함께 학계는 물론 정책결정자들 사이에서도 미중 경쟁을 분석하고 전망하는 데 있어 역사적 비유(historical analogy)가 자주 사용되고 있다. 미중 경쟁을 냉전 시기 미소관계에 빗대어 분석하기도 하고, 아테네와 스파르타의 전쟁이라는 투키디데스의 함정으로 미중관계의 미래를 전망하기도 한다. 과거 역사는 오늘날 미중관계를 분석하고 전망하는 데 주요한 추론의 근거로 활용되고 있으며, 정책결정자들에게 교훈과 근거를 제공하기도 한다. 이렇듯 미중관계와 연계된 다양한 역사적 비유 논쟁에도 불구하고, 미중관계에 대한 중국의 역사적 비유에 대한 연구와 관심은 상대적으로 취약하다고 할 수 있다.

본 연구는 미중 경쟁과 서구의 대중국 견제가 심화되는 환경 속에서 중국이 어떠한 과거 역사를 소환하여 미중관계를 해석하고 대응해 가는지, 즉 미중 경쟁 시대 중국의 역사적 비유를 중심으로 분석한다. 특히 본 연구는 미중관계에 대한 중국의 역사적 비유를 분석하는 데 있어 중국의 대미 강경 태도와 공산당을 중심으로 한 국내적 결속, 애국주의와 자신감의 고취라는 측면에서 전략적으로 활용되고 있는 두 개의 역사—1840년 아편전쟁 이후 치욕의 100년사(百年國恥)와 항미원조전쟁(抗美援朝戰爭)—를 중심으로, 중국의 역사적 비유를 분석한다.

**W**ith the recent intensification of the U.S.-China rivalry, historical analogies are often used to analyze and predict the future of the U.S.-China rivalry, both in academia and among policymakers. Some analyzed the U.S.-China rivalry by comparing it to the U.S.-Soviet relationship during the Cold War, while others predicted the future of U.S.-China relations through the Thucydidesian trap of the war between Athens and Sparta. In this way, history is used as a major source of reasoning in analyzing and predicting today's U.S.-China relations, and provides lessons and evidence for policymakers. Despite the various historical analogy debates in the U.S.-China relationship, it is hard to see the research and attention to Chinese historical analogies in the U.S.-China relationship.

Therefore, this study analyzes how China uses its past history to interpret and respond to U.S.-China relations in an environment of U.S.-China competition and intensifying Western anti-China approach, focusing on China's historical analogy in the era of U.S.-China competition. In particular, this study analyzes China's historical analogy in the context of U.S.-China relations, focusing on two histories that have been strategically utilized in supporting the China's assertive attitude toward the United States, Chinese domestic cohesion with loyalty to the Chinese Communist Party, and the promotion of patriotism and self-confidence: "Century of Humiliation (百年國恥)" after the Opium War and the "War to Resist US Aggression and Aid Korea (抗美援朝戰爭, Korean War)."

**KEYWORDS** 미중 경쟁 U.S.-China competition, 역사적 비유 historical analogy, 치욕의 100년사 Century of Humiliation(*bainianguochi*), 항미원조전쟁 War to Resist US Aggression and Aid Korea(*kangmeiyuanchaozhanzheng*)

# I 서론: 미중 경쟁과 중국의 '역사적 비유'

2021년 7월 1일은 두 개의 100년(兩个一百年) 분투 중 첫 번째 100년인 중국공산당 100주년이었다. 중국공산당 창당 100주년 대회에서 시진핑(习近平)은 1시간여에 걸친 연설에서 '역사'를 49번 언급하였다. 시진핑은 연설에서 "역사를 보면, 흥망을 알 수 있다(以史为鉴，可以知兴替)", "역사를 거울삼아 미래를 창조해간다(以史为鉴´开创未来)", "과거를 돌아보고, 미래를 전망한다(回首过去，展望未来)" 등 역사를 통한 전망과 전략의 중요성을 여러 차례 강조하였다. 2022년 20차 당대회에서도 시진핑은 '역사를 통해 현실을 보아야 한다(通过历史看现实)'고 강조한 바 있다.

시진핑의 발언에서 자주 등장하는 과거 역사를 통해 오늘을 바라보고, 역사를 통해 미래를 전망한다는 것은 외교정책결정에 흔하게 사용되는 '역사적 비유(historical analogy)'를 떠올리게 한다. 역사적 비유 연구는 외교정책결정자들이 역사적 사건에서 교훈을 얻고 현재와 미래의 사건에 대응할 때 과거 역사의 교훈을 토대로 결정한다고 가정한다(Taylor and Rourke 1995, 461). 역사적 비유는 오늘날 국제관계와 정치적 문제에 대해 유사한 과거 역사의 사실이나 인물을 불러와서 현재의 정치외교적 상황에 대한 해석과 규정, 그리고 그에 대한 분석과 전망, 나아가 전략적 정책기조와 대응방안을 수립하는 데 활용하는 것으로, 과거 역사와 오늘날 국제관계를 연결하는 주요한 정치사회적 행위 중의 하나라고 할 수 있다.

최근 미중 경쟁의 심화와 함께 학계는 물론 정책결정자들 사이에서도 미중 경쟁을 분석하고 전망하는 데 있어 역사적 비유가 자주 사용되고 있다. 미중 경쟁을 냉전 시기 미소관계에 빗대어 분석하기도 하고, 아테네와 스파르타의 전쟁이라는 투키디데스의 함정으로 미중관계의 미래를 전망하기도 한다. 과거 역사는 오늘날 미중관계를 분석하고 전망하는 데 주요한 추론의 근거로 활용되고 있으며, 정책결정자들에게 교훈과 근거를 제공하기도 한다. 이렇듯 미중관계와 연계된 역사적 비유 논쟁에 대한 다양한 조명에도 불구하고 중국의 역사적 비유에 대한 연구와 관심은 상대적으로 취약하다고 할 수 있다.

본 연구는 미중 경쟁의 심화와 중국에 대한 서구의 견제가 심화되는 현실 속에서 중국이 어떠한 과거 역사를 소환하여 미중관계를 해석하고, 정책을 수립하고 전개하는 데 활용하고 있는지, 즉 미중 경쟁 시대 중국의 역사적 비유는 어떠한 모습인지를 분석하는 데 중점을 둔다. 중국도 오늘날의 미중관계를 분석하고 대미 외교 방향을 수립하는 데 있어 적극적으로 역사를 활용하고 있다. 중국에서 역사에 대한 서사는 오늘날의 정치와 외교를 설명하는 데 매우 중요한 역할을 하여 왔다. 특히 중국의 역사적 비유는 중국공산당의 권위와 정통성, 정책의 정당성을 뒷받침하는 데 적극적으로 활용되어 왔다. 따라서 본 연구는 정책적 정당성과 정치적 정통성이라는 정치적 목적을 위해 활용되고 있는 두 개의 역사—아편전쟁 이후 '치욕의 100년사(百年国耻)'와 '한국전쟁(항미원조전쟁, 抗美援朝戰爭)'—를 중심으로, 미중관계에 대한 중국의 역사적 비유를 분석한다.

## II 미중 경쟁과 중국의 '역사적 비유' 정치

### 1. 역사적 비유와 외교정책

역사적 비유는 오늘날 국제관계와 정치적 문제에 대해 유사한 과거 역사의 사실이나 인물을 불러와서 현재의 정치외교적 상황에 대한 해석과 규정, 그리고 그에 대한 분석과 전망, 나아가 전략적 정책기조와 대응방안을 수립하는 데 활용하는 것으로, 과거 역사와 오늘날 국제관계를 연결하는 주요한 정치사회적 행위 중의 하나라고 할 수 있다. 역사는 오랫동안 국제관계학자뿐만 아니라 정책결정자들이 과거를 이해하고, 오늘을 해석하고 미래를 전망하는 데 활용되어 왔다. 과거는 현재 사건을 규정하고, 미래를 전망하고, 정책적 제언을 제공하는 데 사용된다. 과거 사건은 현재 사건에 중요한 시사점을 제공하고, 사람들은 거기서 역사적 교훈을 찾으려 한다(Lee, Chan and Leung 2017, 131). 외교정책결정자들은 역사가 가르치거나 말해주는 것이 있다는 신념에 영향을 받고(May 1973, ix), 매우 높은 불확실성 속에서 과거를 토대로 현재를 이해하고 미래를 전망하려 한다(May 1973, 190).

　　레코드(Record 1998, 1)는 2차대전 이후 역사적 비유를 통한 추론이 미국 외교정책을 결정하는 데 있어 중대한 역할을 해왔다고 설명하고, 뮌헨회담과 베트남전의 두 역사는 정책결정자들에게 어떠한 경우에도 다시는 반복해서는 안 되는 역사로 간주되면서 미국의 군사력 활용 결정에 강한 역사적 비유의 힘을 발휘하여 왔다고 강조한다. 쿠바 미사일 사건 당시 미국이 소련을 직접 타격하지 않고 해상봉쇄 전략을 택한 이유가 과거 일본의 진주만 공격 역사의 교훈이었다는 것은 역사적 비유가 외교정책결정에 활용된 또하나의 대표적 사례라고 할 수 있다(Khong 2019, 224). 뉴스타트와 메이(Neustadt and May 1986)는 '역사의 활용(use of history)'을 강조하면서 외교정책결정에 있어 다양한 역사를 활용하는 것이 중요하고, 가장 보편적으로 역사를 활용하는 방법이 바로 역사적 비유라고 강조한 바 있다.

그러나 메이는 정책결정자들이 과거 역사를 그릇되게 사용하면서 역사적 비유에 근거한 정책결정이 종종 정책결정자들을 잘못된 길로 이끌기도 한다고 강조한다(May 1973, xi). 레코드(Record 1998, 1) 또한 역사적 비유를 통한 추론이 어떠한 두 개의 역사도 똑같을 수는 없고 미래는 오늘의 연장선 이상이라는 인식에 제어되지 않는다면 매우 위험할 수 있다고 강조한다. 인(Yin 2020, 260) 또한 역사적 비유가 새로운 국제정치 사실을 분석하고 정책적 함의를 제시하는 데 유용한 인식도구로 사용되지만, 항상 연구자들과 정책결정자들을 잘못 인도하여 왔다고 주장한 바 있다.

중국 외교정책에 있어서도 역사적 비유는 외교정책결정에 주요한 역할을 하여 왔다. 장칭민과 판리쥔(张清敏·潘丽君 2010, 62-65)은 마오쩌둥이 외교정책결정에 있어 역사적 비유를 적극 활용하여 왔고, 고위인사들이 중국 외교가 직면한 문제들을 결정하는 데 있어 시간 제약, 정보 부족 등의 도전 하에서 환경을 이해하고 상황을 판단하는 데 효과적인 조력자가 되어 왔다고 강조한 바 있다. 중국은 적극적으로 과거 역사를 새롭게 조명하기도 하고, 과거 역사를 오늘날의 상황에 비유하기도 하고, 과거 역사를 미래 비전의 중요한 근거로 활용하기도 한다. 시진핑 집권 이후 중국은 '역사는 가장 좋은 선생님(历史是最好的老师)', '역사는 최고의 교과서(历史是最好的教科书)' 등의 담론으로 그 어느 때보다 강도 높게 역사 학습의 중요성과 역사 교훈을 강조하고 있다. 시진핑은 "과거 역사가 모든 국가의 미래발전에 방향을 제시해 준다"고 강조하고 있다. 21세기 중반 세계일류강국이 되겠다는 중국몽, 중화민족의 위대한 부흥이라는 비전 또한 과거 역사와의 연결을 기반으로 하고 있다.

## 2. 미중 경쟁과 '역사적 비유' 논쟁

최근 미중 전략경쟁의 심화를 둘러싸고 역사적 비유 논쟁이 관심을 받고 있다. 역사적 비유는 중국의 부상이 세계 평화와 안보에 미치는 위협을 분석하는 가장 주요한 수단이 되어 왔다. 첫 번째 역사적 비유 논쟁은 미중 경쟁이 미소 냉전과 유사한가이다. 연구자와 정책결정자들이 미중관계 악화의 근원, 구조, 위험한 미래를 탐색하는 데 냉전시대의 역사 비유는 가장 접근하기 쉬운 경험적 도구라고 할 수 있다. 콩(Khong 2020)은 오늘날 일부 차이에도 불구하고 미중관계에 적용할 수 있는 가장 유사한 역사를 미소 냉전시기(1948-1989)로 규정하고, 유사점과 차이점을 분석하였다. 한편에서는 미소 냉전시대와의 차이점을 강조하면서 냉전의 역사를 미중관계에 적용하는 역사적 비유의 오류를 지적하고 있다. 레플러(Leffler 2019)는 중국의 영향력과 군사력이 커짐에 따라 역사적 비유를 하고 싶어 하지만, 완전히 잘못된 것이라고 비판한다. 소련과 달리 중국은 세계자본시장에 깊숙이 편입되어 있고, 미국과의 교역 규모도 상당한 점 등 중국은 소련이 아니라는 것이다. 인(Yin 2020)도 미중관계는 과거 전면적 대결이었던 미소 냉전과 달리 전략경쟁의 틀에서 봐야 하며 냉전 역사 비유는 편견에 근거한 것이라고 비판한다.

미중 경쟁을 둘러싼 또 다른 역사적 비유 충돌은 행위자 간에도 전개될 수 있다. 중국은 미국 등 서구의 냉전시대 비유를 냉전적 사고에 갇힌 잘못된 비유라며 적극적으로 반대한다. 중국을 냉전 시기 소련으로 비유하여, 서구가 중국을 봉쇄하는 데 단결하도록 하기 위한 정치적 의도가 있다고 비판한다. 같은 역사를 두고도 그 역사를 기억하는 주체에 따라 다른 기억이 있을 수 있고, 현재 상황과 환경에 따라 과거 역사는 다르게 인식될 수 있다. 냉전 종식의 역사에 대해 러시아와 중국은 고르바초프의 나약함과 양보 때문이라고 믿는 것과 달리, 미국과 유럽은 소련의 양보와 붕괴를 압박한 봉쇄정책 때문이라고 믿는다는 것이다(Gardner 2018, 240). 미국의 대중국 봉쇄정책의 근거가 미국의 냉전 종식 경험이라고 한다면, 중국의 대미 강경 대응과 내부 결속 강화 등의 조치는 소련의 실패에서 얻은 교훈이라고 할 수 있다.

본 연구는 미중관계에 대한 중국의 역사적 비유에 주목하고, 어떻게 역사적 비유를 활용하여 국내 결속을 강화하고 중국공산당의 정책에 정당성을 부여하는지에 주목한다. 미중 경쟁의 심화와 함께 냉전시대와의 역사적 비유에 대한 많은 연구에도 불구하고 중국이 어떻게 미중 경쟁과 정책 선택에 역사를 활용하고 있는지, 어떠한 역사적 비유가 전개되는지에 대한 연구는 취약하다. 본 연구는 미중 경쟁과 서구의 대중국 봉쇄에 대한 중국의 대응에 과거 역사가 어떻게 활용되고 있는지에 주목한다.

## 3. 미중 경쟁과 중국의 '역사적 비유' 정치

본 연구가 미중 경쟁, 미국의 대중 봉쇄에 대한 중국의 역사적 비유를 분석하는 관점은 '역사적 비유의 정치적 활용'이다. 역사적 비유를 사용하는 배경은 통상 짧은 시간 내에 의사결정을 돕기 위한 것이나, 정보의 불확실성 속에서 판단의 근거로 활용하는 것이다(윤정원 2008, 40). 그러나, 역사적 비유의 또 다른 중요한 목표와 배경 중 하나는 정치적 권위와 정책결정의 정당성을 합리화하는 것이다. 로젠펠드(Rosenfeld 2018, 253)는 역사적 비유는 유추를 통해 미래에 대한 전망과 구체적인 정책제언을 제공하기도 하지만 또 한편으로 이미 존재하는 정책적 기조를 정당화할 수도 있다고 설명한다. 역사적 비유가 비판적 분석보다는 설득, 비난, 칭송 등 의도된 목적을 위해 고의적으로 남용될 수 있다는 것이다(Rosenfeld 2018, 254). 왕(Wang 2008)도 국가가 과거 역사를 정치적으로 활용할 수 있음을 강조하였다.

홉스봄은 역사적 비유가 과거 역사에서 정확히 무엇을 얻으려고 하는지에 따라 재해석되기도 한다고 강조한다(홉스봄 2002, 55-56). 과거 역사에 대한 실재 인식과 달리 정치사회적 필요에 따라 과거 역사에 대한 서술을 새롭게 재구성하고, 그러한 새로운 서술이 역사적 비유에 활용될 수 있다는 것이다. 역사적 비유는 통상 현재의 사건을 분석하고 정책적 결정을 하기 위한 근거, 교훈을 도출하는 주요한 수단이나, 거꾸로 역사적 비유가 권력과 정책의 정당성 확보에 주요한 근거가 될 수 있다는 것이다. 정치적 목적을 위해 현재적 관점에서 과거를 해석하거나, 정통성의 수단으로 과거를 도구화하면서 과거 역사에 대한 정치적 서술이 부상할 수 있다는 것이다(Larat 2005, 273-274).

중국은 국가전략과 외교정책을 제시할 때 역사적 비유와 전략적 역사 서술을 통해 논리적 설득력을 확보하려는 경향이 높다. 중국공산당은 "과거 역사를 현재 정치에 활용하는" 오래된 역사를 가지고 있다(Wang 2014, 100). 중국의 경우 역사적 비유는 중국공산당의 정책결정과 권위에 대한 정치사회의 지지를 확보하고, 국민 결집과 권력 강화의 중요한 내러티브로 빈번히 사용된다. 그렇다면 중국 외교정책결정에 역사적 비유로 활용되는 중대한 과거 사건은 무엇인가? 미중 경쟁을 규정하고 대응하는 데 어떠한 과거 역사가 소환되는가? 본 연구는 오늘날 미중 경쟁 시대 중국의 역사적 비유에 적용되는 핵심 과거 역사인 아편전쟁 이후 치욕의 100년사와 한국전쟁 참전(항미원조전쟁)을 중심으로 중국이 어떻게 역사적 비유를 정책적 설득력과 국내 정치적 결속력을 확보하는 데 활용하는지 분석한다. 특히 중국의 역사적 비유가 애국주의와 공산당 영도의 정당성을 확보하는 데 어떻게 활용되고 있는지를 분석한다. 중국은 미국 주도의 대중국 견제에 아편전쟁 이후 제국주의에 침략당한 '치욕의 100년사'를 소환하고 있으며, 항미원조전쟁의 위대한 승리라는 역사 서술로 서구의 대중국 봉쇄와 미중 경쟁에서의 승리를 자신하는 역사적 비유를 전개하고 있다. 한국전쟁은 중국이 미중 경쟁과 서구의 대중 봉쇄 등 어려운 난관을 극복하고 국력을 결집하는 데 있어 중요한 '정신적 재산(精神財富)'이 되는 역사로 서사되고 있다.

시진핑은 2020년 10월 〈중국인민지원군 항미원조 출국작전 70주년 전시〉에서 "위대한 항미원조전쟁의 정신은 귀중한 정신적 자산으로 중국인민과 중화민족이 모든 난관과 장애물을 극복하고 모든 강적을 물리칠 수 있도록 영감을 줄 것"이라고 강조하였다. 시진핑은 "위대한 항미원조전쟁은 제국주의의 침략과 확장을 억제시켰다", "항미원조전쟁의 위대한 승리는 중화민족이 위대한 부흥으로 나아가는 이정표를 세웠다"고 강조하면서 항미원조전쟁을 중국이 미국, 제국주의에 직접 대항해 승리한 역사로 서술하고 있다. 이렇듯 미중 경쟁 심화의 대외 환경 속에서 중국은 대미 강경 대응과 중국 전랑외교(戰狼外交)의 중요한 논리적 근거로 한국전쟁에 대한 역사적 비유를 활용하고 있다. 중국은 한국전쟁을 위대한 반제, 반패권주의 저항 승리의 역사로 서술하고 있다. 중국은 한국전쟁과 항미원조전쟁을 구분하면서 중국의 대미 강경 외교와 애국주의 고양의 핵심 논리로 활용하고 있다.

이에 본 연구는 탈냉전 이후 중국의 역사 서술이 공산당 영도의 정통성과 애국주의를 중심으로 변화하여 왔고, 미중 경쟁 시대에도 이러한 관점에서 치욕의 100년사와 항미원조전쟁이라는 과거 역사를 통해 서구의 대중 견제를 규정하고, 국민 결속과 공산당 대외정책의 정당성을 확보하고 있다는 관점에서 중국의 역사적 비유 정치를 분석한다.

## III  미중 경쟁과 중국의 역사적 비유: "치욕의 100년사 (百年国耻)"

## 1. 냉전 종식 이후 중국의 역사 서술 변화: '계급투쟁과 혁명'에서 '애국주의'로

오늘날 중국의 국가전략과 대외정책에서 가장 강력한 역사적 비유로 활용되는 역사는 아편전쟁 이후 치욕의 100년사이다. 아편전쟁 이후 제국주의 열강에 주권을 훼손당한 치욕의 100년사를 되풀이하지 않겠다는 강한 의지와 사회주의 강국이었던 소련의 해체와 같은 역사를 되풀이하지 않겠다는 강한 신념이 오늘날 중국에 가장 강력한 역사적 비유의 소재가 되고 있다.

소련의 해체와 냉전의 종식은 중국의 역사 서술에 중대한 전환을 가지고 왔다. 왕(Wang 2014)은 중국의 역사 서술이 1990년대 장쩌민 시기 '계급투쟁'에서 '애국주의'로 서술의 중점이 변화되었다고 강조하였다. 천안문 사건 이후 중국공산당은 서방 국가들이 중국의 이념과 사상에 영향을 주어 중국을 평화롭게 전복하려 한다는 인식을 갖게 되었고, 이는 중국공산당의 역사 서술이 치욕의 100년사를 중심으로 한 애국주의 서사로 전환되는 주요한 계기가 되었다. 탈계급화와 통일, 애국주의 지향의 특징을 보이는 역사적 서술에서 치욕의 100년사는 오늘날 중국이 반드시 교훈으로 삼아야 하는 중대한 과거 역사가 되고 있다. 중국 역사 교과서는 과거 계급투쟁과 혁명 중심의 서술에서 외세의 침략과 억압이라는 치욕의 역사를 중심으로 대체되었고, 중국의 역사 서사는 내적으로는 통합과 결집 그리고 애국을, 대외적으로는 자주와 저항을 동원하는 데에 초점을 두게 되었다. 예를 들어, 국공내전, 태평천국의 난에 대한 서술이 과거에는 '계급투쟁과 혁명사'에 중점을 두었다면 1992년 이후에는 외세 침입의 역사와 항일혁명사에 중점을 두는 방향으로 변화하였다. 태평천국의 난을 진압한 주어종탕(左宗棠)은 러시아의 침략에 맞선 위대한 장군으로 변화하였고, 국민당의 부패 등이 중점이었던 국공내전 서술도 중일전쟁과 항일투쟁사에 중점을 두기 시작하였다(Wang 2008, 791).

치욕의 100년사 서사는 주권 수호와 반제국주의 투쟁, 독립에 성공한 중국공산당의 리더십과 공산당을 중심으로 한 결속에 중점을 두어 왔다. 장쩌민은 "중국공산당은 독립 투쟁에서 가장 큰 희생과 공헌을 하였다"고 강조하면서 '치욕의 100년사'와 중화민족의 위대한 부흥에 공산당 통치의 역사적 필연과 정당성을 내세우고 있다. 중국공산당의 성공적 혁명이 없었다면 중국은 여전히 약하고, 부패하고, 분열된 국가로 남아 있을 것이라는 것이고, 중국공산당의 성과는 치욕의 100년사와 밀접히 연계되어 있다(Wang 2014, 126-129).

치욕의 100년사는 중화민족의 위대한 부흥의 역사성과 필연성으로 이어지고 있다. 중국공산당이 치욕의 100년사를 극복하고 혁명과 건국에 성공했듯이 중국공산당 영도 하에 결속하고 분투하면 영화로운 과거 중화민족의 역사를 되살릴 수 있다는 것이다. 이러한 중국의 애국주의, 애당주의와 밀접히 연계된 역사적 비유는 대외관계에도 영향을 주고 있다. 탈냉전 이후 미국 등 서구의 대중 압박과 제재를 과거 제국주의 침략과 연결하고, 대미 항전, 반일운동 등 대외관계에서 국민을 결집하고 활용하는 데 이러한 역사적 비유가 적극 활용되고 있다.

## 2. 시진핑 시대 '치욕의 100년사'와 애국주의 서사의 강화

시진핑 시대 중화민족의 위대한 부흥, 강대국화를 목표로 한 중국 몽은 "치욕의 역사를 잊지 말자(勿忘国耻)"는 '치욕의 100년사'와 애국주의에 밀접히 연계되고 있다. 시진핑은 2014년 3월 독일 방문 강연에서 "1840년 아편전쟁부터 1949년 신중국 건국까지 100여 년간 중국 사회는 빈번한 전쟁과 외적의 침략을 받았다. 이것은 중국인들에게 뼈에 사무치는 역사적 기억이 되었고 이러한 역사는 최고의 스승이며, 미래 국가발전의 나아갈 방향을 제시해 준다"고 강조한 바 있다. 시진핑 시대 역사 서술의 특징은 과거 아편전쟁 이전의 5천 년 문명사의 중심으로서의 회복, 중국몽과 중화민족의 위대한 부흥을 강조하면서, 치욕의 100년사를 극복한 중국공산당의 반패권 반제국주의 혁명사에 대한 평가를 중심으로 하고 있다. 시진핑의 중화민족의 위대한 부흥, 중국몽은 문명의 중심이던 영화로운 중화질서의 역사적 비유를 통해 그 당위성을 역설하고 있다. 시진핑은 건국 70주년 연설에서 "중화민족은 5천 년 동안 동방에서 우뚝 솟아 인류에게 위대한 문명의 역사를 창조했고, 그것은 인류의 가장 위대한 유산 중 하나라는 것을 잊어서는 안 된다"고 강조하고 "오늘날 사회주의 중국은 세계에서 동방에 우뚝 솟아 그 어떤 힘도 우리 위대한 조국의 지위를 흔들 수 없고, 중화민족의 전진을 막을 수 없다"고 강조한 바 있다.

이러한 치욕의 100년사 담론은 "치욕의 역사를 잊지 말고 우리 중국을 사랑하자(勿忘国耻爱我中华)"는 대중운동으로 연결되면서 애국주의 강화의 주요한 근거가 되고 있다. 중국은 '물망국치, 애국중화(勿忘国耻爱我中华)' 주제 강연, 손신문(手抄报), 반상회(班会), 글짓기 등 다양한 국민활동을 통해 치욕의 100년사를 다시는 반복하지 않겠다는 논리로 대외 강경 대응의 논리적 정당성과 국민적 결속을 뒷받침하고 있다. 시진핑은 "우리는 중화민족의 공동체 의식을 고양하고, 전 민족의 역량을 결집해야 한다. 중화민족이 세계에서 가장 높은 공동체 의식을 가진 민족이라는 것은 오천 년 문명이 한 번도 소멸한 적이 없고, 분열 없이 고난을 이겨온 역사가 증명하는 것이다"고 강조하면서 중화민족의 통일성과 단일성을 강조하고 있다.

## 3. 미중 경쟁과 치욕의 100년사 비유

치욕의 100년사를 중심으로 한 서사는 미중 무역 갈등과 서구의 대중국 견제가 강화되는 환경 속에서 오늘날 미국 등 서구 세력을 과거 제국주의 열강과 유사한 침략자들로 규정하는 역사적 비유로 강화되고 있다. "帝国主义亡我之心不死!(제국주의가 중국을 망하게 하려는 마음은 결코 죽지 않을 것이다)." 이 구호는 미중 무역 갈등과 서구의 대중 견제가 심화되는 국제환경 속에서 중국이 외치는 핵심적 구호이다. 최근 미중 경쟁의 심화와 서구의 대중 압박의 환경 속에서 중국은 과거 아편전쟁 이후 제국주의 열강에 의한 주권 훼손의 역사, 치욕의 100년사를 소환하고 있다. 미국과 서구는 120

여 년 전 중국을 망하게 한 제국주의 국가로 규정되고 있으며, 이러한 역사적 비유는 중국이 치욕의 역사를 되풀이하지 않기 위한 대내적 결속과 강력한 저항의 필요를 뒷받침하고 있다.

2018년 미중 무역전쟁 시기 중국은 아편전쟁 이후 제국주의 열강들의 중국 분할과 약탈의 역사를 소환하였다. 왕종신(王忠新)은 무역전쟁은 아편전쟁이 남긴 교훈을 떠올리게 한다며 제국주의 국가들은 여전히 중국 분할 야망을 가지고 있으며, 중국인의 마음에 아편전쟁의 그림자는 잊을 수 없다고 강조하였다(民族复兴网, 2018/04/16). 2021년 3월 미중 고위급 전략대화 개최 이후 중국일보(中国日报) 기자가 트위터에 '두 개의 신축년 대비(两个辛丑年的对比)'라는 제목으로 1901년 미국 등 열강들이 중국의 반(反)외세 운동인 의화단 사건을 진압하고 중국과 신축조약을 체결한 사진과 2021년 미국 바이든 정부 출범 직후 미중 고위급 회담을 개최한 사진을 함께 게재한 것이 화제가 된 바 있다. 이 두 사진의 비교를 통해 미국이 여전히 다른 나라를 지배하는 초강대국의 꿈을 꾸고 있다고 비판하면서, 세상이 바뀌었고 중국은 120년 전 중국이 아님을 강조하였다(光明网, 2021/03/20). 이는 중국이 오늘날 미국의 대중 강경 정책을 과거 치욕의 역사 시기 제국주의 열강들의 침략에 비유하면서 강한 비판과 강경 대응의 필요성을 뒷받침하고 있다.

2022년 8월 펠로시 미국 하원의장의 대만 방문 이후 중국이 대만해협에서 군사훈련을 전개하는 것에 대해 G7 외무장관들이 비판하는 공동성명을 발표하자, 화춘잉(华春莹) 중국 외교부 대변인은 기자회견에서 "자신들이 120여년 전 8강 연합군의 시대에 살고 있다고 착각하고 있다"고 비판하고 "오늘날의 세계는 더 이상

제국주의 열강이 중국 땅에서 힘을 과시하고 마음대로 할 수 있는 세계가 아니며, 오늘날의 중국은 100여 년 전 괴롭힘을 당하고 학살당한 옛 중국이 아니다. 그들 강대국 열강들은 꿈을 깨야 한다"고 비판한 바 있다. 화춘잉 대변인은 며칠 뒤 올린 트윗에서도 〈그림 6-1〉의 삽화와 영국군이 원명원을 불태우는 그림을 추가하면서 "글로벌 독재인 G7은 120년 전 8강 연합군이 중국을 침공하고 중국을 분할하는 꿈을 꾸고 있다", "중국인은 영원히 치욕의 역사를 잊지 않을 것이며, 다시는 강도들이 중국을 괴롭히고 약탈하는 것을 영원히 용납하지 않을 것"이라고 강조하였다.[1]

**그림 6-1.** 중국 외교부 대변인의 G7공동성명 비판 트윗에 첨부된 이미지(2022.08.07.)[2]

중국은 홍콩보안법과 관련한 서구의 비판과 제재에 대해서도 120년 전 제국주의와 치욕의 100년사를 소환하면서 중국의 저항과 강경 대응 기조의 필요성을 뒷받침하였다. 2019년 11월 미국

1　"华春莹连发8推点名美国：中国人民永远不会忘记国耻." 2022.08.08. https://baijiahao.baidu.com/s?id=1740555389902191184&wfr=spider&for=pc (검색일: 2023.03.05.).
2　같은 곳.

상원이 '홍콩 인권 및 민주주의 법안'을 통과시킨 것에 대해 중국은 '제국주의는 절대 죽지 않는다(帝国主义亡我之心不死)'는 것을 보여주는 것이라며 절대 두려워하지 않고 당당하게 갈 것이라고 강조한 바 있다(北京晚报, 2019/11/22). 북경일보 또한 '제국주의는 결코 죽지 않는다. 자신과 결단력으로 대외환경 변화에 대응해야 한다(帝国主义亡我之心不死, 以自信和定力应对外部环境变化)'는 사설로 중국 외교부가 미국의 내정을 비판하고 제재에 강력 대응하는 것을 적극 지지하였다(北京日报 2020.07.17.). 2020년 7월 미국 폼페이오 국무장관이 유럽 순방에서 반중국 논의를 전개하는 것에 대해 당시 왕원빈(汪文斌) 중국 외교부 대변인도 '제국주의는 죽지 않았다'는 표현으로 강하게 비판하면서 중국이 괴롭힘과 불의를 단호히 배격할 것이라고 강조하였다(海外网, 2020/07/22). 이렇듯 중국은 오늘날 미중 갈등과 서구의 대중 정책을 치욕의 100년사라는 과거 역사를 통해 규정하고, 미국과 서국 국가들을 과거 제국주의 열강에 비유하는 역사적 비유로 서구의 대중 견제에 대한 비판과 대미 강경 대응의 정당성을 강화하고 공산당을 중심으로 한 국내적 결속을 추구하고 있다.

## IV 미중 경쟁과 역사적 비유: 신시대 항미원조(新時期 抗美援朝)

### 1. 항미원조전쟁의 재해석과 애국주의: 치욕의 100년사 극복한 승리의 전쟁

치욕의 역사를 오늘날의 미중 경쟁에 적용하는 중국의 역사적 비유는 더 나아가 중국의 대미 강경 대응, 대미 항전의 정당성을 뒷받침하는 또 다른 역사적 비유를 등장시키고 있다. 한국전쟁, 항미원조전쟁은 중국의 대미 강경 대응의 주요한 논리적 근거로 소환되고 있다. 항미원조전쟁은 미중 경쟁과 서구의 대중 봉쇄라는 환경적 변화 속에서 위대한 승리의 전쟁으로, 오늘날 미중관계에서 중국의 승리에 자신감을 갖게 하는 역사적 비유로 등장하고 있다. 이러한 맥락에서 항미원조전쟁은 아편전쟁 이후 100년 동안 중국이 제국주의적 괴롭힘에 시달려온 굴욕을 씻고 중국의 군사적 위신과 국위를 과시한 전쟁으로 강조되고 있다(江涌 2019).

1990년대 중국의 역사 서술이 혁명과 계급투쟁 중심에서 애국주의로 전환한 바와 같이 중국의 부상과 미중 경쟁의 구도 속에서 한국전쟁에 대한 중국의 서사 또한 애국주의, 당의 영도, 국민적 결속 등 서사에 중심을 두기 시작하였다. 미중 경쟁의 구도가 부상하고, 2010년 한국전쟁 60주년을 맞이하면서 한국전쟁에 대한 서사는 중국이 미국과 겨뤄 승리한 '위대한 항미원조전쟁'이라는 애국주의적 서사를 중심으로 전환되었다.

2010년까지 중국의 한국전쟁 연구는 대체로 자료를 토대로 한 역사적 사실에 대한 논쟁, 토론, 검증에 중점을 두었다. 1990년대 이후 중국의 한국전쟁 연구는 소련과 중국, 미국의 사료들이 해제되면서 이러한 사료에 근거한 해석을 둘러싼 분석과 논쟁이 주를 이루었다. 저우핑과 루전위(周一平·呂振宇 2010, 107-110)는 2007년부터 2010년 6월까지 한국전쟁(항미원조)에 대한 중국 내 연구를 분석한 결과, 30여 편의 저서와 10여 권의 증쇄본, 1000편의 논문이 존재하고, 이 시기 대부분의 연구는 전쟁의 배경, 포로문제, 미국과 소련 관계, 대만과의 관련성 등 다양한 관점과 주제로, 주로 과거 연구 결과를 요약 정리하는 데 중심을 두었으며, 정량적 분석 등 정확성과 신중성에 주의를 두었다고 분석하였다(海外网, 2020/07/22).

이러한 항미원조전쟁의 시비(是非)와 영향에 대한 논쟁적 접근과 분석적 연구의 경향은 2010년 한국전쟁 60주년을 전후하여 중국 지도부의 고뇌에 찬 불가피한 결정이었고 중국의 발전과 글로벌 위상에 긍정적 영향을 미친 승리의 전쟁이라는 방향으로 역사 바로 잡기가 본격화되었다. 중국공산당 중앙문헌연구실 부주임 리지에(李捷)는 "항미원조전략 결정과 신중국에 대한 중대 의의(抗美援朝的战略决策及其对新中国的重要意义)"라는 제목의 글을 발표하고 항미원조 정책에 대한 정확한 인식을 강조하면서 항미원조전쟁을 피할 수 있었다는 의견이나 전쟁발발로 미중관계 악화와 대만 해방에 장애가 되었다는 등 득보다 실이 많았다는 의견은 사실이 아니라고 강조하였다. 중국은 국내 경제 회복에 주력하였고, 최대한 전쟁을 피하려 하였으나 미국의 개입과 침략이 중국 인민에게 강요한 전쟁이라는 것이다. 마오쩌둥의 참전 결정은 굉장히 신중하고 어려운 결정이었고 공산당 중앙이 수차례 회의를 걸쳐 내려진 결정이라는 것이다. 본 글은 당의 애국심과 국제주의 등을 강조하면서 애국주의와 국제주의의 단결은 북중 두 국가의 단결을 강화하였고 이것이 승리의 기반이라고 강조하고 있다(李捷 2010, 79-80).

2010년 중국군사과학원 치더쉬에(齐德学) 또한 1990년대와 2000년대 초에 제기된 한국전쟁의 득과 실에 대한 평가가 담긴 연구들이 부정과 비난으로 가득 차 있다고 비판한다. 치더쉬에는 이 시기 일부 연구들이 한국전쟁 참전이 잘못된 선택이었다고 비판하거나 참전의 부정적 결과를 제기한 것에 대해 이들은 미국을 숭배하고 패권을 찬양하는 사람들이거나, 마오쩌둥과 중국공산당에 정치적 편견을 가진 사람들이거나 역사에 무지한 사람들이라고 비판하였다(齐德学 2010, 101-102). 치더쉬에는 마오쩌둥의 결정이 합리적 결정이고 개인의 결정이 아닌 공산당중앙의 집단적 결정이라는 점과 이후 중국 건설에 중대한 기여를 했다고 강조한다.

2010년대 이후 항미원조전쟁은 정의로운 전쟁, 승리의 전쟁으로 집중 서사되었다. 중국은 정의로운 전쟁이란 말이 항미원조전쟁의 정의와 필요성을 부정하는 그릇된 시각에 대한 강력한 반격이라고 규정하면서, 한국전쟁을 약자가 강자를 이긴 인류 전쟁사의 빛나는 예라고 강조하고 항미원조전쟁사에 대한 허무주의적 시각의 상당 부분은 이 전쟁의 위대한 승리를 경시하고 말살하는 것이라고 비판하고 있다(치光明 2020). 치욕의 100년사를 중심으로 한 중국의 애국주의적 역사 서술 속에서 항미원조전쟁은 과거 제국주의 열강들에게 침략당하던 중국이 공산당의 영도와 애국주의적 영웅들의 헌신 속에 서구의 침략에 맞서 위대한 승리를 거둔 정의로운 전쟁으로 집중 조명되고 있으며, 애국, 애당(愛黨)과 헌신, 국민 결속의 교훈을 얻을 수 있는 중요한 역사적 경험으로 활용되고 있다.

## 2. 미중 무역전쟁과 항미원조전쟁의 역사적 비유

미중 무역 갈등과 서구의 대중국 견제가 심화되는 환경 속에서 중국은 항미원조전쟁을 오늘날 중국에 중요한 교훈을 주는 과거 역사로 집중 조명하고 있다. 중국은 100년간 본 적 없는 세계의 대변화기에 중국 인민들이 어떠한 어려움과 도전에도 두려워하지 않고 나아갈 수 있음을 보여주는 역사로 한국전쟁의 역사를, 항미원조 정신을 강조하고 있다(李巍·黃霖·李方卓 2021). 2018년 미국 트럼프 정부의 대중 무역제재가 본격화하면서 중국 내에서는 대미 강경 대응과 국민 결속, 애국적 저항의 필요성을 강조하기 위해 항미원조전쟁의 역사를 소환했다. 한국전쟁에 대한 역사허무주의적 논의에 대한 비판이 다시금 부상하고, 미국에 맞서 이긴 위대한 승리의 역사로 오늘날의 대미 경쟁에서 승리할 수 있다는 자신감을 일깨우는 역사적 비유로 집중 조명된다(齐德学 2018).

2018년 4월 환구시보는 "항미원조 의지로 대미 무역전쟁을 타격하자(用打抗美援朝的意志打对美贸易战)"는 제목의 사설을 발표했다. 미국의 무역전쟁에 대해 무역전쟁으로 저항하는 것이 중국의 유일한 선택이라고 강조했다. 그러한 전략적 선택의 이유로 항미원조전쟁의 역사를 언급했다. 항미원조전쟁은 워싱턴의 전략적 오만함에 큰 타격을 주었고, 이후 오랫동안 중국에 대한 미국 사회의 전략적 존중을 얻어냈다는 것이다. 따라서 항미원조 때와 같은 의지로 어떤 대가를 치르더라도 결연히 희생을 두려워하지 않고 미국의 무역전쟁에 맞서야 한다는 것이다(环球时报, 2018/04/07).

2018년 10월 중국군보도 "항미원조 역사를 다시 쓰기 위한 위대한 전략적 결단"이라는 주제의 글을 실으면서 위대한 승리를 이끈 항미원조 정신을 부각하였다(中国军网, 2018/10/13). 2019년 인민일보 또한 무역전쟁의 본질은 중국의 발전을 억지하고자 하는 것이고, 미국이 중국보다 총알이 많지만 결국 전쟁의 승패를 결정하는 것은 총알 수가 아니라 의지와 정신력, 인내력이라고 강조하였다. 그러면서 항미원조전쟁 당시 우월한 장비로 무장한 미군을 무찔렀던 중국 의용군의 경험을 소환하였다(人民日报, 2019/05/15). 중국현대국제관계연구원 장용(江涌) 연구원 또한 미중 경쟁을 항미원조의 관점에서 바라봐야 한다고 주장하면서 "항미원조 정신을 발휘하여 미중 경쟁에서 새로운 승리를 거둬야 한다(发扬抗美援朝精神, 赢得中美博弈新胜利)"고 주장하였다. 중국의 대미 투쟁에 있어 항미원조전쟁의 경험에서 배울 가치가 있고, 그 정신을 계승해야 한다는 것이다(江涌 2019). 뤄푸창(罗富强) 또한 미중 무역전쟁은 '한반도전쟁'의 재연이 될 것이라고 주장하였다(圣贤书院 2019). 중국이 참전하지 않을 것이라는 오판을 했던 트루먼 대통령처럼 미국의 무역전쟁은 한국전쟁의 시작과 과정, 끝을 반복할 것이라는 것이다.

미국의 제재에 직면한 2019년, 화웨이의 반도체 자회사인 하이실리콘 회장 허팅보(何庭波)는 전 직원에 보낸 메일에서 화웨이에 겨울이 왔다고 비유하고 이미 오랜 기간 '상감령(上甘岭)전투'를 잘 치를 수 있도록 준비해 왔다고 강조하면서 미국의 제재를 상감령전투와 비유하였다.[3] 런정페이 회장도 2016년 임원 간담회에서 미국과의 하이테크 분야 경쟁을 '상감령'으로 비유하면서 상감령에서 미국과 공격적 경쟁을 원한다고 강조한 바 있다.[4]

코로나19 이후 미중 갈등과 서구의 대중 견제가 심화되는 2020년 항미원조 70주년은 중국이 미국의 침략에 맞서 싸운 위대한, 정의로운 전쟁이라는 관점에서 항미원조전쟁의 교훈을 집중 조명하였다. 이 시기 항미원조 정신에 대한 연구가 중국 내에서 급격히 늘어났고, 2022년 항미원조 연구만 100여 건의 학위논문과 저널논문이 발표된 바 있다.[5] 2020년 항미원조 70주년 관련 언론 보도들 또한 항미원조 정신의 위대한 계승을 보도하였다.[6] 2020년 10월 25일 인민일보 특집방송 "위대한 항미원조전쟁-신중국 입국 전쟁(伟大的抗美援朝战争 —新中国的'立国之战')"은 한국전쟁을 반침략 전쟁으로 정의하면서 "항미원조전쟁은 내전에 대한 미국의 개입에 대응한 정의로운 반침략전쟁이었고, 압록강변부터 시작해 38

---

3  "华为的"冬天",华为的"上甘岭"!" 2019.05.18. https://www.sohu.com/a/314 906223_380731 (검색일: 2023.02.25.)

4  "任正非：华为要争夺"上甘岭",要和美国争夺高科," 2016.07.26. https://www. sohu.com/a/107652592_386707 (검색일: 2023.02.25.)

5  중국저널 DB인 CNKI상 2022년 한해 항미원조전쟁(抗美援朝战争) 관련 논문은 100여 건이 넘음.

6  光明日报, "永续传承伟大抗美援朝精神," 2020.10.25; 解放军报, "铭记伟大胜利 推进伟大事业," 2020.10.25; 李玉梅, "大力弘扬伟大抗美援朝精神 奋力推进强国强军伟业," 学习时报, 2020.10.26; 中华工商时报, "弘扬抗美援朝精神 推进新时代伟大事业," 2020.10.26; 解放军报, "为实现中华民族伟大复兴提供更为坚强的战略支撑," 2020.10.27. 등

선으로 내려간 것으로 분명 위대한 승리를 거둔 전쟁이었다"고 강조하였다(人民网, 2020/10/25). 인민일보 사설은 "위대한 승리를 기억하고, 위대한 과업을 추진하자(铭记伟大胜利 推进伟大事业)"는 제목으로, 항미원조전쟁의 위대한 승리가 중화민족의 위대한 부흥을 위한 주요한 이정표라고 강조하였다. 중국의 안보가 엄중한 위협에 직면한 중대한 시기에 당의 중대한 역사적 결단과 인민의 충성으로 승리를 이뤘다는 점에서 항미원조 정신을 계승하여야 한다는 것이다. 시진핑은 "미국의 침략에 저항하고 조선을 돕는 위대한 정신은 시간과 공간을 초월하고 영원하다"며 "영원히 이어받아 대를 이어야 한다"고 강조하고, 나아가 격동과 변화의 시기 항미원조 정신을 계승하고 중국 국가 주권과 발전, 안보 이익을 훼손하는 것을 결코 좌시하지 않을 것이며, 어떠한 침략과 분할에도 중국은 정면으로 대응할 것이라고 강조하고 있다(人民网, 2020/11/10).

이 시기 공산당원 홈페이지에는 5편의 한국전쟁 기획시리즈인 "위대한 항미원조전쟁(伟大的抗美援朝)"이 게시되었고 중국 항미원조전쟁의 역사성, 지도자들과 참전용사들의 희생을 부각시켰다.[7] 중국공산당과 영웅들의 희생에 중점을 두면서 애국주의와 민족적 의식 고취를 목표로 한 항미원조전쟁으로 적극 홍보되었다. 중국은 대외정책의 정당성과 논리성을 뒷받침하기 위해 한국전쟁에 대한 역사 서술을 새롭게 구성하고 있으며, 이러한 정치적, 전략적 역사 서술은 향후 대미관계와 대미정책 결정에서 중요한 역사적 비유의 근거를 강화하는 작업이라고 할 수 있다.

---

7    共产党员网, 《伟大的抗美援朝》 http://www.12371.cn/2020/06/04/VIDA15912
     56924181757.shtml

## 3. 중국공산당 영도의 정당성과 항미원조전쟁의 역사적 비유

한국전쟁은 또한 중국공산당과 지도자의 권력과 통치의 정당성, 정통성을 부여하는 데에도 주요한 역사적 비유로 활용되고 있다. 그리고 오늘날 미중관계에 있어 공산당을 중심으로 결속하고 대미 투쟁에의 자신감을 갖도록 하면서 중요한 경험적 참고로 항미원조전쟁의 역사를 끌어들이고 있다. 중앙당교 중국공산당사 연구부 부소장인 리칭강(李庆刚)은 항미원조 정신을 중국공산당의 정신세계에서 빼놓을 수 없는 핵심요소라고 강조하였다(屈一平 2020). 장용(江涌 2019) 또한 항미원조전쟁의 위대한 승리를 위한 중요한 전제는 당의 강력한 영도와 최고사령관의 현명한 결단이라고 강조하고 있다. 중국은 한국전쟁이 강대국의 위상을 확립한 전쟁으로, 근대 이후 중국의 치욕의 역사를 바꾸고 중국공산당이 영도하는 신중국과 인민군을 재인식하게 되었다고 강조하고 있다(치光明 2020). 중국은 미중 경쟁의 심화와 서구의 대중국 견제가 확대되는 속에서 항미원조전쟁의 역사적 비유를 통해 중국공산당 영도의 당위성과 역사성, 공산당을 중심으로 한 단결투쟁의 필요성을 강조하고 있다.

2019년 5월 중국 동방위성TV 시사프로그램에서 장웨이웨이(张维为 2019) 교수는 항미원조전쟁을 승리로 이끈 마오쩌둥의 전략과 덩샤오핑의 이에 대한 평가를 강조하면서 오늘날 미중 패권경쟁 속에서 미국의 압박에 강력하게 저항하여 승리할 수 있다는 의식을 고취하는 역사적 비유를 전개하였다. 장 교수는 "1950년 한국전쟁은 하늘과 땅을 바꾸는 사건이었다. 1840년 아편전쟁 이래 서방 강대국이 중국을 침략하는 것에 대해 처음으로 두려움을 느끼게 된 사건이었다. 이후 중국은 70년간의 평화를 얻을 수 있었다"고 항미원조전쟁의 역사성을 평가하고, "이렇듯 중화민족에 대한 중국공산당의 가장 큰 공헌은 강대한 인민군대를 창건하고 발전시킨 것이다. 과거 우리 군대는 서방국가를 이길 수 없었으나 신중국은 서방국가가 중국을 침략하는 굴욕사를 종식시켰다. 이로써 중국이 스스로 주권 독립과 영토 완정을 수호하게 되었다"고 강조하면서 중국공산당과 지도자의 결정과 성과를 부각하였다(东方卫视, 2019/05/14). 2020년 방송에서도 장 교수는 "항미원조전쟁은 나라를 세우는 전쟁(立国之战)이었고, 민족의 존엄을 세우고 신중국의 위엄을 보여준 전쟁이었다. 이는 오늘날 중국 굴기에 깊은 의미를 지닌 것"으로 평가하면서 "지금보다 100배는 약했던 시기에 마오쩌둥의 참전 결정은 오늘날 미중 패권경쟁을 바라보는 관점으로 삼아야 하고, 대만 문제에 대한 강력한 대응과 해결에 교훈을 주고 있다(东方卫视, 2020/10/26)"고 강조하는 등 한국전쟁은 중국의 치욕의 100년사를 공산당이 종식시킨 중대한 역사적 사건으로 규정되면서 오늘날 대미 강경 대응의 정당성을 설득하는 역사적 비유로 활용되었다. 이 방송은 오늘날 중국이 한 세기 동안 본 적 없는 거대한 변화라는 시대에 대처하기 위해 항미원조전쟁으로부터 교훈을 얻고 애국심을 강조하기 위한 것이라고 강조하고 있다.

2020년 한국전쟁 70주년 시기 중국공산당신문에 실린 류줘(刘卓)의 "중국공산당 영도는 항미원조전쟁 승리에서 증명된 것"이라는 주제의 글 또한 "중국공산당과 같은 정치역량을 가진 세력은 어디에도 없다"고 한 시진핑의 연설을 언급하면서 당의 영도는 중국특색 사회주의의 최대의 특징이자 장점이라고 강조하고 항미원조전쟁의 승리가 이러한 공산당 중앙의 권위와 집중 통일영도 견지에 있어 가장 중요한 역사적 경험이라고 강조한 바 있다(中国共产党新闻网, 2020/10/27). 중국은 1949년 4월 영국 아메시스트호와 인민해방군의 군사 충돌 사건 또한 중국 내에 남아 있던 서방 군대를 축출한 사건으로 서술하고 중국공산당의 치적으로 강조하고 있다. 한국전쟁과 아메시스트 사건은 중국공산당이 서방 강국과 싸워 승리한 사건으로, 다시는 서방 강국이 중국을 감히 침략하지 못하고 70년간의 평화를 만들어낸 역사로 강조하였다(东方卫视, 2019.05.14). 이렇듯 한국전쟁은 오늘날 중국공산당 영도의 당위성과 역사성, 중국공산당을 중심으로 한 결속과 애국의 필요성을 설득하는 중요한 역사적 비유로 활용되고 있다.

## V 결론

미중 경쟁의 심화와 함께 중국의 '치욕의 100년사'와 '한국전 참전'이라는 과거사에 대한 중국의 서사는 오늘날 미중 경쟁의 특징과 구조를 분석하고, 중국의 대미 강경 외교의 정당성과 내부 단결 투쟁의 필요성을 설득하는 중요한 역사적 비유로 활용되고 있다. 중국은 미국의 대중 봉쇄라는 오늘날의 국제환경을 아편전쟁 이후 제국주의의 침략 역사에 비유하고 있다. 또한, 항미원조전쟁을 제국주의 침략에 맞서 싸운 정의로운 전쟁, 위대한 승리의 역사로 서술하면서 미국의 대중 봉쇄라는 대외 환경 속에서 중국공산당 영도 하의 국민적 결속과 애국투쟁의 필요성을 강조하는 역사적 비유로 활용하고 있다. 한국전쟁 70주년 인민일보 사설은 항미원조전쟁의 위대한 승리가 중화민족의 위대한 부흥을 위한 주요한 이정표이며, 항미원조 정신을 계승하여 시진핑을 핵심으로 하는 당중앙에 굳게 뭉쳐 신시대 중국특색의 사회주의 대업을 계속 추진해가야 한다고 강조하였다(人民网, 2020/11/10). 항미원조전쟁은 정의로운 승리의 역사이며 이는 오늘날 중국이 처한 대외환경과 서구의 대중 봉쇄를 더욱 자신감있게 강하게 대처해야 한다는 논리적 구조에서 오늘날에 투영되고 있다. 또한 시진핑과 당중앙을 중심으로 굳게 뭉쳐야 한다는 당위성을 항미원조전쟁의 역사적 교훈으로 부각하고 있다.

이렇듯 항미원조전쟁이라는 과거 역사는 시진핑 시대 미중 경쟁 환경 속에서 국민적 단결과 애국주의를 동원하기 위한 정치적 서사를 위해 역사적 비유가 집중되고 있다. 오늘날 미국의 대중 봉쇄를 아편전쟁 이후 제국주의 침략의 역사에 비유하는 역사적 비유는 6.25전쟁을 이러한 제국주의 침략 역사, 치욕의 100년사를 극복한 승리의 역사로 비유하고 있다. 미국의 대중국 강경 노선과 미중 패권경쟁 속에서 중국은 사건의 성격을 규정하고 정책적 의지를 구성하기 위한 역사적 비유를 위해 사건을 선택하게 되는 데 6.25전쟁은 미국과 싸웠던 유일한 전쟁의 역사였다는 점에서 집중적인 역사 내러티브가 이루어지고 있다고 할 수 있다.

중국의 역사적 비유와 정치적 역사 서술은 중국이 미래에 어떠한 강대국이 될 것인지, 미중관계 속에서 중국은 평화적 공존과 충돌적 대결 중 무엇을 택할 것인지, 그리고 미중관계의 심화 속에서 한중관계가 어떻게 규정되어질 것인지를 보여주는 주요한 요소라고 할 수 있다. 중국이 한국전쟁 참전의 과거 역사를 대국관계를 규정하고 대응하는 데 주요한 국내외적 담론과 서사의 소재로 지속 활용할 가능성이 높다.

특히 중국의 역사적 비유는 비민주, 권위주의 체제의 역사적 비유가 안게 되는 위험성을 간과하기 어렵다는 점에 더욱 주목할 필요가 있다. 윤정원(2008, 48)은 집단적인 정책결정을 하게 되는 경우, 특히 해당 집단이 매우 폐쇄적이고 응집성이 강하여 역사적 비유 가운데, 보다 객관적이며 타당한 교훈을 채택하기보다 집단적 이익에 부합되는 교훈을 우선적으로 채택할 수 있다고 강조하고 있다. 중국의 역사적 비유는 이러한 측면에서 권위주의 체제의 역사적 비유가 갖는 위험과 한계를 보여줄 수 있다. 역사의 객관적 교훈을 채택하기보다 당을 중심으로 한 국내적 결속과 애국주의 고양에 부합하는 방향으로 한국전쟁 과거 역사의 교훈을 채택할 수 있다는 것이다. 공산당이 지속적으로 당의 영도를 역사의 선택으로 규정하고 중국공산당의 혁명사가 중화민족의 위대한 부흥에 가장 중요한 영양분이라고 강조하는 중국의 입장에서 어떠한 역사도 이러한 권력의 정당성을 훼손할 수 있는 사실 논쟁을 허용하기 어려운 구조에 있다.

중국의 역사적 비유의 또 다른 도전은—물론 중국만의 문제는 아니나—사건의 유사성에 대한 오류이다. 새로운 환경과 질서에도 불구하고 20세기 제국주의 프레임으로 오늘날의 서구 외교를 보는 프레임은 새로운 환경과 질서를 반영하지 않은 다분히 정치적인 비유일 수 있다. 결국 똑같은 역사가 반복될 수 있다는, 19세기 청말 시기 제국주의 침략으로 통일중국이 와해되었던 역사가 반복될 수 있다는 경계의식이 이를 보여준다.

홉스봄(2002, 70)은 기계적 모델과 방안 등 비역사적인 접근의 부상으로 어느 누구도 역사에서 배우려 하지 않는 것을 가장 중요한 위기로 지적하면서도 한편으로, 비합리적인 목적을 위해 역사를 체계적으로 왜곡하는 것 또한 주요한 도전으로 강조하였다. 선동적 역사와 이데올로기적 역사는 자기를 정당화하는 신화가 되는 경향이 있다는 것이다. 중국의 역사적 비유는 역사적 사실 자체와 역사적 기억에 대한 정치적 기획의 사이에서 전략적으로 선택되고 있다. 역사적 비유와 전략적, 정치적 역사 서술은 과거 역사에 대한 사실(fact) 논쟁을 넘어선 것으로, 역사 연구와 역사 논쟁의 접근만으로는 한계가 존재한다. 역사적 비유는 종종 외교정책적 실패와 오류를 양산하였다는 점에서 그럴 뿐 아니라 그 역사가 정치적 목적의 서사에 의존하여 등장할 경우 오판과 오도(誤導)의 위험성이 존재할 수 있다는 점에서 중국의 역사적 비유와 정치적 역사 서술에 대한 관심과 연구의 지속 필요성을 제기한다. 향후 정치적, 전략적 배경의 역사 서술과 역사적 비유 지속 가능성을 분석하고, 중국의 역사적 비유가 초래할 수 있는 다양한 도전과 이에 대한 학문적 정책적 고민이 지속될 필요가 있다.

## 참고문헌

에릭 홉스봄. 2002. 『역사론』. 강성호 역. 서울: 민음사.

윤정원. 2008. "대외정책에 있어서 역사적 비유 사용의 한계." 『국제정치논총』 48(1): 35-66.

江涌. 2019. "发扬抗美援朝精神, 赢得中美博弈新胜利." 『世界社会主义研究』 2019年 07期. https://weibo.com/ttarticle/p/show?id=2309404560336505405775 (검색일: 2023.02.25.)

李捷. 2010. "抗美援朝的战略决策及其对新中国的重要意义." 『当代中国史研究』 17(06).

李巍·黄霖·李方卓. 2021. "百年未有之大变局下抗美援朝精神在学校思政课中的作用阐释." 『泰州职业技术学院学报』 21(03).

李玉梅. 2020. "大力弘扬伟大抗美援朝精神 奋力推进强国强军伟业." 学习时报. 2020. 10.26.

齐德学. 2010. "关于抗美援朝战争史研究的几个焦点问题." 『当代中国史研究』 17(06).

_____. 2018. "驳抗美援朝战争问题上的历史虚无主义." 『军事历史』. 2018(06).

张清敏·潘丽君. 2010. "类比,认知与毛泽东的对外政策." 『世界经济与政治』 2010年11期.

周一平·吕振宇. 2010. "2007年以来抗美援朝研究述评." 『当代中国史研究』 17(06): 107-113.

北京晚报. ""帝国主义亡我之心不死",今天重温毛泽东这本《不怕鬼的故事》." 2019.11.22. https://baijiahao.baidu.com/s?id=1650858578864690397&wfr=spider&for =pc (검색일: 2023.03.07.)

北京日报. "北京日报评论: 以自信和定力应对外部环境变化." 2020.07.17. https:// baijiahao.baidu.com/s?id=1672423343213797347&wfr=spider&for=pc (검색일: 2023.03.07.)

凤凰网知之. "郑永年 | 美国为什么要和中国进行"新冷战"." 2018.08.10. https:// known.ifeng.com/a/20180810/45112687_0.shtml (검색일: 2023.03.05.)

光明网. "两个辛丑年的对比"刷屏, 中国早已"换了人间!": 2021.03.20. https://m.gmw. cn/baijia/2021-03/20/1302176790.html (검색일: 2023.03.03.)

光明日报. "永续传承伟大抗美援朝精神." 2020.10.25.

解放军报. "铭记伟大胜利 推进伟大事业." 2020.10.25.

_____. "为实现中华民族伟大复兴提供更为坚强的战略支撑." 2020.10.27.

经济日报. "伟大抗美援朝精神永续传承." 2021.08.12.

环球网. "环球网评: 从抗美援朝精神中汲取奋进力量." 2020.10.20. https://baijiahao. baidu.com/s?id=1681072366137829779&wfr=spider&for=pc (검색일: 2023.02.11.)

"王忠新 | 中美贸易战"鸦片战争"8条教训莫忘", 民族复兴网, 2018.04.16. https:// www.mzfxw.com/e/action/ShowInfo.php?classid=12&id=101039

(검색일: 2023.03.05.)

"华春莹连发8推点名美国：中国人民永远不会忘记国耻." 2022.08.08. https://baijiahao.baidu.com/s?id=1740555389902191184&wfr=spider&for=pc (검색일:2023.03.05.)

军事科学院军队政治工作研究院. "大力弘扬伟大抗美援朝精神." 新华왕. 2021.11.03.

竟鼓动. "全世界对抗中国"?蓬佩奥之流"亡我之心不死！"海外网. 2020.07.22. https://baijiahao.baidu.com/s?id=1672927347505315662&wfr=spider&for=pc (검색일: 2023.03.07.)

环球时报. "社评：用打抗美援朝的意志打对美贸易战." 2018.04.07. https://opinion.huanqiu.com/article/9CaKrnK7uoG (검색일: 2023.02.25.)

圣贤书院. "罗富强：中美贸易战将是"朝鲜战争"的重演." 2019. http://www.shengxianshuyuan.com/news/show?id=30098 (검색일: 2023.02.25.)

"华为的"冬天",华为的"上甘岭"！" 2019.05.18. https://www.sohu.com/a/314906223_380731 (검색일: 2023.02.25.)

"任正非：华为要争夺"上甘岭",要和美国争夺高科." 2016.07.26. https://www.sohu.com/a/107652592_386707 (검색일: 2023.02.25.)

共产党员网.《伟大的抗美援朝》http://www.12371.cn/2020/06/04/VIDA1591256924181757.shtml

CCTV. "伟大的抗美援朝."第五集 和平." 2020.06.06. https://www.bilibili.com/video/BV1BK4y1x7wR

屈一平. 2020. "弘扬伟大抗美援朝精神 — — 访中央党校(国家行政学院)中共党史教研部副主任李庆刚."『人民周刊』. 2022(06).

刘光明. "抗美援朝战争：打出国威军威的丰碑." 求是网. 2020.11.11. http://www.qstheory.cn/dukan/hqwg/2020-11/11/c_1126726063.htm (검색일: 2023.02.11.)

人民日报. "伟大抗美援朝精神,弥足珍贵的精神财富." 2021.08.10.

_____. "美国贸易战的实质是遏制中国." 2019.05.15. https://baijiahao.baidu.com/s?id=1633596330385532437&wfr=spider&for=pc (검색일: 2023.02.26.)

人民网. "伟大的抗美援朝战争 — — 新中国的"立国之战"(上)." 2020.10.25. https://haokan.baidu.com/v?pd=wisenatural&vid=1908133886349738746 (검색일: 2023.03.18)

_____. "铭记伟大胜利 推进伟大事业." 2020.11.10. https://baijiahao.baidu.com/s?id=1682932681875601376&wfr=spider&for=pc (검색일: 2022.02.12.)

张维为. "朝鲜战争扭转乾坤,我们让以收获70年的和平!." 东方卫视. 2019.05.14. https://v.qq.com/x/page/k0870mjbqnl.html (검색일: 2021.05.30.)

张维为,徐焰. "这就是中国第77期：回望伟大的抗美援朝." 东方卫视. 2020.10.26. https://weibo.com/tv/show/1034:4564661748826114 (검색일: 2023.03.18.)

刘卓. "中国共产党的领导是抗美援朝战争胜利的最根本经验." 中国共产党新闻网. 2020.10.27. http://dangshi.people.com.cn/GB/n1/2020/1027/c85037-

31907055.html?ivk_sa＝1024320u (검색일: 2023.03.18.)

中国妇女报. "从伟大抗美援朝精神中汲取奋进新时代的力量." 2021.08.10.

中国军网. "重温历史│抗美援朝:改写历史的伟大战略决策." 2018.10.13. http://
　　www.81.cn/2018hymzjs/2018-10/18/content_9317207.htm (검색일:
　　2023.02.01.)

中国军网-解放军报. "纪念抗美援朝70周年│正义的胜利和平的胜利人民的胜利."
　　2020.10.23. http://www.81.cn/yw/2020-10/23/content_9923589.htm
　　(검색일: 2023.02.14.)

中华工商时报. "弘扬抗美援朝精神 推进新时代伟大事业." 2020.10.26.


Gardner, Hall. 2018. *IR Theory, Historical Analogy, and Major Power War*.
　　Switzerland: Palgrave Macmillan.

Khong, Yuen Foong. 2019. "The US, China, and the Cold War analogy." *China
　　International Strategy Review* 1: 223-237.

Jeffery, Renée. 2009. "Evaluating the 'China threat': power transition theory, the
　　successor-state image and the dangers of historical analogies." *Australian
　　Journal of International Affairs* 63(2): 309-324.

Larat, Fabrice. 2005. "Present-ing the Past: Political Narratives on European
　　History and the Justification of EU Integration." *German Law Journal*
　　6(2): 273-290.

Lee, Francis LF, Joseph Man Chan and Dennis KK Leung. 2019. "When a
　　historical analogy fails: Current political events and collective memory
　　contestation in the news." *Memory Studies* 12(2): 130-145.

Leffler, Melvyn P. 2019. "China Isn't the Soviet Union. Confusing the Two Is
　　Dangerou." *The Atlantic*. Dec 2, 2019. https://www.theatlantic.com/ideas/
　　archive/2019/12/cold-war-china-purely-optional/601969/

May, Ernest R. 1973. *'Lessons'of the Past: The Use and Misuse of History in
　　American Foreign Policy*. New York: Oxford University Press.

Neustadt, Richard E. and Ernest R. May. 1986. *Thinking in Time: The Uses of
　　History for Decision-Makers*. New York: Free Press.

Record, Jeffrey. 1998. "Perils of reasoning by historical analogy: Munich,
　　Vietnam and American use of force since 1945." Occasional Paper No. 4,
　　Air University Center for Strategy and Technology.

Rosenfeld, Gavriel D. 2018. "Who Was "Hitler" Before Hitler? Historical
　　Analogies and the Struggle to Understand Nazism, 1930‒1945." *Central
　　European History* 51(2): 249-281.

Taylor, Andrew J. and John T. Rourke. 1995. "Historical Analogies in the
　　Congressional Foreign Policy Process." *The Journal of Politics* 57(2): 460-
　　468.

Wang, Zheng. 2008. "National Humiliation, History Education, and the
    Politics of Historical Memory: Patriotic Education Campaign in China."
    *International Studies Quarterly* 52(4): 783–806.
_____. 2014. *Never Forget National Humiliation: Historical Memory in Chinese
    Politics and Foreign Relations*. New York: Columbia University Press.
Yin, Jiwu. 2020. "The Cold War analogy's misrepresentation of the essence of
    US-China Strategic Competition." *China International Strategy Review* 2:
    257–269.

**필자 소개**

## 차정미 Cha, Jungmi

국회미래연구원 국제전략연구센터장, 연세대학교 객원교수.
연세대학교 정치학 박사

논저 『*The Future of the World Order in 2050: Probable vs. Preferred*』, 『*The Future of US-China Tech Competition: Global Perceptions, Prospects and Strategies*』, "미중 전략경쟁과 과학기술외교(Science Diplomacy)의 부상", "시진핑 시대 중국의 대전략: 세기의 대변화론—중국몽—일대일로 연계분석을 중심으로", "시진핑 시대 중국의 군사혁신 연구: 육군의 군사혁신전략을 중심으로"

이메일 chajm@nafi.re.kr

# 제7장

# 21세기 중국 역사교과서의
# 국정화와 서술 변화

## Narrative changes of Chinese history textbooks in the 21st century

우성민 | 동북아역사재단

* 이 글은 『동북아역사논총』 78호(2022)에 게재된 필자의 "'동북공정' 전후 중국 역사교과서의 한국사 인식과 서술 변화에 대한 검토"를 재정리한 것임.

**중국** 교육부는 전국적인 시행을 목표로 단계적으로 의무 교과서의 국정화를 추진해 왔다. 2017년 가을학기부터 전국의 초등학교 1학년(1학년)과 중학교 1학년을 대상으로 2018년에는 초등학교 2학년(1, 2학년), 중학교 1학년(7, 8학년)으로 확대되었다가, 2019년에는 의무교육 전 기간인 1~9학년으로 확대하는 것을 목표로 단계별로 국정화를 추진한 것이다.

신중국 성립 70주년인 2019년 가을부터는 전국 고등학생을 대상으로 역사 필수교재인 『중외역사강요』 상하권을 사용하기 시작하였고, 중국공산당 창당 100주년인 2021년 가을부터는 중국의 초중고 전 학년에 국정교과서가 적용되었다.

대학교의 경우도 최근 중국 정부가 현재 중국의 역사 교육에서 중고등학교와 대학 사이의 지식 체계와 교수 체계가 심각한 단절과 착오를 가지고 있다고 우려하면서 국정화의 범위를 대학까지 확대하려는 움직임을 보이고 있다.

이러한 시점에서 이 글은 21세기 중국 역사교과서의 국정화와 서술 변화라는 주제로 '21세기 중국의 역사 재해석이 국제정치학에 주는 함의'라고 하는 대주제의 일부를 담당하고자 하였다. 다만 중국 역사교과서의 국정화가 한중관계에 주는 함의를 파악하기 위해 우선 중국 역사교과서의 한국사 관련 서술의 문제점이 한중관계에 미치는 영향에 주목하였다. 구체적으로 중국이 21세기 전후 추진한 다양한 국가 차원의 역사 관련 공정 중 동북공정을 대표적인 실례로 상관관계를 검토하면서 한국사 관련 서술을 파악하였다. 특히 중국 역사교과서가 한중역사 갈등의 주요 요인이 된다는 점에서 중국 역사교과서의 국정화 이전 단계부터 한국사 관련 내용을 상세하게 다루었다. 다음은 시진핑 집권 2기부터 공식화하기 시작한 중국 역사교과서의 국정 전환의 배경과 함께 중국 역사교과서의 세계사 관련 서술의 변화를 소개하였다. 이를 통해 중국 역사교과서의 국정화가 한중관계에 주는 함의로서 한반도의 중국에 대한 종속성을 시사하는 서술 내용을 확인할 수 있었다. 아울러 국제정치학에 주는 시사점으로서 중국이 국제사회에서 신형 국제관계를 구축하는 가운데 중국 역할의 당위성 확대가 중국 역사교과서의 세계사 관련 서술 속에 반영되었음을 파악할 수 있었다. 역사교과서는 차세대의 역사인식 형성에 큰 영향을 주며 주변국의 상호 이해를 위해서도 중요한 의미를 갖는바, 국내 학계의 지속적인 관심과 연구 활성화가 필요하며 국내외 학계의 연구자와 교육자들의 학술 교류를 확대해야 할 것이다.

The Chinese Ministry of Education has been promoting the nationalization of mandatory textbooks in stages with the goal of nationwide implementation.

From the fall semester of 2017, it was applied to the first grade (Grade 1) of elementary school and the first year of middle school (Grade 7). In 2018, it was expanded to the second grade (Grade 1 and 2) of elementary school and the first year of middle school (Grade 7 and 8) in 2018. Then, it expanded to the entire rung of compulsory education (Grades 1-9) in 2019.

In the fall of 2019, the 70th anniversary of the establishment of the new China, high school students across the country began to use the first and second volumes of the *Zhongwai lishi gangyao [中外歷史綱要, Outline of Chinese and foreign history]* as textbooks.

Two years later, in the fall of 2021, the 100th anniversary of the founding of the Chinese Communist Party, the national textbooks were applied to all grades in China. The Chinese government has recently moved to extend the scope of nationalization to the higher level of education as it has been concerned with serious disconnects between knowledge and teaching system between secondary schools and universities.

This article aims to contribute to the larger theme of 'implications of China's historical reinterpretation for its international relations' by focusing on the nationalization and narrative changes of Chinese history textbooks in the 21st century. In order to understand the implications of the nationalization of Chinese history textbooks for ROK-China relations, this article first focuses on the impact of the problematic narrative of Korean history in Chinese history textbooks on ROK-China relations. In particular, among the various national-level measures on history-related project that have been taken by the Chinese government in the 21st century, the Northeast Project is analyzed as a representative example. Since Chinese history textbooks are a major factor in the historical conflicts in the bilateral relations, the contents on Korean history are examined in detail from the period prior to the nationalization of Chinese history textbooks. Next, the background of the nationalization of Chinese history textbooks which began during Xi Jinping's second term is described with a particular emphasis on the changes in the narratives on world history.

Through this article, it was possible to confirm the description suggesting the dependence of the Korean Peninsula on China as the implication of the nationalization of Chinese history textbooks on Korea-China relations.

In addition, as an implication for international politics, it was found that the expansion of the justification of the role of China was reflected in the description of world history in Chinese history textbooks while establishing new international relations in the international scene. History textbooks have a significant impact on the formation of next-generation historical awareness and are important for mutual understanding of neighboring countries, so domestic academia must continue to pay attention and promote research, and academic exchanges between researchers and educators at home and abroad should be expanded.

**KEYWORDS** 중국 China, 역사교육 History education, 국정교과서 National Text book, 시진핑 Xi Jinping, 한국사 Korean History, 세계사 World History, 서술 Narrative, 한중관계 ROK-China relations, 국제관계 International relations

# I 머리말

중국 교육부는 지난 2017년 9월 1일부터 도덕과 법치, 어문, 역사 3개 교과의 국정 교재를 사용하도록 함으로써 일선 학교는 이미 본격적인 사용에 들어갔고 새로운 교재를 3년에 걸쳐 순차적으로 확대해 전면화한다는 방침을 밝혔다.

이어 2017년 베이징에서 개최된 중국공산당 제19차 전국대표대회에서 시진핑 신시대 중국특색의 사회주의 사상이 중국공산당이 반드시 장기적으로 견지해야 하는 지도사상으로 확정되었고, 전국의 모든 학생이 통일적으로 사용하는 1종의 통편 교재(通編 敎材)인 의무교육교과서 8학년 『중국 역사』 하책에 전면 게재되었다 (敎育部組織編纂 2017b; 2018b).

시진핑 주석 집권 2기의 시작을 알리는 2017년 중국공산당 제19차 전국대표대회에 앞서 중국이 국정화 방침을 발표한 과정을 살펴볼 때 중국의 당대 정치와 역사교육의 함수관계를 반증하고 있다.

실제 중국 교육부는 2017년 가을학기부터 전국의 소학 1학년 (1학년)과 초중 1학년(7학년), 2018년에 소학 1~2학년(1~2학년) 과 초중 1~2학년(7~8학년), 2019년에는 의무교육 전 기간인 1~9 학년으로 확대하는 것을 목표로 단계별로 국정화를 추진하였다(김 지훈 2019a, 86).

신중국 성립 70주년인 2019년 가을부터는 전국 고등학생을 대상으로 역사 필수교재인 『중외역사강요』 상·하권을 사용하기 시작하였고, 당시 중국공산당 중앙선전부 소속 기관지인 『광명일보』는 사상정치, 어문, 역사교과서가 당의 교육방침을 실천하고, 국가적 의지를 구현하며, 민족의 우수한 문화를 전승하는 중요한 매체가 된다고 발표하였다(『光明日報』 2019. 8.28.).

중국 교육부도 당중앙의 요구를 관철하기 위해 의무교육인 도덕과 법치, 어문, 역사부터 교육부에서 통일적으로 구성, 편집하고 고등학교 3과목 교과서를 일률적으로 편찬했다고 밝혔다.

중국 교육부와 언론에서 언급한 바와 같이 당의 요구에 따른 국가 정책에 따라 중국공산당 창당 100주년인 2021년 가을부터는 중국의 초중고 전 학년에 국정교과서가 적용되었다. 대학교의 경우도 최근 중국 학계가 현재 중국의 역사교육에서 중고등학교와 대학 사이의 지식 체계와 교수 체계가 심각한 단절과 착오를 가지고 있다고 우려하면서 국정화의 범위를 대학까지 확대하려는 움직임을 보이고 있다. 이렇게 되면 국내 학계에서 지적한 바와 같이 앞으로 중국은 초유의 상태인 초중고 대학 모두 국정교과서를 사용하는 중국 교육계의 일대 대전환이 추진되는 것이다(김지훈 2019a, 86).

중화인민공화국 교육부 사이트의 중국교육개황 통계에 의하면 재학생 규모로 보면 2019년 중국의 대학생은 전년 대비 169만 명 증가한 4,002만 명에 달한다고 하였다. 전국 대학원생 수는 286만 4,000명으로 전년보다 13만 2,000명, 4.8% 증가하였고, 이 중 42만 4,000명의 박사과정 학생과 244만 명의 석사학위 학생이 있다고 발표하였다.[1] 2020년의 경우 코로나19의 영향으로 전국 21

---

1    중화인민공화국 교육부 사이트의 중국교육개황 중. 2019年 全国教育事业发展情况 http://www.moe.gov.cn

만 1,000개의 의무교육 학교 중 1,779개교가 감소했지만 재학생
은 1억 5,600만 명으로 전년 대비 251만 1,000명 증가해 1.6% 증
가했다고 소개하였다. 그들 중 상당수는 향후 각 영역에서 중국을
이끄는 차세대 지도자들이 될 것이며 중국의 지식 지형을 형성하
게 될 것이다.

　그렇다면 그들의 역사인식에 영향을 주는 역사교과서에 대한
서술은 주변국의 입장에서도 상당한 의미를 지니는 것이다. 당의
교육방침을 실천하고, 국가적 의지를 구현하는 교과서를 배운 중
국 청소년들의 세계와 주변국, 한반도에 대한 역사인식과 동아시
아에 대한 이해는 어떻게 표출될까?

　역사교육의 본질에 대해 로라 헤인(Laura Hein)과 마크 셀든
(Mark Selden)이 정의한 것처럼 '한 사회의 이상화된 과거와 희망
찬 미래를 다음 세대에 전달'하는 것이라면(헤인·셀든 2009), 역사
교과서는 국가정체성과 미래 구상을 진단할 수 있는 매체가 될 뿐
아니라 사회적 주류의 이념을 반영하여 기술된다는 점에서 중요하
다고 할 수 있다(김유리 2006). 따라서 중국 역사교과서가 국정화된
이래 주변국의 역사에 대해 어떻게 서술하고 있는지에 대한 이해
는 동아시아의 미래를 전망하기 위해 주목해야 할 대상이 될 것이
다. 오늘날 중국 정부가 2035년 교육강국을 목표로 수립한 중장기
전략계획인 『중국교육 현대화 2035』를 발표한 이래 중국 교육은
당의 큰 계획이자 국가의 큰 계획이며 고등교육을 잘 운영하는 것
은 국가의 발전과 국가의 미래와 직결된다고 강조한 시점에서 더
욱 그러하다.

　이러한 맥락에서 본고는 21세기 중국 역사교과서의 국정화

와 서술 변화라는 주제로 '21세기 중국의 역사 재해석이 국제정치학에 주는 함의'라고 하는 대주제의 일부를 담당하고자 한다. 다만 중국 역사교과서의 국정화가 한중관계에 주는 함의를 파악하기 위해 우선 중국 역사교과서의 한국사 관련 서술의 문제점이 한중관계에 미치는 영향에 주목할 것이다. 특히 중국이 21세기 전후 추진한 다양한 국가 차원의 역사 관련 공정 중 동북공정을 대표적인 실례로 상관관계를 검토하면서 한국사 관련 서술을 파악할 것이다. 전체 분량 면에서 비교적 많은 지면을 차지하지만 중국 역사교과서가 한중 역사 갈등의 주요 요인이 된다는 점에서 중국 역사교과서의 국정화 이전 단계부터 한국사 관련 내용을 상세하게 다루고자 한다. 다음은 시진핑 집권 2기부터 공식화하기 시작한 중국 역사교과서의 국정 전환의 배경과 함께 중국 역사교과서의 세계사 관련 서술의 변화를 소개할 것이다. 이를 통해 중국 역사교과서의 국정화가 한중관계에 주는 함의와 국제정치학적 시사점을 도출하는 데 참고가 되길 기대한다.

## II 중국의 '역사공정'과 중국 역사교과서의 상관관계

개혁개방 이래 중국의 경제 발전은 중국 고고학의 발전에 큰 원동력이 되었고, 중국의 다양한 지역에서 발굴된 고고학 성과는 중국 역사학계에 직접적인 영향을 주었다. 경제성장의 과실을 누리기 시작하며 되찾은 중국의 자신감과 이에 따른 신중화민족주의의 대두와 대형 학술 프로젝트의 추진이 맞물려 있었다(김경호·심재호 외 2008, 9). 하(夏: BC 2070-1600)의 도성인 이리두(二里頭) 유적을 근거로 기원전 2000년을 전후한 시기에 이미 국가 단계에 진입하였음 밝히는 하상주단대공정(夏商周斷代工程)을 비롯하여, 동북공정(2002~2007), 서북공정, 서남공정과 중화문명탐원공정, 24사찬수공정, 청사공정, 역외한적공정, 장성보호공정(2005~2012) 등 국가 차원의 다양한 역사 관련 공정이 추진되었다(박양진 2008; 전인갑 2008).

이 가운데 '동북공정'의 경우 국내에서 크게 주목받은 뒤 역사 왜곡의 대명사로 인식되어 지금도 한국의 민족정서를 고취하는 아이콘으로까지 확대 해석되기도 하였다. '동북공정'의 주장은 한국사 체계를 부인하는 것이자 한국인의 역사적 정체성을 구성하는 핵심인 고구려사를 비롯한 고조선과 발해사를 중국사로 편입하려는 시도였기 때문이었다. 중국의 한국사에 대한 인식이 가장 잘 드러나 있는 것 중 하나가 바로 중국 역사교과서라 할 수 있는데, '동북공정'이 추진되기 이전에는 고구려사를 비롯한 한국사를 일정부분 역사 교과서에 기술하고 있었지만 '동북공정'이 진행되면서 이러한 중국의 역사인식이 중등학교 역사교과서에도 그대로 반영됨으로써 양국 간의 역사 분쟁을 공식화시킨 것이다(권은주 2021).[2]

당시 한국 정부 차원의 대응으로 2004년 8월 한중 외교차관은 고구려사 왜곡 문제에 대한 구두양해에 합의하였다. 한중, 고구려사 왜곡 5개항 구두양해를 보면 "중국 정부는 고구려사 문제가

---

2    지난 2004년 8월 한국 외교부와 국내 학자들이 서울 조선호텔에서 가진 간담회에서 "중국이 동북공정의 연구 결과를 자국내 초·중·고교 교과서에 포함시킬 가능성도 있다"며 우려를 나타냈던 내용이 보도되었다.

양국 간 중대 현안으로 대두된 데 유념하고, 역사문제로 한중 우호 협력 관계의 손상 방지와 전면적 협력동반자관계 발전에 노력하며, 고구려사 문제의 공정한 해결을 도모하고 필요한 조치를 취해 정치문제화하는 것을 방지한다"는 내용이 포함되었다. 동시에 "중국 측은 중앙 및 지방 정부 차원에서의 고구려사 관련 기술에 대한 한국 측의 관심에 이해를 표명하고 필요한 조치를 취해나감으로써 문제가 복잡해지는 것을 방지하고", "학술교류의 조속한 개최를 통해 해결한다" 등 5개항에 대해 구두합의하였다. 여기서 "고구려사 관련 기술에 대한 한국 측의 관심에 이해를 표명한다"는 4항은 중국 역사교과서를 정부 차원에서 왜곡하지 않는다는 전제 아래 고구려사 문제를 더 이상 정치화하지 않는다는 것을 의미한다. 2004년 한중 구두 합의 이후, 중국 역사교과서의 고구려를 비롯한 한국사 왜곡 대응은 줄곧 국내 학계의 주요 관심사가 되었다.

'동북공정'이 공식적으로 시작된 지 20년이 지나고 종료된 지 15년이 지났지만 그동안의 중국 학계[3]의 연구 동향을 회고해 보면 동북공정은 지금도 현실 전략적 차원에서 진행되고 있다는 것과 동북공정 이전부터 주변국 역사 왜곡에 대한 논리가 축적돼 왔다는 것이 국내 학계의 공통적인 지적이다. 지난 2022년은 동북공정 발발 20년을 경과하는 해이자 한중 수교 30주년이기도 하였다. 한중 수교 30주년을 계기로 30년간의 한중관계의 발전과 변화를 살

---

3    하상주단대공정과 중화문명탐원 공정 등과 관련한 대표적인 연구 성과로 박양진 (2008); 전인갑(2008) 등을 들 수 있다. 본고에서는 최근 만리장성의 역대 총길이 연장발표 내용까지 포함하고, 이러한 역사공정의 논리적 근거가 되는 통일적 다민족국가이론을 함께 검토함으로써 종합적으로 접근하고자 하였다.

펴보는 연구 성과가 급증하였지만 한중 간의 화합에 가장 걸림돌이 되는 요소로 역사문화의 갈등 요인을 공통적으로 지적하고 있으며 그 가운데 중국 역사교과서가 있는 것이다.

이에 이 글에서는 21세기 중국의 부상과 함께 새로운 국면을 맞이한 중국 역사학계의 동향에 대해 이른바 '역사공정'의 대표로 알려진 동북공정을 실례로 살펴보고, 이러한 동북공정과 중국 역사교과서의 상관관계에 대해 검토하고자 한다.

주지하는 바와 같이 중국사회과학원 중국변강연구소는 2002년 2월 '동북공정'을 본격적으로 가동하기 시작하면서, 3월에 과제 모집을 공고하였고, 4월에 신청서를 접수 받아 심사를 거쳐 과제를 선정하였다. 이어 2003년 8월, 2004년 7월 '동북공정' 전문가 위원회를 북경, 흑룡강, 요령에서 개최하고 당시 최종 95개 과제가 비준을 얻어 이른바 '동북공정' 과제를 공식 추진하였다.[4]

'동북공정' 과제는 기초연구와 응용연구를 포함한 연구 부문, 외국(주로 남북한, 러시아)의 관련 서적을 번역하는 부문, 관련 사료의 수집·정리 부분을 포함하였다. 기초연구는 고대 중국 변강이론 연구, 동북지방사 연구, 동북민족사 연구, 고조선·고구려·발해사 연구, 중조관계사 등 역사분쟁과 관련 연구로 한국사 관련 과제가 차지하는 비중이 높고, 응용연구는 한반도 정세변화가 중국에 미치는 영향 등 기초연구를 토대로 현실의 국제관계 속에서 파생되는 문제에 대한 중국의 대응책으로 이해할 수 있는데, 동북아 국제

---

4    김현숙(2022); 김지훈(2020); 서길수(2008, 1-6); 李国强(2004, 1-6). 다만 본고에서는 중국 학계에서 공개한 과제 통계를 인용하였고, 그 통계 숫자가 국내 학계와 다른 이유를 설명하였다.

질서 변화에 대한 중국의 동북아 전략과 밀접하여 비공개로 진행하였다.

국내 학계에서 파악한 '동북공정'의 입안과제와 출간 제목 등을 중심으로 분류해 보면 크게 고조선, 고구려, 발해, 간도, 민족, 백두산, 조공책봉, 한중관계, 중러관계, 동북지역 변강, 강역 등의 대주제로 나눌 수 있는데, 그 중 변강과 강역 문제가 가장 큰 비중을 차지하고 있었다. 예를 들면 2002년 입안 제목인 '국제법과 북중변경 쟁의문제'(2006년에 '강역 귀속 이론 문제에 대한 연구'라는 제목으로 출간됨), '조선반도 시국과 대책연구(출간 제목, 입안 제목: 조선반도 현황연구)', '중국과 조선의 속국관계와 변경 역사 연구', '서방학자들의 변강이론문제에 대한 연구', '중국동북 변경역사 연구 자료 정보(북·한·일 부분), '일본외무성 "간도"문제 자료(일문)', '조선반도 통일문제에 관하여' 등 모두 북한 유사 시 혹 남북 통일 시 한반도와의 국경문제를 염두에 두고 있음을 보여주고 있다.

동북지역은 오늘날 중국의 영토이기 때문에 과거에도 중국의 영토이어야만 하는 중국식 논리에 기준하여 현재의 국경과 강역, 이를 소급한 과거 역사의 강역과 변천을 연구하여 역사학, 고고학, 민족학, 생물학, 문헌학, 지리학 등의 관점에서 중국의 귀속성을 확증하려는 의도일 것이다. 이는 동북공정의 이론적 토대가 되는 '통일적다민족국가론'을 반영한 결과라 할 수 있는데, '통일적다민족국가론'에 따르면 무수한 소수민족의 역사가 중국사로 편입되는 것이다(여호규 2022). 더욱 문제가 되는 것은 중국의 전근대사와 현대사 역사교과서에서 공통적으로 국가 이데올로기로서 통일적다민족국가를 일관되게 다루고 있다는 점이다.

중국이 다민족국가로서 민족모순의 문제를 해결하기 위해 '현재 중국의 영토 위에서 존립한 역사상의 모든 국가가 중국의 역사'였다는 사실을 역사교육을 통해서 확인시키는 것이다. '동북공정' 이후 2001년 의무교육과정표준과 비교했을 때 2011년 교육과정 표준에서 '통일적다민족국가론'에 따른 서술이 더욱 두드러지며, 분권적 요소, 민족 차별의 현실 등이 삭제되어 의도적인 역사의 가감 현상도 보인다.[5] 2011년 말, 중국 정부가 애국주의 정치교육으로서 역사교육을 강조하는 교육과정을 제정한 뒤 2017년 중등 역사교육과 관련하여 후술할 국정화 방안을 공식 발표한 후 중국 교육부 검정을 통과한 중학교 역사교과서를 파악해 보면 공통적으로 영토교육을 강화하는 서술 특징이 확인된다.

모든 교과서의 역사지도에 동해, 발해, 황해, 남해를 표기했고, 역사적으로 중국 영해임을 강조했는데, 국가의 핵심 이익에 해당하는 '영토' 관련 역사적 근거를 가능한 확보하여 현재 영유권 분쟁지역에 대한 자국의 입장을 교육하려는 입장과 무관하지 않다.[6]

---

5   중국의 이른바 '통일적다민족국가'는 현재 중국의 판도를 중국사의 외연으로 간주하고 그 영역 안에서 지금까지 전개된 역사 전체를 중국사로 파악하려는 목적의식 아래 등장했다. 이는 다원적 기원을 가진 여러 민족이 한족(漢族)을 중심으로 하나의 중화민족을 형성하였다는 이른바 '다원일체격국(多元一體格局)'론이 나온 이래 강화되었다. 그런데 더욱 문제는 그러한 기조를 역사교과서에 그대로 반영하고 있다는 점이다. 이는 교과서 편성의 기준인 교육과정지침에 입각한 것이다. 1956년에 발표된 '고급중학중국역사교학대강(高級中學中國歷史敎學大綱)'에서 "우리나라는 통일적다민족적국가로 우리나라 역사는 각 민족 공동의 역사다"라고 한 이래로, 표현에 있어서는 다소 변동이 있지만 통일적다민족국가 기조를 오히려 강화해 오고 있다(김종건 외 2011).

6   특히 왕조별 형세도(강역도)에서 남해 제도(諸島)에 대한 확대 지도를 삽입하는

이렇게 볼 때 '통일적다민족국가론'을 기저로 하고 있는 중국 역사교과서와 동북공정 입안과제 중 강역, 변강, 국경 등 영토문제가 가장 비중이 크다는 사실은 상호 유기적 관계임을 시사한다.

'동북공정' 연구과제 입안 과정과 절차, 연구 분류 등에 대한 중국 학계의 발표가 알려지면서 국내 학계는 큰 충격을 받게 되었다. 2007년 1월 '동북공정' 5년 프로젝트가 공식적으로 종료된 후에도 국내 학계는 '동북공정' 제1차 연도에서 제3차 연도까지 '동북공정' 과제 선정 과정, 과제 내용, 신청 기관 등을 파악하여 발표하면서(서길수 2008, 1-6) 동북공정 이후 중국의 한국사 연구 동향에 주목하였다.

최근 발간한 『동북공정 이후 중국의 고구려사 연구 동향』에서 기본적으로 동북공정식 역사인식을 변함없이 견지하면서 보완·심화하는 단계로 가고 있고 동북공정 종료 후에도 양적으로 계속 증가하고 있으며 질적으로도 수준이 향상되고 있다고 지적하기도 하였다.[7]

국내 학계의 관심 고조에 따라 2002년 4월 선정된 '동북공정' 과제 기초연구 중 첫 번째에 해당하는 『흑룡강통사(黑龍江通史)』가 16년이 지난 2017년 6월에 흑룡강인민출판사에서 출판되었다는

---

반면 창해(漲海) 등 남해의 고지명을 표기했는데 중학교 역사교과서의 경우만 보더라도 총 44회 삽입된 지도에서 영해를 표시했다.

7  최근 2007년에서 2015년까지 발표된 고구려 연구물들을 분석하여 출간한 『동북공정 이후 중국의 고구려사 연구 동향』에서 고구려 연구를 진행하는 대학과 기관, 대학과 대학 간 연계가 밀접하여 신진 연구자 양성에 상호 협력하는 시스템이 잘 갖추어져 있는 점이 눈에 띈다고 지적하고 있듯이 한중 현안 관련 모든 분야가 전략적인 분업 시스템을 마련하여 체계적으로 치밀하게 가동되고 있다고 할 수 있다(김현숙 외 2017).

것을(步平 2017) 확인할 수 있었다.

『흑룡강통사(黑龍江通史)』가 16년이 지나서 출간된 이유는 연구과제 책임자인 전 중국사회과학원근대사연구소 부평(步平) 소장이 작고한 개별적인 원인도 있겠지만 연구 책임자의 개인사정 외에 여러 다양한 배경으로 인해 동북공정 항목 중에는 변형되어 현재까지 진행되고 있음을 보여준다.[8]

같은 맥락에서 2019년 12월에 중국사회과학출판사에서 출간된『동북 고대 방국속국사연구(東北古代方國屬國史研究)총서』의 총서문에 보면 동북공정을 주도한 중국사회과학원 변강사 연구소 마다정(馬大正),[9] 리셩(厲聲)[10] 등이 참여하고 있어 동북공정의 맥을 잇는 대표적인 연구결과물 중의 하나임을 알 수 있다.

총서문에서 1998년에 비록 중국 동북사 6권을 출간하여 중국 동북지역의 소수민족, 역사 문화를 다루면서 중원과 동북과의 관계를 분석한 적이 있었으나 동북에 많은 방국·속국과 관련된 사료

---

8   동북공정 입안과제 19번의 '장백산지구 역사·문화, 귀속문제 연구'의 경우 제목을『장백산문화연구총서: 중국장백산문화』로 변경하여 2014년 길림출판그룹유한책임공사에서 출판하였다. 주목할 것은 연구책임자 동북사범대학 류허우성(劉厚生)이 2015년 4월 2일 길림일보를 통해 밝힌 출간 목적이다. 한국이 고토 회복의 의지를 표명하고 있기 때문에 장백산이 고대로부터 중국의 영역이었음을 세계 만방에 알려 조국의 변경을 수호하기 위해 이 책을 출판한다고 밝힌 내용이다. 동북공정의 결과물이 어떻게 대중화되고 애국주의적 역사관이 반영되어 홍보되고 있는지 확인되는 실례라 할 수 있다.

9   마다정은 동북공정 입안과제인 '중국 동북변강의 역사 총론'의 연구책임자로 2003년 8월 중국 사회과학출판사에서『중국동북의 국경문제 연구(中国东北边疆研究)』라는 책을 출간하였다.

10   중국사회과학원 변강사지연구중심의 리셩(厲聲)은 청대, 민국시기 변무 및 외교, 조선의 이민 등을 다룸. 동북변다룬 강당안선집(東北邊疆檔案選輯)을 일부 출판하였다.

가 너무 분산되어 있고 체계가 없어 당시 마다정이 제안하였다고 밝힌 것이다. 『동북 고대 방국속국사연구』 총서의 내용 또한 고조선, 부여, 고구려, 발해 등을 중원왕조의 번속체제 내에 위치하였던 중국 동북지방의 중요한 '지방민족정권'이라고 강조하며 번속국, 신속국으로 표현하고 있다.

예를 들면 발해뿐 아니라 신라도 당의 번속국이라고 설명하거나, 고려의 경우 단순한 '종번관계'가 아니라 정치·경제적으로 원조(元朝)에 완전히 예속되어 있었다고 주장하고, 명조와 한반도의 '종번관계'는 기본적으로 안정적이었다고 규정하였다. 궁극적으로 고대 한국의 독립성과 정체성을 도외시하여 전근대 한중관계를 번속관계, 종번관계로 왜곡하고 있는 것이다.

여기서 '번속'이론은 동북공정 2003년 입안과제에 해당하는 『중국고대번속제도연구(中國古代藩屬制度研究)』에서 분석한 이론임을 알 수 있다. 후술할 중국 고등학교 국정 역사교과서 『중외역사강요』에서도 조선을 청의 번속국으로 표현하며 중국과 주변국 관계를 '종번관계'로 강조하였다. 『중국고대번속제도연구』와 연결선상에 있는 『중국고대의 속국(属国)과 조공연구』가 2022년 10월에 출판되었다.

지난 10월 20일 중국변강사지연구(中国边疆史地研究) 관련 보도에 의하면 중국 고대의 속국(属国)과 조공은 밀접한 관계성을 지닌 두 가지의 개념으로, 중국 강역사(疆域史), 중화민족 공동체의 형성사, 중국 고대 대외관계사, 동아시아 지역사 등에 중요한 의의를 지니고 있다고 밝혔다. 이들은 중국의 역사공정을 대변하는 '동북공정'의 연구 결과가 지속적으로 출간되고 있는 실상과 함께 중국 역사교과서의 역사인식의 맥이 맞닿아 있음을 보여주는 사례라 할 수 있다.

공교롭게도 지난 2001년 2월 중국사회과학원 중국변강사지 연구중심에서 출간한 『고대중국고구려역사총론(古代中國高句麗歷史叢論)』의 서문에 의하면 중국은 하나의 유구한 역사의 다민족 국가였고, 이는 각 형제민족이 공동으로 이루어 온 것으로서 길고 긴 역사 속에서 역대 왕조가 흥망성쇠하는 가운데 국경의 변천이 있었다고 소개하였다(馬大正 외 2001).

중국의 변강사지를 연구하는 것은 역사의 경험과 교훈을 종합하여 국가영토주권을 보호하고 중국과 이웃국과의 관계를 처리하며 국내 각 민족의 단결을 강화시키고, 애국주의 교육을 진행하는 데 매우 중요한 의의가 있다고 역설하였다.

이어서 변강사지연구는 국가영토주권과 민족관계 등 민감한 문제를 다루고 있어 학계에서 금지시하고 매우 적은 사람이 학문으로 하여 장기간 정체돼 있다가 흑룡강교육출판사의 대대적인 지원하에 본 총서를 출간하게 됐다고 부연하면서 조국의 통일을 위해, 변강문화의 번영을 촉진하기 위해 공헌할 것이라고 했다.

중국의 변강의 연구 범위는 역대 변강의 강역, 변강민족, 변강문화, 변강외교, 변강해도, 변강고고, 변강역사지리와 근대 변계 변천 등이며 관련된 논저와 자료, 역저 등이 이 총서에 들어갈 것이라고 하였다.

특히 『고대중국고구려역사총론』의 첫 부분인 '서언을 대신하여'를 집필한 중국사회과학원 학술위원회 위원이자 중국변강사지 연구중심 학술위원회 주임인 마다정이 '고구려 역사 연구 중 몇 가지 문제에 대한 약론'이라는 주제의 글을 발표하였는데, 중국의 역사교과서에서 고구려를 한국의 역사라고 서술한 내용을 비판하며 수정해야 한다고 주장한 것이다.

달리 표현하면 '동북공정'과 중국 역사교과서는 '동북공정'이 공식적으로 발표되기 전부터 그 출발점을 같이하고 있다고 할 수 있다. 국내 학계에서 지적한 바와 같이 '동북공정'의 기본 틀을 제공한 중국학자 마다정 스스로가 밝힌 내용인 만큼 중요하게 다룰 필요가 있다(안희천 2006). 마다정의 중국 역사교과서 중 고구려에 대한 표현법의 변화에 관한 관점을 정리해보면 몇 가지 주목할 특징이 확인된다.

첫째, 동북공정을 공식화하기 이전부터 역사교과서 수정을 전제로 하고 있었고, 거국적인 준비를 기획하고 있었음을 알 수 있다. 일반적으로 역사교과서가 개편되기까지 국가이념과 정책 배경이 뒷받침되어야 하고, 장기간에 거쳐 연구과정이 만들어지기 때문에 교과서가 집필되어 발행되기까지 긴 시간이 걸리기 때문이다(안희천 2006). 결국엔 마다정의 '고구려 역사 연구 중 몇 가지 문제에 대한 약론'의 마지막 부분에서 역사교과서에 대한 전수 조사를 건의하여 향후 대대적인 수정을 예고하고 있었다는 점이다.

둘째, 1980년대까지 고구려를 한반도의 역사로 기술한 중국 역사교과서를 비판하고, 고구려를 중국 북방의 소수민족 정권으로 서술한 내용이 객관적이라고 주장하였다. 예를 들면 고구려와 수당의 전쟁이 국제전이 아니라 통일을 수호한 국내전이라는 역사의식을 드러냈다.다만 1981년에 출판한 『세계역사』교과서 상책에 고구려를 '여전히' 한반도 북부의 노예제국가로 보았다고 지적하고 있지만 고구려는 한반도 북부만 아니라, 오늘날 중국 요녕, 길림, 흑룡강 성의 일부를 영역으로 삼고 있었기에 조선반도의 북부에만 국한시키고 있다는 점 또한 역사적 사실에 부합하지 않는다. 궁극적으로는 상술한 현재의 영토를 기준으로 역사의 범위를 설정하려는 통일적다민족국가론을 반영한 것이라 볼 수 있다.

셋째, 고구려를 한국사로 간주하지 않기 시작한 중국 역사교과서의 시작점으로 1978년 교육부처가 14개 단과대학 및 대학교와 공동 편찬한 『세계중세기사 강의』부터 드러나고 있는데, 중국 교육부가 총괄 지휘를 하고 있음을 파악할 수 있다.

마다정이 '중국 역사교과서 중 고구려에 대한 표현법의 변화와 설명'에 관한 전문을 게재한 『고대중국고구려역사총론』도 공식 출간 연도는 2001년으로 '동북공정'을 추진하기 이전이지만 『고대중국고구려역사총론』 후기에서 서술한 바와 같이 중국학자들에게 애국주의 전통 정신에 입각하고 국가이익을 위하여 고구려 연구를 더욱 활성화하도록 장려한 것이다.

마다정은 중국 역사교과서의 고구려에 대한 서술이 한국사에서 중국사로 변화하게 된 이유에 대해 설명하면서 1950년대 북중 우호관계를 고려하고 있었고, 학술적으로 열악한 환경이었다는 등 배경만을 열거하였다. 반면 중국이 '국가이익'과 '국가영토주권'을 표방하면서 고구려 연구가 왜 긴박한지에 대한 근본적인 이유에 대해서는 기피하였다.

그러나 『고대중국고구려역사총론』에서는 북한과 한국 학계 및 '재야 학계'의 고구려 연구에 대해 상세하게 분석하는 가운데 고구려 연구가 왜 중요하고 긴박한지 보여주는 단서가 내포돼 있다. 북한의 고구려 유적, 유물의 고고학 방면의 연구 성과와 고구려의 요동 회복과 영토 확장, 한국 학계의 고구려 연구 '붐'과 북방정책, '재야사학'의 만주벌판 수복 등에 매우 민감한 반응을 보이며 이 문제에 대한 대책을 세워야 한다고 주장한 것이다.

1966년 중국이 문화대혁명의 동란에 처해 있던 때 북한이 단독으로 중국 동북지방의 유적 발굴 보고를 출판한 사건에 대해 중국 학계로서 유감을 표하며, 북한에서 1960년대 발굴된 60기의 고구려 시대 고분벽화를 계기로 고구려가 고대 북한 역사의 정통이며 주도적인 위치를 차지했다고 강조한 것에 대해 북한의 고구려 연구가 정치화되고 오도되었다고 비평하였다. 이는 중국이 21세기 '동북공정'을 공식적으로 추진하기 이전부터 중국 역사교과서에 '동북공정'의 역사인식을 반영하고자 한 의도를 파악할 수 있는 중요한 하나의 단서가 될 것이다.

지금까지 검토한 '동북공정' 추진 이전 단계의 중국 역사교과서의 고구려 서술 관련 중국 학계의 논의 과정과 동북공정과 중국 역사교과서의 상관관계에 대한 이해를 바탕으로 다음은 중국 역사교과서의 '동북공정' 역사인식 속의 한국사 관련 서술의 실상을 살펴보고자 한다.[11]

---

11  본고에서 다루지 않았지만 동북공정 외에도 상술한 하상주단대공정(夏商周斷代工程), 중화문명탐원공정, 장성보호공정(2005~2012) 등 국가 차원의 다양한 '역사공정'의 결과 또한 출판사별 다소 차이는 있더라도 중국 역사교과서에 반영되면서 서술의 변화가 확인되는바 차후의 과제로 삼고자 한다.

# III 중국 역사교과서 속의 한국사 관련 서술의 실상

중국에서 '동북공정' 과제를 공식 추진한 사실과 함께 중국 역사교과서의 한국 관련 내용이 언론을 통해 보도된 이래 국내 학계에서 중·고등학교 역사교과서와 대학 교재까지 한국사 관련 서술에 대한 다양한 분석이 이루어졌다.[12]

---

12 관련 연구로는 김지훈·鄭永順(2004); 동북아역사재단 편(2006); 안병우(2006); 김지훈(2007) 등이 있다(권은주 2020 참조). 이 외에도 중국의 교과서 제도와 관련하여 김유리(2018)에 의하면 1951년 이후 인민교육출판사가 연구편찬과 출판 발행을 모두 전담하는 統編制(한국의 국정제)를 시행하였다. 개혁개방 이후 1987년 국가교육위원회가 전국적으로 9년제 의무교육을 추진하면서 審定制(한국의 검정제)로 전환했으며, 교과서 편찬을 다양화하고 편찬과 심사를 분리하였다. 교과서 제도가 심정제로 바뀌고 여러 개의 교육과정이 마련되어 교과서가 다양화한 것이 지난 수십 년간 중소학 교재개혁의 주된 방향이었다. 초중 역사의 경우 6∼9종의 다양한 심정본이 전국적으로 사용되어 왔다고 소개하고 있다. 예를 들면 9종의 중학교 역사교과서로 인민교육출판사, 북경사범대학, 북경출판사, 하북사범대학, 사천교육대학, 화동사범대학, 악록서사, 지도출판사, 중화서국이 있다. 그 중 인민교육출판사의 경우 교육부가 집필진을 조직하여 교육부판 교과서라고 하고, 전국 채택률의 70%를 점유하므로 여기서는 인민교육출판사를 중심으로 살펴보았다. 이 외에, 연변교육출판사에서 조선어로 번역하여 출간하였고, 산동교육출판사(山東教育出版社)의 5·4제 중학교 교과서도 있지만 인민교육출판사의 6·3제 교과서와 내용상 차이가 없다. 발행한 역사교과서로는 『의무교육과정표준실험교과서 중국역사』 7年級·8年級上·下册 및 『의무교육과정표준실험교과서 세계역사』 9年級 上·下册이 있다(김지훈 2019a, 89 참조). 고등학교 역사교과서의 경우 신중국 건국 70주년을 맞이한 2019년 가을학기 시작에 맞춰, 국정화한 일반 고등학교 역사교과서인 신판 보통고중역사교재 『중외역사강요(中外歷史綱要)』를 인민교육출판사에서 공식 출간하였다. 그 이전에는 「역사과정표준」에 의거하여 인민교육출판사와 악록서사, 인민출판사, 대상출판사(북경사범대학판사) 등의 고등학교 역사교과서를 전국적으로 사용하였다(김지훈 외 2010, 12 참조). 발행한 고등학교 역사교과서로 (普通高中課程標準實驗教科書) 『歷史. 必修』 1, 2, 3과 선택과목으로 選修(1) 『探索歷史的奧秘』, 『探索歷史的奧秘』, 『歷史上重大改革回眸』, 『中外歷史人物評說』, 『世界文化遺產薈萃』, 『近代社會的民主思想與實踐』, 『20世記的戰爭與和平』 등이 있다(우성민 2022에서 재인용).

---

종래의 연구 성과에 의하면 중국의 중등 역사교과서는 과정 표준으로 바뀌면서 교과서마다 차이가 있지만 한국 전근대사 관련 내용이 거의 사라졌고 근현대사 관련 내용도 크게 축소되었다. 이러한 한국 관련 내용의 감소는 중국의 실험 중학교 역사교과서와 마찬가지로 편찬체제의 변화에 따른 분량 축소에 따라 이루어지기도 하였지만 2001년 이후 중국의 「교육과정표준」에 의거하여 "국제관계상 특별히 민감한 문제가 있으면 회피하거나 비교적 개괄적으로 서술할 수 있다"고 한 규정(권소연 외 2006, 105)을 따른 것이다. 환언하면 한국사 관련 서술이 삭제·축소된 데는 「교육과정표준」에서의 회피가 작용하였다고 짐작할 수 있다.

　　문제는 이러한 한정된 한국 관련 서술 내용 속에도 동북공정 이전 단계의 교과서와 비교할 때 왜곡된 한국사 인식이 강조되어 반영되었다는 것이다. 예를 들면 2006년 3월 출판된 인민교육출판사의 고등학교 『역사』 선택 1에서는 19세기 후반의 조선을 "중국의 번속국에서 중일 양국의 공동보호국으로 변화시켰다"라고 표현하여 당시 조선의 자주성을 인정하지 않고 있다는 점이다. 이러한 내용은 19세기 후반에 노골화되었던 청나라의 조선에 대한 내정간섭을 서술하지 않으면서 '번속국'이라는 표현을 사용하여 조선의 종속성만을 강조하는 것이라 할 수 있다(이은자 2008). 그간 국내 학계에서 동북공정 추진 이후 중국 역사 교과서의 한국사 관련 특징과 동향의 의미와 문제점 등에 대한 일련의 연구 성과가 많이 발표되었기에 본 절에서는 중국 역사 교과서의 한국사 관련 서술의 실상을 압축적으로 보여주는 고조선, 고구려, 발해, 근대 한중관계, '항미원조' 전쟁 관련 주제와 함께 동북공정에 이어 추진된 '장성보호공정'과 관련된 일부 서술 변화를 중심으로 검토하고자 한다.

## 1. 고조선

동북공정을 추진한 핵심 인사인 중국사회과학원 부원장 왕뤄린(王洛林)은 최근에 한국의 소수 연구 기구와 학자들이 중국과 조선 관계사 '연구'에서 사실을 왜곡하고 혼란을 조장하며, 정치적 목적 아래 잘못된 논의들을 선전하고 있다고 하며 청동 단검이 출토된 지역은 모두 고대 조선의 영역이라고 호언한다고 주장하였다.[13]

　　이는 1960년대 이래 한국 학계에서 비파형동검 출토 지역을 고조선 강역으로 보는 관점에 대한 중국 학계의 대응으로서 고조선 강역을 한반도 안으로 축소하고자 했던 전략과 맞닿아 있다. 이러한 중국 학계의 고조선에 대한 인식은 동북공정 이전에도 답습되었지만 적어도 중국 역사교과서 속에 고조선을 표기하였다(김용수 2009, 32-33).

　　그러나 동북공정 이후 고조선과 관련한 기술은 점차 사라져 사천출판사와 악록서사 등 일부 교과서에서만 제한적으로 언급하였고, 2008년 인민교육출판사의 경우 고조선의 표기는 이전과 다르게 삭제되었다. 고조선과의 교류관계는 물론 낙랑군에 대한 언급도 전혀 없었고, 서한 시대의 강역에도 낙랑군만을 지도상 표시했을 뿐, 한반도 북부와 만주 지역을 모두 서한의 영역에 포함시켜 고조선의 모습을 찾을 수 없게 되었다(김용수 2009, 33).

---

13　　王洛林(2004, 17). 조기임(2008, 14)에서 재인용.

2006년 3월 출판된『세계역사』제2단원 '아시아와 유럽의 봉건사회'에서는 일본 봉건사회의 특징과 아랍국가의 건립을 독립적으로 서술한 반면 한국에 대한 서술은 일본을 소개하는 단원에서 아래와 같이 보조 학습 항목에서 간략하게 소개하였다. 중국 역사교과서 속에서 고조선이 사라지는 실례로서 살펴볼 필요가 있다.

**표 7-1.** 2006년판 중국『세계역사』(9학년, 상권)의 한국사 서술 내용

자유 열독 카드

고대 조선

조선반도에서는 아주 오래전부터 인류가 거주하고 있었다. 기원전후 조선반도 북부를 통치한 것은 고구려 노예제국가였으며, 후에 서남부와 동남부에 또 백제와 신라 두 노예제 국가가 연이어 나타났다. 676년 신라가 조선반도의 대부분 지역을 통일하였다. 10세기 때 왕건이 고려 왕조를 수립하였다. 14세기 말, 고려의 대장 이성계가 조선왕조를 수립하고 한성(현 서울)을 도읍으로 정하고 국호를 조선이라 개칭하였다.

위의 교과서의 서술에 의하면 삼국 이전에 존재한 고조선이 누락돼 있다. 한반도에 거주한 민족은 기왕의 2001년 12월 제1판『세계역사』에 서술된 '조선민족'이 명확한 표현이지만 2006년 발간본에는 '인류'로 수정하고 있다. 또한 고조선을 계승한 고구려는 한반도 북부만 아니라, 오늘날 중국 요녕, 길림, 흑룡강 성의 일부를 영역으로 삼고 있었음에도 조선반도의 북부에만 국한시키고 있다. 이는 '동북공정'의 핵심 이론인 통일적다민족국가이론을 반영한 기술인 것이다.

중국 역사교과서 속의 전국시기 및 진한시기 강역과 관련한

장성에 관한 지도상의 표기에[14] 고조선의 인식에 대한 문제가 여전히 내재해 있다. 이러한 문제 핵심은 연장성과 진한장성의 동단이 한반도까지 이르는 것으로 표기된 것에 있다. 진한강역도의 경우를 살펴보면 전국형세도와는 달리 요동군을 중심으로 좌우의 장성의 모양이 서로 차이가 나는 부호로 표시한 사례가 있는데, 사실상 지도집 범례에서 장성과 구분되는 장새(障塞)를 의미하며 장성처럼 이어지지 않는 작은 방어용 축조물을 지칭한다. 그러나 중국 역사교과서에서 장성과 장새의 개념에 대한 구분 없이 사용한 사례들을 확인할 수 있다. 그 결과 장성이 한반도까지 연장되어 설치되었다는 점이 강조된 것을 통해 고조선이 중국 행정구획에 예속된 것으로 인식하는 데 영향을 주고 있다(조영래 2010, 22).

**표 7-2.** 인민교육출판사 2006년판 『중국역사』(7학년, 상권)의 전국시기 사회 변화

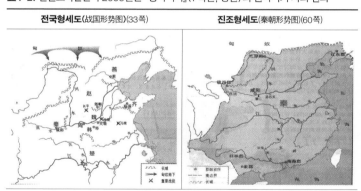

전국형세도(战国形势图)(33쪽)       진조형세도(秦朝形势图)(60쪽)

---

14    전국(戰國) 시기 형세도를 포함하여 진한 시기 장성은 고조선의 영역과 밀접한데, 이에 대해서는 공석구(2014; 2015; 2017)에서 상세히 분석하였고, 연 장성, 진 장성, 한 장성의 동단이 압록강·청천강까지 이어져 있는 것은 학문적인 논리와 근거가 취약함을 밝혔다.

## 2. 고구려·발해

고구려의 경우 '동북공정' 이전 교과서에서는 수나라가 고구려와 세 차례 전쟁을 하였지만 모두 패배하였다고 서술하였다가 점차 사라지는 추세를 보이지만 '동북공정' 이후 교과서에서는 삭제되거나, 수양제가 고구려와의 전쟁을 준비하고 발동한 사실만 간략하게 언급하는 방향으로 수정하였다. 고구려와의 전쟁이 수나라의 역사에서 차지하는 비중이나 수의 멸망 원인과 밀접한 사건임에도 수나라 멸망의 직접적 원인을 농민봉기에서 찾고 있고, 당과 고구려의 전쟁도 당시 동아시아 국제질서에 중요한 사건임에도 다루지 않았다.[15] 이는 상술한 국제관계상 특별히 민감한 문제가 있으면 회피한다는 중국의 교육과정표준 원칙이 적용된 것으로 볼 수 있다.

같은 맥락에서 중국 『중국역사』(7학년, 상권)의 당과 신라와의 관계를 서술하면서 고구려를 삭제한 사례도 확인된다.

**표 7-3.** 2006년판 중국 『세계역사』(9학년, 상권)의 한국사 서술 내용

당과 신라의 관계

조선반도의 국가로, 수·당과 왕래가 빈번하였다. (중략) 신라는 당나라 제도를 모방하여 정치제도를 건립했고, 과거제를 채용하여 관리를 선발하였으며, 중국의 의학, 천문, 역산 등의 과학기술 성과를 받아들였다. 한반도(조선)의 음악도 중국에 전해졌는데, 당조궁정에 연주되었을 뿐 아니라, 널리 민간에서도 유행하였다. (중략) (31쪽)

1999년에 출판된 『中国歷史』(7年級 下冊)의 제5과 '당과 신라

---

15    정호섭(2010, 103). 우성민(2022, 213) 재인용.

의 우호관계'에서는 '한반도의 음악도 중국의 환영을 받았다. 고구려 음악은 수당 궁정에서뿐 아니라, 널리 민간에서도 유행하였다'고 서술하였는데, 여기서는 고구려를 삭제한 것이다.

수당대의 궁정 연회 음악인 칠부악(七部樂), 구부악(九部樂), 십부악(十部樂) 속에 고구려의 악무인 '고려기(高麗伎)'가 포함되어 있었고, 『신당서』 권21 「예악지(禮樂志)」에도 소개된 것이 역사적 사실이지만 동북공정 이후 민감한 문제를 기피하고자 하는 집필 방침이 적용된 것이다.

고구려와 관련된 서술을 모두 생략함으로써 논란을 일견 피한 것으로 보이지만 한편 「서한강역도」와 「삼국정립형세도」와 같은 지도에서 중국 역사 영토 범위 안에 고구려의 영역을 포함하고 있다는 점에서 고구려를 중국사로 보는 인식을 드러내고 있다(권은주 2020). 또한 서한의 강역도에서 장성의 동쪽 끝을 압록강 이남으로 한반도 중부까지 표시해 놓은 문제점도 답습되었다.

발해사 관련 서술의 경우, 2005년판 인민교육출판사 초급중

**표 7-4.** 인민교육출판사 2006년판 『중국역사』(7학년, 상권)의 서한강역도와 삼국정립형세도

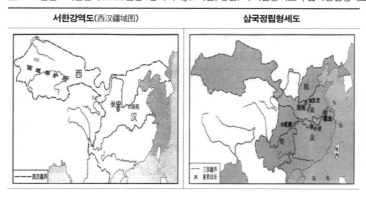

| 서한강역도(西汉疆域图) | 삼국정립형세도 |
|---|---|

학 『中國歷史』 7년급 하책에서 '당조의 민족관계'에서 토번·남조·
회흘에 대해서는 기술하고 있으나, 말갈 혹은 발해에 대한 본문 내
용이 없다. 다만 요(遼)의 건국을 설명하는 가운데, 야율아보기가
"말갈이 건립한 이래 요하 유역을 중심으로 삼았던 발해정권을 소
멸시켰다"고 하며, 발해를 말갈이 건립하였고 요하 유역을 중심으
로 하였다고 기술하고 있다(임상선 2006).

　2004년판 중국지도출판에서 출판한 의무교육과정표준 실험
교과서 『中國歷史』 7년급 하책에서 "해동성국"이라는 주제 아래
다음과 같이 서술하였다.

> 7세기 말, 말갈족의 한 갈래인 속말말갈이 각부를 통일하여, 지방정
> 권을 건립하였는데, 수령은 대조영이다. 당은 그 영토에 하나의 州를
> 두어, 대조영을 발해군왕에 봉하였다. 이후로, 속말말갈 정권을 "발
> 해"라 불렀다. 책봉을 받은 후, 발해정권의 면적은 부단히 확대되고,
> 인구는 300萬 내외에 달하였다. 境內에 거주하던 漢族과 허다한 기
> 타 民族은 內地와 왕래가 빈번하고, 經濟文化가 발전하고 수준이 비
> 교적 높아, 역사에서 "해동성국"이라 칭하였다. (30쪽)

　발해는 속말말갈만이 아니라 고구려 유민이 참여하여 건국한
국가이므로, 당과의 교류는 '내지'가 아닌 국가 간의 교류로 봐야
하지만 '지방정권'이라고 서술하여 동북공정의 역사인식을 그대로
반영한 사례라 할 수 있다(김은국 2007).

## 3. 근대(마관조약)

2001년판 인민교육출판사의 『중국역사』 제2책 '갑오중일전쟁'에 대한 서술을 소개하면서 언급한 '인천조약'은 2006년 출판된 인민 교육출판사의 보통고중과정표준실험교과서 『역사』 선택 1에서 '강화조약'으로 수정되고, '조선은 중국의 번속국'이라는 내용이 아래와 같이 추가되었다.

**표 7-5.** 2006년판 보통고중과정표준실험교과서 『역사』 선택 1의 강화도조약

1876년 조선을 강박하여 '강화조약'을 체결하고, 조선이 일본과 외교관계를 건립하였으며, 중국과 조선의 종속관계를 부정하고⋯⋯훗날 일본은 또한 조선에서의 군대주둔권을 획득하여 조선은 중국의 번속국에서 중일 양국의 공동보호국으로 변화되었다.

'강화조약'은 '강화도조약'의 오류임을 알 수 있으며, 당시 중국과 조선이 종속 혹은 번속관계라고 단정할 수 없음에도 '조선은 중국의 번속국'이라고 소개하였다. 이는 중국에서 동북공정을 통해 현대 중국의 강역에 대한 역사적 근거를 마련하고자 했던 중국 사회과학원 변강사지연구중심의 주된 흐름인 번속이론에 해당한다. 번속이론은 종래 중국 학계에서 많이 언급되지 않던 이론으로 중국의 역대 왕조와 한반도에 나타났던 왕조들 간의 관계가 실직적인 지배와 복속의 종번관계였다는 점을 입증하고자 하였다(손성욱 2021, 418-428).

예를 들면, 황쑹쥔(黃松筠)의 『中國古代藩屬制度硏究(중국고대번속제도연구)』(黃松筠 2008; 付百臣 2008)는 번속이론의 통사적 적

용을 시도하였고, 전근대 동아시아 국제관계에서 보편적으로 존재한 이른바 '번속국'의 중국 왕조에 대한 종속성을 은연중 강조하였다. 번속관계란 왕조 중앙의 책봉과 번속의 칭신납공을 기본적 성격으로 하며 또 번속을 "통일왕조 지방정권의 또 다른 유의 구성 형식"이라며, 중국 역대 통일왕조의 지방정권으로 규정한 것이다.[16]

궁극적으로 청조와 주변국의 관계를 당시 시대상황 속에서 맺어진 상호적인 것이 아니라, 중국의 입장에서 주변국을 관할하기 위해 만들어낸 것으로 이해하려는 경향을 반영하고 있다.

마관조약의 경우 2006년에 출판된 인민교육출판사의 『중국역사』 8학년 상책의 제4과 갑오중일전쟁 항목에서 〈표 7-6〉과 같이 설명하였다.

갑오중일전쟁의 결과로 중국이 일본의 지배, 분할을 받게 된 '주권을 잃은 치욕적' 조약임을 강조하면서 조선을 둘러싼 중일 양국의 주도권 전쟁이라는 성격을 배제시켰다. 그 가운데 마관조약의 내용을 자세히 설명하면서도 마관조약의 제1조 조선이 자주국임을 규정한 부분은 생략하고 있다(이은자 2008, 264). 갑오중일전

---

16    황쑹권에 따르면 이러한 '지방정권'으로서 성격을 가진 번속의 명대 범주는 크게 3부분으로 나뉜다. 첫째는 '번'으로서의 동성번왕(同姓藩王)이고, 둘째는 '경내속국(境內屬國)'의 전통과 기미적 성격을 갖는 변강의 소수민족 정권인 도사위소(都司衛所)와 토사(土司)이고, 셋째는 '경외속국(境外屬國)'인 조선·베트남·유구 등 조공국이다. 황쑹권은 ① 번속실체의 군사방어 직능의 증강, ② 중앙왕조의 번속실체에 대한 통제 증강, ③ 서남지구에서 토사의 보편적 설립과 토사 및 그 관원에 대한 통제 강화, ④ 티베트 지구에서 실행한 정교합일적 통치방식을 통한 명과 티베트의 종번관계의 강화, ⑤ 경외속국과 '후왕박래(厚往薄來)'와 중앙왕조의 속국 신민 이익 체휼정책 실행을 통한 경외속국과의 종번관계 강화 등 다섯 방면에서 명대에 중국 고대부터 이어진 번속제도가 더욱 '강화'되었다고 결론 내리고 있다.

**표 7-6.** 2006년판 인민교육출판사의 『중국역사』 8학년 상책의 제4과 갑오중일전쟁

1895년 4월, 이홍장과 일본 수상 이등박문은 중일 『마관조약』을 체결하였다. 이 주권을 잃어 치욕적인 조약의 규정은: 청정부는 요동반도, 타이완, 팽호열도를 일본에게 할양해야 한다; 배상금으로 일본군에게 백은 2억 냥을 지불한다; 일본이 중국에 공장을 건설하도록 허락한다; 통상항구를 증설한다 등이다. 마관조약은 중국의 반식민지화 정도를 대대적으로 심화시켰다.

쟁 속의 한국에 대한 중국 학계의 역사 인식을 명확히 한 내용이라고 할 수 있다.

## 4. 현대('항미원조'전쟁)

한국사 관련 서술 가운데 한국전쟁 관련 내용은 중국의 이념과 전략이 투영되어 있다는 점에서 예의 주시할 필요가 있다. 1950년 중국의 한국전쟁 참전이 미국의 한반도 침략을 막기 위한 정당한 행위였다는 점을 강조하고 있으며, 한국전쟁의 발발과 타이완 문제를 미국의 동아시아 침략이라고 하면서 함께 연관시켜 설명하고 있다. 특히 미군과 함께 '미국 침략자'가 강조되었고, '혁명영웅주의'를 드러내며 북한군민과 함께 미국 침략자에게 저항했던 중국 인민지원군을 가장 사랑스러운 사람으로 묘사하였다.

중국의 개입 배경을 비교적 상세하게 설명하면서 중국의 개입 명분을 북한의 파병 요청으로 호도하고 있다. 또한 중국이 북한의 요청으로 '인민지원군'을 파견했다면 미군 역시 한국 정부의 지원 요청으로 '한국전쟁'에 개입한 것임에도 미국 등 연합국의 '한국

**표 7-7.** 2004년 출판 중국 『중국역사』(8학년, 하권)의 한국전쟁 서술

## 항미원조 보가위국

제5장 중화인민공화국의 성립과 사회주의로의 과도기적 실현

제1절 신중국의 성립과 정권을 공고히 하기 위한 투쟁

〈항미원조 보가위국〉

신중국은 창건된 지 얼마 되지 않아 외부 침략의 위협에 직면하였다. 1950년 여름에 조선내전이 폭발하였다. 미국은 신속히 무력으로 조선의 내부 사무를 간섭하였고 얼마 지나지 않아서 또 미군을 위주로 하는 "연합국군"을 조직하여 조선을 침략하였다. 그들은 "38선"을 넘어 전쟁의 불길을 곧바로 中朝邊境까지 끌고 왔다. 동시에 미국의 제7함대도 대만해협에 들어와 중국의 내정을 간섭하였다. 조선의 국세가 위급해져서 중국의 안전을 엄중히 위협하였다. 엄중한 형세하에서 조선민주주의인민공화국 정부는 중국 정부에 군대를 파견하여 원조해줄 것을 요구하였다. 미국에 대항하고 조선을 원조하며, 집안을 지키고 나라를 보호하기 위하여 1950년 10월에 彭德懷를 사령관으로 하는 중국인민지원군은 조선에 나가 조선군민들과 함께 미국 침략자를 반격하였으며, 미군을 "38선" 부근까지 몰아냈다. 그 후 중국과 조선의 軍民과 미국 침략군은 반복적 전투를 진행하였다. 중국과 조선군민의 큰 타격을 받은 미국은 1953년 여름에 '조선정전협정'을 조인하지 않으면 안 되었다. 항미원조전쟁은 미군의 실패로 승리적으로 종결되었다. 중국인민지원군은 기를 나누어 개선하였다. (중략) 항미원조전쟁의 승리는 美帝國主義의 침략정책과 전쟁정책을 크게 타격하였으며, 조선의 독립과 중국의 안전을 보위하였고, 중국의 국제적 성망을 前例없이 제고시켰다. 동시에 이 승리는 중국의 경제건설과 사회개혁을 위해 상대적으로 안정된 평화환경을 마련해 주었다(88-90쪽).

제2과. 가장 사랑스러운 사람

• 항미원조 보가위국(抗美援朝, 保家衛國)

(전략) 1950년 6월 조선내전이 발발했다. 미국은 제멋대로 군사를 파견하여 북한을 침략했다. 미군을 중심으로 하는 이른바 '유엔군'은 38선을 넘어 중국 변경의 압록강까지 치고 들어왔고 미군 비행기는 중국 영공에 침입하여 중국 동북지역의 변경 도시들을 폭격하였으며 미국 제7함대는 중국 타이완해협에 침입하여 인민해방군의 타이완해방을 저지하였다. 미국의 침략활동은 중국의 안보를 심각하게 위협하였다. 북한 정부는 중국 정부에 파병을 요청하였다. 항미원조와 보가위국을 위하여 1950년 10월 중앙정부의 결정에 따라 펑더화이를 사령으로 하는 중국인민지원군이 북한전선을 향해 북한군민과 함께 미국 침략자에게 저항했다. (후략)

전쟁' 개입을 중국의 침략위협으로 간주하며 미군 등 국제연합군 (UN군)을 '침략군'으로 서술하였다. 엄연히 한국 정부의 요청과 국제연합(UN)의 결의에 의한 합법적 파병이었고, 오히려 한국의 입장에서는 중국군이 '침입'한 것으로 볼 수 있음에도 미국의 참전을 중국 안전의 위협으로 서술한 것은 논리적 비약이라 할 수 있다.

또한 미국 7함대의 파견을 중국 내정간섭으로 서술하였는데 당시 대만은 '중화민국'으로 오히려 국제사회에서 중국을 대표하는 국가로 인정되고 있었고, '중화인민공화국'은 국제적으로 인정받지 못하는 상황이었기 때문에 이 역시 사실에 부합하지 않는다.

무엇보다 한국전쟁의 당사자를 '중국인민지원군'과 '미국 침략군'으로 단순화함으로써 전쟁 당사자인 남·북한을 배제하였다는 점과 '항미원조'를 통해 궁극적으로 미국이 중국 주권을 침략한 행동임을 강조하였다는 점을 주목할 필요가 있다. 특히 한국과 한국군의 존재를 부각시키지 않고, 북한이 중국 주권에 포함되어 있다는 점과 동북공정을 통해 한국사를 중국사에 편입시키려는 의도는 중국의 한반도에 대한 역사 인식과 맞닿아 있다(김지훈 2018, 334-341).

## 5. 장성

21세기 이후 중국 역사의 시간적 공간적 확장을 보여주는 하나의 대표적인 '역사공정'의 사례로서 장성의 확장이 포함될 것이다. 2009년에 중국은 이미 만리장성의 동단을 확장하는 주장을 두 차례 발표하였다. 만리장성의 동쪽 시작점으로 압록강 변의 호산산성(虎

山山城)을 강조한 것이다. 이는 중국 정부 국가문물국이 국무원에 의해 비준된 『장성보호공정(2005-2014年) 총체적 작업 방안』의 요구에 따라 진행된 사업의 일환이었다. 명장성(明長城), 진한장성(秦漢長城) 및 기타 시대의 장성자원의 3분야로 나누어 조사한 사업으로, 당시 중국의 장성 조사는 이미 마쳤다고 발표하였다(임기환 2009).

만리장성의 동단이 호산산성으로 이동된 이유는 지역 방어를 위해 명나라 건국 초기 요동(만주)지역의 일부를 차지하고 있는 산해관(山海關)-개원(開原)-압록강 변을 향해 축조한 방어선, 곧 요동변장(遼東邊墻)에 근거를 두고 있다고 하였다.

그동안 산해관이 동단기점이 되었던 것은 청대 봉금정책의 결과로 한족들과 몽골족이 심양지역 동쪽으로 출입하는 것을 막기 위해 유조변(柳條邊)을 설치하고 산해관을 엄격히 통제했기 때문에 산해관이 명대 장성의 동쪽 기점이 되었다는 것이다.

이러한 장성보호공정은 2005년부터 시작되어 동북공정의 공식 추진 일정보다 늦게 시작했지만 중국 역사교과서상의 장성 동단의 표기는 그 이전부터 확인되고 있다.

2001년 출판 『중국역사』(7학년. 하권)에서 장성 동단을 압록강으로 표기한 사례를 〈표 7-8〉과 같이 확인할 수 있다.

다만 2009년 이전 중국 역사교과서는 교과서별로 차이는 있지만 대부분 명대 장성을 산해관까지로 표기하고 있었다. 그러나 2009년에는 중국 언론을 통해 지금까지 산해관이 만리장성의 동쪽 기점이라고 알려져 있었지만 잘못된 것이라고 선포하였다. 상술한 장성보호공정 조사작업은 고고학상 대단한 발견이라고 보도했고 앞으로는 교과서 등을 변경할 계획이라고 밝혔다. 이러한 교

표 7-8. 2001년판 『중국역사』(7학년, 하권) 장성 동단

과서 변경 계획의 발표와 함께 2009년 악록서사에서 발행한 『보통고중과정표준실험교과서 선택—세계문화유산회취(世界文化遺産薈萃)』 및 2010년판 일부 역사교과서에서는 명대장성을 압록강까지 연결하고 호산산성을 강조하여 서술하였다.

만리장성의 동단 연장 학설이 비록 중국 학계 내에서도 아직 정설로 받아들여지지 않고 있지만 교과서상에는 다소 무리하게 반영한 인상을 준다. 왜냐하면 2010년판 교과서로 악록서사의 선택—중외역사인물평설(中外歷史人物評說)의 청대 강역도에는 명대 장성을 산해관까지로 표기하고 있기 때문이다. 즉 동일한 중국교과서 내에도 만리장성 동단 기술에 대해 일치되지 않고 있음을 알 수 있다(우성민 2012 재인용).

중국 교과서와 중국 박물관 패널 및 현용 중국지도 내에서도 만리장성 동단의 시점이 일치되고 있지 않을 뿐 아니라 Oxford Comprehensive Atlas of The world 등 최근 발행된 주요 세계 지도상에도 명대 장성은 산해관까지 표기되어 있음을 주목할 필요

가 있다.

중국 측에서 주장하는 장성 유적은 주로 당시 설치했던 군 혹은 현성을 둘러싸고 전체적으로 군사방어체계를 구축했던 곳으로서, 또한 사병들이 근처에 불을 놓아 연기를 피워 정보를 전달한 곳으로서, 북경 팔달령과 같은 성벽이 있는 장성이 아니라 방어와 지역 경계 기능을 가지고 있는 장성이다. 환언하면, 이는 장성이 아닌 '장새(障塞)'로서 중국 측의 오류로 보는 전문가의 견해가 일반적이다. 중국 내에서도 만리장성 동단 연장 결과가 언론에 발표되기 전에는 사천교육출판사에서 발행된 교과서에서도 확인되듯이 장성과 요동변장은 각각 구분되어 표기되었다(龔奇柱 主編 2005, 99).[17] 즉 명대 장성은 산해관까지, 요동변장은 압록강까지 구분되어 있음을 주목할 필요가 있다.

지금까지 동북공정 추진 이후 중국 역사교과서 속의 한국사 관련 서술 분석을 통해 고조선을 비롯하여 한국사의 공간적 영역을 한반도로 축소하고 고구려와 발해를 중국의 소수민족 지방정권으로 인식한 사례를 비롯하여, '갑오중일전쟁'에 대해 소개하면서 '조선은 중국의 번속국'이라는 내용이 추가되거나, 이른바 '항미원조'전쟁을 서술하면서 '미국 침략자'가 강조되고, '혁명영웅주의'를 드러내는 특징을 확인할 수 있었다. 또한 장성보호공정의 결과에 따라 명대 장성을 산해관까지로 표기하고 있었던 종래의 교과서와 달리 압록강까지 연결하고 호산산성을 강조하는 경향이 두드

---

17  비록 명장성이 서쪽으로는 가욕관부터 시작하여, 동쪽으로는 압록강까지 6,000 km라고 서술하고 있지만, 명장성 지도상에는 산해관까지는 장성으로, 산해관부터 압록강까지는 요동변장으로 각각 구분되어 있다.

러지는 실례도 파악하였다.

궁극적으로는 동북공정의 이론적 토대가 되는 '통일적다민족 국가론'에 의해 '현재 중국의 영토 위에서 존립한 역사상의 모든 국가의 역사가 중국사로 편입되는 이론 속에 한반도에 대한 종속 성을 시사하는 역사인식이 중국 역사교과서 속에 드러나 있음을 알 수 있었다. 이는 21세기 중국 역사교과서가 국정화로 전환되기 이전부터 중국 역사교과서의 한국사 서술 속에 나타난 한중관계의 함의에 대해 국내 학계에서 지속적으로 주목한 이유라 할 수 있다.

이상의 검토를 토대로 다음은 다시 머리말에서 언급한 시진핑 주석 집권 2기의 중국 교과서 국정 전환으로 돌아가서 당시 현황 과 배경을 소개하고자 한다.

## IV  시진핑 집권 2기 중국 역사교과서의 국정화 배경과 현황

중국의 개혁개방 40주년을 맞이하는 2018년 1월 신년 벽두부터 시진핑 주석이 '역사 허무주의 반대'를 주제로 발언한 논설 내용이 중국사회과학망 홈페이지에 탑재되었다. 올바른 역사관 수립을 위한 전제로 '역사 허무주의 반대'를 강조한 것이다. 이어서 새롭게 개편된 『2017년 중국 고등학교 역사과정표준』이 출간되었다. '역사 허무주의 반대'는 중국 학계에 중국 공산주의 이론을 뒷받침하는 마르크스 사학 이론에 대한 문제가 제기됨에 따라 중국 고대 사학이론을 총결하여 중국 마르크스주의 사학의 우수한 전통을 계승하고, 중국 중심의 사학이론을 구축하기 위해 나타난 개념이라고 알려져 있다.

흥미로운 사실은 2018년 1월 출간된 『2017년 중국 고등학교 역사과정표준』의 머리말에서 '중국이 직면한 사회의 주요모순과 새로운 상황'을 지적하였는데(李卿 編輯 2018, 1), 이는 마르크스 사학 이론에 대한 모순을 의미한다는 점이다. 역사교과서 개정 작업의 지도적 사상과 기본 원칙으로 마르크스주의를 강조하며 역사학과 핵심 역량의 첫 번째 요소로 유물사관을 내세운 것이다.

중국 교육부가 스스로 밝힌 '중국이 직면한 사회의 주요모순과 새로운 상황'은 구체적으로 무엇을 의미할까? '중국이 직면한 사회의 주요모순과 새로운 상황'은 중국 역사교과서의 개편 배경과 무관하지 않을 것이다.

중국이 개혁 개방한 이래 불가피하게 '중국특색'의 '사회주의 시장경제'라는 논리를 만들어 내게 되었고, 사회주의 정치 이데올로기는 국가 최우선 당면 목표인 '경제 발전'의 논리에 의해 급격한 변화에 직면하게 되었다. 이데올로기의 해석과 적용의 주체인 공산당은 덩샤오핑에 의해 '사회주의냐 자본주의냐에 대한 판단을 하지 않는다'의 고육지책을 내기에 이르게 되었다(이상옥 2018). 1980년대 초 기존의 '교조적 사회주의' 사조의 퇴조와 그 공백을 메꾸기 위해 '신자유주의파'가 탄생하는데 '신자유주의파'는 서양식의 자유, 민주와 인간 권리를 주창하는 정치세력으로 지식인, 청년학생 및 공산당 민주파가 여기에 속한다. 1980년부터 1984년까지 인간 본질에 기초한 '인간 주체성'에 논쟁의 초점이 모아졌다. 그러나 논쟁은 마르크스주의에서 벗어나기 시작하여 중국 전통 가치에 대한 새로운 해석과 가치 부여를 시도하기 시작한다. 이것이 '신계몽'이고 서양 사상을 경원시하는 경향으로 나아가 1990년대 이후 민족주의 흥기의 주요 사상 기원이 된다(이상옥 2018). 2000 년대 들어 '역사주의'가 대두하게 되는데 '역사주의'는 천안문 사태와 그 뒤를 이은 소련과 동구권 몰락 이후 사상의 진공 상태에서 '자유주의파'의 퇴조와 함께 '좌익 보수파' 사상이 득세하면서 나타난 것이다. '역사주의'는 중국의 특수한 민족 본체성을 발견하여 이로써 서양의 문명일원론에 대항하려 시도하여, 서양 문명의 계몽 가치를 포기하고 국가주의를 받아들여 다른 형태의 현대성은 가치를 제거하고 윤리를 없애버린 국가 부강과 막스 베버식의 제도 합리화인 것이다(許紀霖 2010). 중국식 '역사주의'의 특징은 서양 중심의 이른바 보편적인 진리와 가치를 부정하고 세계화와 표준 가치를 거부하며 서양 중심의 담론 체계를 탈피하여 중국 지식의 자주성을 모색하기 시작하였다고 더 나아가 서양과 세계성의 표준이 되는 중국 문화 건설을 표방하였다(이상옥 2018).

그럼에도 미국의 『뉴욕타임스』가 2006년 가을에 출판된 상하이지역의 고등학교 역사교과서에 대해 전쟁, 역대 왕조들, 공산주의 혁명보다 경제, 기술, 사회적 관습과 세계화를 강조하고 있다고 보도한 사건이 있었다(김지훈 2019b, 81). 중국 언론들은 한국을 비롯하여 전 세계가 중국의 새 역사교과서가 달라졌다고 보도하였고, 이에 대해 중국의 일부 보수주의자들은 상하이의 고등학교 역사교과서를 격렬하게 비판하였다. 그 결과 중국 정부는 상하이의 고등학교 역사교과서 사용을 중단시키고 화둥사범대학에서 새로운 고등학교 역사교과서를 편찬했던 것이다.

이에 중국 지도부는 개혁개방 이후 중국 청소년들이 서양을 숭배하고 중국을 비하한다는 인식을 지적하면서, 기존의 국가 중심의 역사인식에 도전하는 일부의 움직임을 우려하였고, 결국 2011년 말, 애국주의 정치교육으로서 역사교육을 강조하는 교육과정을 제정하였다.

　이러한 배경 가운데 역사교육 강화를 통해 민족적 자신감을 고양하도록 지시하였고, 이는 2012년 후진타오에서 시진핑으로 권력이 이양되는 중국공산당 제18차 전국대표대회 이래 지속적으로 답습되었다. 2012년 11월 중국공산당 제18차 전국대표대회를 통해 집권한 시진핑 주석이 도덕과 정치, 어문(語文), 역사 3과 교재를 하나로 통일하고 교재 편찬이 국가 권력임을 밝히며 국가교육제도와 국가교재위원회 신설을 요구한 점을 주목할 필요가 있다.

　시진핑 주석 집권 당시 주변 정세는 탈사회주의화, 소수민족 갈등, 빈부격차, 국제질서 변동 등 여러 문제뿐 아니라 냉전 후의 세계를 '문명의 충돌'로 묘사한 새뮤얼 헌팅턴의 예견처럼 동아시아의 지식인들이 '역사 충돌'의 시대를 예고한 대로 동아시아의 영토를 둘러싼 갈등과 역사 문제가 심화되었기 때문이다. 예를 들면 일본의 역사교과서 검정 기준이 자국의 입장을 반영하여 영토교육을 강화하였고, 베트남에서도 국정교과서를 사용하는 가운데 황사군도, 남중국해 영유권에 대한 강한 영토수호 의지를 강조하였으며, 러시아에 이어 한국에서도 국정 교과서를 강행하고자 하였다. 이러한 현실은 중국이 주변국의 역사영토교육 강화를 의식하고, 자국민 역사인식 고취와 역사교육을 재정비하는 원인을 제공하였다(이정빈 2021). 역사와 정치, 어문 교과서 등을 국가의지를 반영한 단일교과서로 하자는 주장과 현행대로 여러 종류의 교과서를 출판하자는 몇 년 동안의 대립에 결정적인 영향을 준 것이다.

결국 시진핑 주석 집권 2기가 시작되는 2017년 7월 중화인민공화국 수립 이후 처음으로 국무원 산하 국가교재위원회를 설립하여 전국의 교과서 업무를 지도·관리한다는 중대한 정책을 발표하였다.

국가교과서위원회 주임 리우옌동(劉延東)은 국가교과서위원회 제1회 전체회의에 출석하여 공산당 중앙위원회와 국무원이 사회주의의 학교 운영 방향을 유지하고, 초·중·대학교의 교과서 제작을 추진하여 중국특색의 사회주의에 합당한 인재와 후계자를 양성할 수 있도록 정책을 구체화시켜야 한다고 강조하였다. 아울러 "교과서 제작은 미래의 전략공정, 기초공정과 관련되어 있고 또한 교과서는 국가의 의지를 드러낸다. 당의 교육정책을 유지하기 위해서는 정확한 방향과 가치를 숙지하고 사회주의 핵심 가치관과 우수한 전통문화, 민족정신 교육을 강화하여 학생들로 하여금 첫 단추를 잘 꿸 수 있도록 도와야 한다"고 발표하였다.[18]

아울러 국가교과서위원회 성립 배경을 소개하면서 교과서의 사상성과 과학성, 시대성을 높여 점차 중국특색의 사회주의 발전 요구에 적응하고 국제 학술의 최전방에 자리 잡아 모든 방면을 두루 갖춘 교과서 체계를 형성해야 한다고 역설하면서 교과서의 각 부분들의 관리를 강화하겠다고 밝혔다.

---

18 현재 중국은 중국특색의 사회주의 건설을 위하여 "두 개의 백년" 분투 목표와 중화민족의 위대한 부흥, 중국의 꿈을 실현하는 것과 국가의 교육이 밀접한 연관성을 가지고 있다고 보고 있다. 중국 정부는 교과서가 국가의지(國家意志)를 체현하는 것이고 교과서 편찬이 국가의 권리라는 인식을 가지고 있다(김지훈 2019a).

중국 역사교과서의 국정화 단행 이후로도 중국 역사교과서의 국정화의 당위성을 제고시킬 만한 사건들이 있었다. 지난 2019년 8월 타이완 일간지 『中時電子報』에 의하면 타이완의 고등학교 새 역사교과서들에 이른바 '타이완 주권미결정론'(红星新闻人民日報海外網 2019.8.13.)이 들어간 것이다. 당시 『中時電子報』은 논설을 통해서 '민진당 당국의 국가정체성 왜곡 의도가 더욱 잘 드러나는 것이다'라고 지적했고, '역사교과서를 통해서 정치적 세뇌를 꾀하고자 하는 음모로 변질되었다'고 강조하기도 하였다. "'타이완 주권은 중국에 속한다'는 역사적 사실에 대한 법리적 논증은 이미 충분하며, 불변의 진리라고 역설하며, 국가의 역사교육의 기초는 초중등 학문에 있고, 선현들은 나라를 망하게 하려면 반드시 그 나라의 역사를 없애야 한다고 말해왔는데 '타이완 주권미결정론'은 국가정체성에 혼란을 야기할 수 있다"고 밝힌 것이다.

최근 중국 학계에서 국가사회과학기금 프로젝트의 일환으로 '해외 역사 과목 표준 중 국가정체성 연구'의 주제로 영국, 독일, 캐나다 역사 교육과정표준을 비교 검토한 사례가 있었다(張漢林 2018). 이를 통해 '역사의 전통과 현실의 필요에 근거하여 정체성 형성의 기반을 다지고 자국의 역사와 세계사의 관계, 지역사와 국가의 관계를 올바르게 규정하여야 한다'는 시사점을 도출하였다. 영국, 독일, 캐나다의 역사 교육과정표준 및 국가정체성 확립 연구를 통해 '국가정체성'이 국제사회의 보편적인 법칙임을 강조하면서 한 것이다(張漢林 2018). 특히 홍콩의 사례를 제시하면서 기왕의 홍콩의 고등학교 역사 과목이 개인, 사회, 인문교육에서 하나의 선택과목의 하나로 규정되었음을 지적하였다. 역사교육의 부재가 국가정체성의 부재로 이어졌음을 밝히면서 오늘날 중국이 역사교육을 통해 조국의 정체성과 민족관, 국가관 정립, 애국주의와 민족정신을 고취할 수밖에 없는 배경을 시사하였다. 환언하면 영국, 독일, 캐나다의 역사 교육과정표준을 근거로 국가정체성은 중국뿐 아니라 글로벌시대에 필요한 기본 사상임을 제시할 학문적 뒷받침으로 삼고자 한 것으로 이해할 수 있다.

궁극적으로 시진핑 집권 2기에 추진한 역사교과서의 국정화는 2017년 중국 고등학교 역사과정표준의 '서언'에서 언급한 "새로운 시대 사회의 주요모순 등"을 해결하기 위한 능동적인 대응으로 해석해 볼 수 있을 것이다.

중국 교육부가 2017년 중등 역사교육과 관련하여 국정화 방안을 공식 발표하기 전 중학교 역사교과서의 경우 2016년부터 2018년까지 검정 통과한 『중국역사』(7·8학년, 상·하), 『세계역사』(9학년, 상·하) 9종의 새 교과서가 차례대로 출판되고 있었다. 그 사이에 국정제로 전환하면서 이 중 인민교육출판사가 출판한 교과서를 '통편교재'로 선정하여 2017년 가을(1학기) 중학교 신입생부터 단일교과서를 사용했으며, 2·3학년은 검정교과서를 계속 사용했다. 그러다가 2019년 가을학기부터는 전 학년 단일교과서를 사용하여, 실제적인 국정화를 완료한 것이다. 반면 고등학교 역사교과서는 처음부터 국정교과서인 '통편교재' 『중외역사강요』 등을 만들어 2019년 가을학기 베이징 등 6개 지구의 신입생부터 사용하게 했고, 2022년 전면 사용을 목표로 점차 전국적으로 확대하는 방식으로 추진한 것이다.

새로 개편된 중국의 국정 역사교과서의 특징으로 영토주의 역사관, 통일적다민족국가론, 일대일로 정책 등 중국공산당 지도부의 가이드라인이 강하게 반영된 점을 들 수 있다. 중화민족의 우수한 전통문화, 혁명문화, 사회주의의 선진문화를 이해하고 동의하며, 중화문명의 역사적인 가치와 현실적인 의의를 인식하게 하도록 지도하고 있다. 사회주의 핵심 가치관에 동의하고, 중국특색의 사회주의 노선이 역사의 필연적이라는 것에 동의하게 하는 목표를 설정한 것이다. 이는 중국 정부가 중화민족의 위대한 부흥인 '중국몽'을 실현하는 것과 국가 교육이 밀접한 연관성을 가지고 있으며 사회주의 핵심 가치 구현을 위해 국가의 의지를 강화하여 당의 교육정책을 이행하는 과정으로 평가할 수 있다. 그렇다면 중국특색의 사회주의 노선이 역사의 필연이라는 것에 동의하게 하도록 지도하는 목표를 설정한 시진핑 집권 2기 중국 국정교과서 속의 한국사 관련 서술에는 어떠한 변화가 있었을까?

앞서 3절에서 검토한 내용과 비교를 전제로 고조선 관련 내용부터 살펴보면 2017년판 『중국역사』 상권은 국정 전환 이전 판(이하 구판)과 마찬가지로 전국(戰國)시기 형세도와 진(秦)왕조 강역도 속의 연·진 장성 동단이 한국 학계의 고조선 영역의 이해와 크게 어긋난다(김용수 2009, 32-33).

다만 구판과 동일하게 연·진 장성의 동단이 압록강·청천강까지 이어져 있는 한편 신판 교과서에서는 지도 범례에서 장성과 장새를 구분하였고, 전국시기, 진대 장성에서 요동과 한반도의 고조선에 해당하는 구역은 '장새'로 표시하고 있다. 이는 최근 중국 및 한국 학계의 연구 성과를 반영한 결과로 중국의 '새로운 역사' 해석에 대한 학문적 근거를 구축하고 강화하는 것으로 풀이된다.

고구려 관련 내용도 수·당의 고구려 공격이 삭제된 종래의 문제점이 수정되어 『중국역사』(7학년, 하, 1단원: 수당시대-번영과 개방의 사회의 수의 멸망 과정)에서 '세 차례 요동을 정벌했다'라고 기술하였다. 비록 수와 고구려 전쟁을 다시 복원시켰다는 차원에서 의미가 있지만 수의 고구려 공격은 멸망의 주요 원인 중 하나였음에도 '요동 정벌'로 적어 직접적인 표현을 기피했다는 한계가 보인다.

한편, 발해에 대한 서술은 동북공정 전후 변함이 없지만 신판 『중국역사』(7학년, 하)에는 발해 관련 내용을 전면 삭제하였다가 2018년에 간행한 인쇄본에서 발해사 내용을 부분적으로 복원하고 있고, 내용도 여러 차례 수정하였음을 확인할 수 있다. 구판의 제4과 '당나라의 대외 문화 교류'가 아닌 신판의 제3과 '당 전성기의 기상'에서 발해를 서술함으로써 소수민족 정권으로 이해하는 입장을 드러내고 있다(教育部組織編纂 2016, 25-26; 2018, 14).

신중국 건국 70주년을 맞이한 2019년 가을학기 시작에 맞춰 중국 교육부가 공식 출간한 신판 고등학교 국정 역사교과서인 『중외역사강요』(상)에서도 발해사 관련 서술은 좀 더 명확한 입장을 보였다. "동북의 말갈족 속말부가 강대해졌다. 당 현종이 그 수령 대조영을 발해군왕으로 책봉했다. 당조 주변의 소수민족이 건립한 정권은 조국의 변강 지구의 개발에 적극적인 공헌을 하였다"라고 서술하였는데 여기서 조국은 중국을 가리킨다(권은주 2020).

이 외, 고조선, 고구려, 발해에 이어 확인되는 주요한 특징 중 하나로 고려시대 관련 서술에 관한 변화이다. 『중외역사강요』(하) 제4과 '중고시기 아시아' 단원의 남아시아와 동아시아 국가 항목에서 고대 한국에 대해 소개하면서 10세기 초 신라인 왕건이 고려

왕조를 세웠다고 특기한 것이다. 이는 국내 학계에서 지적한 바와 같이 한국사에서의 고구려-고려 역사 계승을 부정하는 동북공정식 표현이다. 동북공정 추진 이후 교과서에서도 보이지 않았던 서술이 시진핑 주석 집권 2기 국정교과서에 다시 반영되었다는 점에서 주목할 필요가 있다. 또한 '고려가 당 제도를 모방하여 3성6부제를 세웠다'는 서술에서도 중국 당 제도와 문화의 영향을 과도하게 강조함으로써 고려왕조의 독자성을 부정하였다(권은주 2020).

같은 맥락에서 중국 중심 동아시아 체제를 "종번(宗藩) 체제"로 규정하고 조선을 중국의 번속국으로 서술한 내용이 새롭게 추가되었다. 앞서 살펴본 동북공정 추진 이후 교과서의 "갑오중일전쟁 후 마관조약"과 관련한 서술에는 일본이 요동반도를 중국에 되돌려줄 것을 요구했다고만 서술하였기 때문이다. 그러나『중외역사강요』상권 제5단원 "만청시기 내우외환과 구망도존(救亡圖存)" 제17과에서 번속국을 설명하면서 조선, 베트남을 언급한 것이다. 명청시대의 한중, 중월 관계를 다원적 국제관계가 아닌 종번관계로만 이해하도록 유도하고 있고 중국 중심의 조공책봉 제도가 조화로운 체제였음을 보여주며, 중국의 역할을 강조하였다. 이는 한국 전쟁을 "항미원조전쟁"으로 규정하고 중국과 북한의 동맹관계를 강조하여 동북아시아에서 중국의 영향력을 확대하려는 의도와 맞닿아 있음을 알 수 있다.

이상의 국정 전환 후 중국 역사교과서의 한국전쟁 관련 서술 내용을 근거로 다음과 같은 변화와 특징에 주목할 필요가 있다.

신판 제I단원 중화인민공화국의 성립과 체제 강화의 단원 개요에서 중국공산당은 중국 인민을 이끌어 '항미원조'전쟁을 진행하여 새로운 인민공화국을 굳건히 했음을 강조하는 내용을 추가했다. 중화인민공화국 성립 과정에서 '항미원조'전쟁이 필요했던 것으로 해석하였다.

본문의 과외활동 항목에서도 1950년 미국이 중국 주권을 침범한 행동은 무엇인지 답하도록 유도하여 '항미원조'는 미국이 중국 주권을 침략한 행동으로 인식하도록 강조하였다. 또한 연합군의 인천상륙 이후 북진을 북한 침략전쟁으로 기술하여 전쟁의 책임이 미국과 연합군에게 있는 것으로 오인하게 하는 내용이 포함돼 있다. 이는 한중 간 역사인식 차이를 분명하게 보여주는 서술이라 할 수 있다(오병수 2020).

신중국 건국 70주년을 맞이한 2019년 가을학기 시작에 맞춰 『中外歷史綱要』의 공식 출간을 알리는 중국 교육부 기자간담회에서 총주편은 새로운 역사교재 편찬팀이 영웅인물의 교육적 기능을 중시하여 중국역사상 대표적인 영웅인물들을 교재 안에 녹여냈는데, 그 실례로 『中外歷史綱要(上)』에 약 70여 명, 30여 개의 영웅군을 다루었다고 소개하면서 '항미원조'의 영웅 양건쓰(楊根思), 황지광(黃繼光), 추사오윈(邱少雲) 등의 실례를 들었다.

『中外歷史綱要』의 또 다른 총주편도 새로운 역사교재의 중점 학습 내용이 '국가통일과 국가주권, 안보의식 수호'임을 밝혔는데, 국토를 지키거나 영토를 확장시킨 위인들을 중시하였다고 강조하였다. 궁극적으로 개편된 중국 고등학교 역사교과서가 국가정체성 확립의 관점에서 출발하고 있으며 반복적으로 '국토 수호'를 강조하고 있음을 확인할 수 있었다. 중국 교육부가 사회주의 국가체제 유지를 위한 중요 수단으로 역사교과서를 제작했음을 보여주는 단서이다. 환언하면 '항미원조'의 영웅이 중국의 사회주의 국가체제 유지를 위한 중요 수단이 되고 있으며, '항미원조'를 국토 수호의 관점에서 해석하고 있음을 알 수 있다.

흥미로운 점은 『中外歷史綱要(上)』의 제29과 '개혁개방 이후의 거대한 성취'의 소주제 '국제적 영향력의 부단한 확대'에서 중국이 연합국 안전보장이사회 상임이사국 중 하나로서 세계의 평화유지를 위해 핵심적인 역할을 발휘할 것을 강조하면서 '조선반도' 핵문제를 가장 우선순위로 거론한 점이다. 이는 중국이 국제사회에서 신형국제관계를 구축하고 새로운 질서를 만들며 중국 역할의 당위성을 확대할 것을 시사한다는 점에서 주목할 필요가 있다(우성민 2020, 135).

다음은 중국이 국제사회에서 신형국제관계를 구축하는 가운데 중국 역할의 당위성 확대가 중국 역사교과서 속의 세계사 관련 서술 속에 어떻게 표현되는지 그 사례를 살펴보고자 한다.

## V 국정화 이후 중국 역사교과서의 세계사 관련 서술 변화[19]

중국의 의무교육 단계에서 세계사 교육은 중학교 3학년 상반

---

19  이 글은 『역사와 교육연구』 30호(2020)에 게재된 필자의 "중국 역사교과서의 개편과 자국사 및 세계사의 '현대' 서술"의 일부를 재정리한 것이며, 2021년 6월 학고방에서 출간된 『중국 지식 생산의 메커니즘』에 수록되었다. 논지 전개상 일부 내용을 재인용하였음을 밝힌다.

기부터 시작하는데,『세계역사』9학년 상권을 학습하고, 하반기에 이어서 세계현대사에 해당하는『세계역사』9학년 하권을 학습하게 된다.『세계역사』9학년 상권은 '인류문명부터 제1차 세계대전'까지, 하권은 '러시아의 농노제 폐지'부터 현대까지 다루고 있다(教育部組織編纂 2018c ; 2019).

본 절에서는 중국 역사교과서 속의 세계사 관련 서술에 나타난 중국의 국제사회에서의 역할에 초점을 맞추어『세계역사』9학년도 하권을 중심으로 서술 개편의 현황과 특징을 살펴보고자 한다.

『세계역사』9학년 하권의 제1단원 '식민지 인민의 반항과 자본주의 제도의 발전' 도입 부분에서 19세기 자본주의가 더욱 발전함에 따라 서방 열강의 대외확장과 식민활동은 식민지 인민의 반항을 야기하였다고 서술하면서 라틴아메리카와 인도의 반식민지배를 위한 민족독립과 무장기의가 발발한 경위를 소개하고 있다(教育部組織編纂 2019, 10). 구판에는 없는 '미국의 남북전쟁'을 '미국 내전'으로 표현하여 추가하였으며, 미국은 독립 후 영토 확장을 태평양 연안까지 신속히 하여 자본주의 발전을 촉진하였고 남북 모순으로 남북전쟁이 발발했음을 설명하였다(教育部組織編纂 2019, 10). 제4과에서 '일본의 메이지 유신'을 단독으로 신설하여 구판에 비해 서술 비중을 높이며 중요하게 다루고 있다. 메이지 유신은 일본 역사의 중요한 전환점이며 일본이 신속히 자본주의의 길을 걸어 부국강병을 이루게 했지만 군국주의 색채가 강하여 대외 침략 확장의 길을 가게 했다고 평가하고 있다(教育部組織編纂 2019, 16).

제2단원 '제2차 산업혁명과 근대과학 문화'의 제5과에서 '제2차 산업혁명'을 단독 항목으로 신설하여 제2차 산업혁명의 발전으로 자본주의 국가들의 경제가 발전했으나 주요 자본주의 국가들이 자본주의를 농단하여 제국주의 단계의 과도기로 향하였다고 서술하였다(教育部組織編纂 2019, 21). 이를 통해 대외확장이 늘어나고 세계에 심원한 영향을 주었다고 하여 자본주의의 문제점을 지적하였다.

신판에 추가된 내용으로 1903년 라이트형제의 시험 비행을 서술하면서 동시에 중국인 '펑루(馮如)'가 뒤이어 더 뛰어난 비행기를 제작해 국제대회에서 수상한 내용을 소개하고 있는데, 궁극적으로는 중국의 발전 모습과 국제사회에서의 역할을 강조하고 있는 것으로 해석할 수 있다(教育部組織編纂 2019, 20).

'아시아, 아프리카, 라틴아메리카 국가의 새로운 발전'에서 반둥회의에 참석한 주은래가 '구동존이(求同存異)' 발언을 통해 중국이 국제사회에서 승인을 얻은 내용도 추가하여 실례를 제시하고 있다(教育部組織編纂 2019, 88).

또한 제20과 'UN과 세계무역기구'가 신판에 추가되면서 UN 안보리에 중국, 프랑스, 러시아, 영국, 미국 등 5개국이 상임이사국이며, '경제 글로벌화와 세계무역기구'에서 1999년 미국과 중국이 G20을 결성, 2008년 금융위기 발생 후 국제 금융의 새로운 질서를 세우는 데 중요한 역할을 했음을 강조하였는데(教育部組織編纂 2019, 93), 본고에서는 다루지 않았지만 자국사에 해당하는 『중국역사』 8학년 하권의 서술 구조와 동일하게 중국의 국제 지위의 제고를 강조하고 있음을 알 수 있다.

제3단원 '제1차 세계대전과 전후 초기 세계'의 제8과 '제1차 세계대전'에서는 19세기 후반기 자본주의 발전에 따라 서방 열강은 세계를 등분하고 그들 간의 충돌이 극화되면서 1차 세계대전이 발발하게 되었다고 서술하여 학생들에게 1차 세계대전 발발의 원인을 질문하게 하는데, 자본주의의 책임을 간접적으로 명시한 것으로 볼 수 있다(教育部組織編纂 2019, 34). 특히 '상관 사실' 항목에서 미국은 중립하면서 세계대전 후 전쟁을 통해 부를 축적했음을 밝힌 점을 주목할 필요가 있다(教育部組織編纂 2019, 37).

제4단원 '대공황과 제2차 세계대전'은 구판과 비교해 새롭게 추가된 내용이 가장 많은 단원이라 할 수 있는데, 제13과에서 '루즈벨트 뉴딜정책'을 단독 항목으로 신설하여 뉴딜 기간 동안 미국 경제가 회복되었으며, 자본주의 세계에 심원한 영향을 주었다고 설명하였다. 그러나 뉴딜은 자본주의를 비호하는 전제 아래 정책을 조정한 것임을 지적하며 자본주의의 본질과 미국 사회의 근본적 모순을 해결하지 못했다고 평가하였다(教育部組織編纂 2019, 61). 구판에서 루즈벨트의 뉴딜은 뚜렷한 효과를 거두었고 미국과 세계자본주의 발전사에서 중요한 의의를 가지고 있다고 한 서술(課程敎材硏究所 2004, 23)과는 대조적으로 신판에서는 자본주의와 미국의 부정적인 측면을 드러내는 경향이 반복되고 있음을 알 수 있다.

제14과 '파시즘 국가의 침략확장'에서는 일본의 중국 침략 관련 새로운 내용을 추가하고 학문적 근거를 제시한 점 또한 주목할 만하다. '아시아 전쟁 발원지의 형성'이라는 소주제에서 일본이 중국에 눈독을 들인 마음을 지닌 유래는 이미 오래됐다고 서술하면서 구체적인 사례를 제시하였다(教育部組織編纂 2019, 65).

이어 1931년 일본관동군이 9.18사변을 일으키고 이미 오래전부터 음모를 꾸민 중국 침략 전쟁을 발동했음을 반복하여 밝혔다. 9.18사변은 중국 인민의 항일 전쟁의 기점이 되었고, 세계 반파시스트 전쟁의 서막이 되었으며 일본은 신속히 중국의 동북 3성을 건립하고 위만주국을 세우고, 중국 화북지역을 한걸음 더 잠식했음을 설명한 뒤, 1936년 히로타 코키(廣田弘毅)가 히로타 코키 내각으로 파시즘 독재 정권을 세워 제2차 세계대전의 아시아 전쟁의 근원지를 형성했다고 부연하였다(敎育部組織編纂 2019, 65). 특히 일본은 군비를 확충하였는데 군비가 재정의 반 이상이 되었으며 일본이 『國策基準』을 제정하여 '제국이 동아시아 대륙의 지위를 확보하기 위해 남방을 향한 해양을 발전시켜야 할 것을 일본의 근본 국책을 삼는다'고 명시하며 학문적 근거를 제시하고 있다(敎育部組織編纂 2019, 66).

제15과 '제2차 세계대전'의 경우 신판에서 구판의 '제2차 세계대전의 폭발'과 '세계반파시즘 전쟁의 승리' 두 과를 합하여 서술하였다. '제2차 세계대전의 전면 폭발과 주요 전장', '반파시즘 연맹의 설립과 전쟁 형세의 전환', '얄타회의와 전쟁의 종결'의 소제목으로 구성하고 있고(敎育部組織編纂 2019, 67-71), 그 중 '얄타회의와 전쟁의 종결'에 대해 상세히 다루고 있다(敎育部組織編纂 2019, 70). 1945년 세계 반파시즘 전쟁은 대전환이 있었고 연합군의 협조로 인해 최후 승리를 얻어 같은 해 2월 미, 영, 소 3국 수뇌가 얄타에서 회의를 했다고 서술하였다. 회의에서 독일의 파시즘을 철저히 소멸하고 전쟁 후 독일은 미국과 영국, 소련 등이 나누어 점령하며 전쟁 후 연합국을 성립할 것을 결정했다는 사실과 소련은 유럽에서의 전쟁을 종결한 후 일본과의 전쟁에 참가할 것을

승낙했음을 강조하였다(教育部組織編纂 2019, 70). 1945년 7월 미, 영, 소 3국 정상은 포츠담에서 회의를 열었는데 회의에서는 얄타 회의의 정신을 거듭 천명하여 중국, 미국, 영국 3국의 명의로 일본 투항을 촉구한 '포츠담선언'을 발표하면서 '카이로선언'의 조건을 반드시 실시할 것을 선언했다고 설명하였다(教育部組織編纂 2019, 70).

이에 상응한 '관련 역사적 사건' 항목을 통해 1943년 12월 초, 미, 영 3국의 수뇌는 '카이로 선언'을 발표하면서 일본이 불법으로 중국 영토를 점거하고 있는데, 예를 들면 중국 동북, 대만, 펑호열도(彭湖列島)를 반드시 중국에 귀환한다'고 명확히 규정했음을 강조하였다(教育部組織編纂 2019, 70). 신판에서 추가한 '얄타회의와 전쟁의 종결'에서 타이완 및 그 부속도서, 남중국해 도서 등 역사적 사실에 기초하여 중국 영토로서 역사적 연원을 가르치려는 중국 정부의 의도를 엿볼 수 있다. 이 부분은 상술한 중국의 영토주의적 역사관을 상기시키는 요소로 볼 수 있다는 점에서 주목할 필요가 있다.

제16과 '냉전'은 구판과 항목은 동일하나 신판에 추가된 내용으로 제2차 세계대전 후 미국이 소련과 기타 사회주의 국가의 발전을 저지하기 위해 실시한 정책 때문에 미, 소를 대표하는 두 집단의 투쟁이 나타난 원인을 소개하였다(教育部組織編纂 2019, 74). 달러 중심의 자본주의 화폐체계와 미국 중심의 자본주의 국제무역체계를 세웠는데 패권의 욕망이 매우 강렬했다고 비판한 내용과 함께 '미국은 자신의 제도와 관념이 가장 우월한 것으로 생각하고 전 세계가 그와 같은 제도를 실행해야 한다고 여긴다'는 서술도

추가되었다(教育部組織編纂 2019, 74). '관련 역사적 사건' 항목에서 2차 세계대전 후 초기 미국은 이미 세계 유한 핵무기 대국이 되었고, 가장 많을 때 30척의 항공모함을 보유하였고 세계 각지에 500개의 군사기지를 설치했다는 내용을 신판에 추가하기도 하였다(教育部組織編纂 2019, 74).

제17과 '전후 자본주의의 신변화'는 구판의 '미국의 발전과 일본의 굴기'를 하나로 합쳐 서술한 항목이다. '관련 역사적 사건' 항목에서 1951년 미국은 일본과 일방적인 대일강화조약을 체결한 뒤 미국의 세계전략의 궤도에 들어가게 됨을 설명하였고 일본은 미국이 아시아에서 진행한 한국전쟁과 베트남전쟁에 군수물자를 제공하여 전쟁에 의한 큰 부자가 됐음을 재차 강조하고 있다(教育部組織編纂 2019, 81).

이어 '사회보장제도의 성립'이라는 소주제를 신판에 추가하여 루즈벨트의 뉴딜 기간에 미국이 사회보장법을 반포했는데 제2차 세계대전 이후 사회모순을 완화하기 위함이라고 서술하였다(教育部組織編纂 2019, 81). 1960~70년대 서방 주요 자본주의 국가의 사회보장제도가 진일보하였다고 소개하면서 사회보장제도는 노동계급 투쟁의 결과라고 하여 마르크스 유물사관의 논리를 적용하여 해석하고 있다. 자산계급이 이러한 제도를 실행하면 계급모순을 완화할 수 있을 것이라고 여기고 경제발전의 안정에 유리한 사회 환경을 창조하였지만 사회보장제도는 자본주의 제도의 기본적 모순을 해결할 수 없다고 평가하여 자본주의의 한계를 드러내고자 하였다(教育部組織編纂 2019, 82).

제18과 '사회주의 발전과 좌절'이라는 소주제에서 제2차 세

계대전 이후 동유럽, 아시아, 라틴아메리카 등에 사회주의 국가가 출현했음을 설명하였다(教育部組織編纂 2019, 83). 사회주의 국가로 동유럽의 동독, 유고슬라비아, 폴란드 그리고 아시아의 중국, 북한, 베트남, 라틴아메리카의 쿠바 사회주의 역량이 강대해졌음을 서술하면서 1949년 중화인민공화국 성립 후 얼마 안 돼 소련은 중국과 외교관계를 맺고 신중국에 대해 중요한 지지를 했다는 내용을 신판에 추가하여 중국의 입지를 부각시켰다(教育部組織編纂 2019, 84).

1950년 중소우호동맹조약을 체결하였고, 사회주의 진영의 힘을 강화하고 신중국은 소련 학습의 열기가 가득했다고 설명하였다. '상관사실' 항목에서 제2차 세계대전 이후 소련은 핵기술과 항공우주기술 등 영역에서 큰 성과를 거두었다고 서술하였는데 자본주의와 사회주의 국가의 이미지가 완연하게 대조적으로 묘사되고 있다.

제19과 '아시아 아프리카 라틴아메리카 국가의 새로운 발전'에서는 제2차 세계대전 이후 민족해방운동이 고조되고 점점 더 많은 아시아와 아프리카 국가가 독립을 얻게 됨을 설명하면서 1955년 4월 인도네시아 반둥에서 29개 국가 대표들이 처음으로 아시아·아프리카 회의를 거행했다고 소개하고 있다. 회의에서 아시아, 아프리카, 라틴아메리카 국가들의 민족독립 투쟁을 고무시키고, 중국은 화평 공존의 5가지 원칙을 제시했고 국제사회의 승인을 얻었음을 강조하였는데, '상관사실' 항목에서 주은래의 반둥회의의 발언을 부각시켰다. 반둥회의에서 어떤 국가 대표가 공산주의를 공격했고, 중국으로 화살을 겨누었을 때 주은래가 18분간 연설을

했으며 '구동존이'의 방침을 제안하여 회의가 성공하는 데 중요한 공헌을 했음을 강조한 것이다.

마지막 제6단원 '평화 발전의 세계를 향하여'와 상술한 제20과 'UN과 세계무역기구'의 경우 모두 신판에 새롭게 추가된 항목이다. 도입 부분에서 UN을 대표로 하는 국제조직은 세계 평화와 경제 발전 촉진을 위해 중대한 공헌을 했음을 설명하면서 냉전 종결 후 세계구조에 새로운 변화가 발생했고 두 체제 구조는 끝났으며 세계는 다원화의 방향으로 나가고 있음을 밝혔다. 경제글로벌화가 깊이 발전하고 있으며 문화의 다양화, 사회정보화가 인류 사회생활을 더 풍부하게 하고 있음을 강조하였다(教育部組織編纂 2019, 91).

우선 제20과에 'UN과 세계무역조직'이 신판에 추가되었는데 제2차 세계대전 후 유엔은 국제사무 중 점점 더 중요한 역할을 발휘하였음을 설명하고 있다. "UN이 어떻게 성립됐나? 그의 취지는 무엇인가?, 경제글로벌화 시대에 세계무역조직은 또한 어떤 역할을 하나?" 등의 질문을 통해 학생들에게 UN의 중요성을 인지하도록 유도하였다(教育部組織編纂 2019, 92).

'UN과 국제 안전'이라는 소주제를 신판에 추가하여 제2차 세계대전 후 전 세계 반파시즘 국가가 전후 국제 안전기구를 설립할 것을 제안하였고 1945년 10월 UN이 정식으로 설립하였음을 소개하고 있다(教育部組織編纂 2019, 92). UN은 인류가 세운 세계평화의 성과이며 영향이 가장 큰 국제기구이고, UN 총회는 전체 회원국으로 구성되며 1년에 한 번 총회를 개최하는 등 상세한 내용을 반영하였다(教育部組織編纂 2019, 92).

UN 안보리는 중국, 프랑스, 러시아, 영국, 미국 등 5개의 상임 이사국과 10개의 비상임이사국으로 조성됨을 설명하여 중국의 국제적 위상을 부각시키고 있다. '관련 역사적 사건' 항목에서 2001년에 중국이 세계무역조직에 가입하였고 2016년에 세계무역기구의 성원은 164개국이 되었음을 소개하면서 1999년 미국과 중국은 G20을 결성했고, 2008년 금융위기 발생 후 G20 정상회담을 개최하여 세계 금융위기를 대응하고 국제 금융 신질서를 세우는 데 중요한 역할을 하고 있음을 강조하였다. 또한 2016년 항주에서의 G20 정상회담 개최 사례를 소개하여 중국이 정치와 경제 면의 세계 기구에서 모두 큰 역할을 하고 있음을 강조하려는 의도를 확인할 수 있다(教育部組織編纂 2019, 94-95).

제21과 '냉전 후 세계의 구조'에서 냉전 종결 후 세계 구조에는 큰 변화가 발생하였고 새로운 세계 구조가 아직 형성되지는 않았지만 일련의 새로운 특징이 형성됐다고 설명하고 있다(教育部組織編纂 2019, 99). "세계 구조에 어떤 새로운 특징이 생겨났나? 평화와 발전의 시대의 주제 아래 각국은 새로운 국제 질서를 세우기 위해 어떤 노력을 하고 있나?" 질문하면서 '패권주의와 지역 충돌'이라는 소주제에서 미국은 세계 패권주의 지위를 보호하기 위해 부단히 다른 국가와 지역의 군사 간섭을 강화하고 있으며, 세계 평화와 발전을 엄중하게 방해하고 있다고 역설하고 있다(教育部組織編纂 2019, 97). 1999년 미국을 선두로 한 나토는 '주권보다 인권 우선'의 간판을 내걸고 유엔 안보리를 거치지 않고 유고연방을 향해 78일간 지속적으로 폭격한 사례를 제시하면서 5월 8일 중국대사관이 나토 미사일의 공격을 받아 3명의 중국 기자가 불행히 희

생당한 사건에 주목하였다(教育部組織編纂 2019, 97). 또한 2003년 미군은 이라크가 대규모 살상무기를 보유하고 있다는 것을 구실로 UN의 승인도 받지 않고 일부 국가들을 끌어들여 전쟁을 일으키고 이라크를 점령했음을 강조하였다(教育部組織編纂 2019, 97). 특히 '세계다극화 추세의 발전'이라는 소주제에서 소련 해체 후 미국은 유일한 초대형 대국이 되었다고 소개하면서 미국은 스스로 '이 세상을 리드할 수 있는 가장 능력 있는 나라'라고 여겼음을 부연하였다(教育部組織編纂 2019, 98). 거듭하여 미국은 강대한 경제, 군사, 과학 역량에 의거하여 미국이 주도하는 '패권 제국'을 건립하고자 함을 강조하였다(教育部組織編纂 2019, 98).

한편 EU, 일본, 중국과 러시아 등 비교적 강한 종합적 국력을 구비한 국가들이 국제적으로 중요한 역할을 발휘함에 따라 세계는 다극화 방향으로 발전하게 될 것임을 설명하면서 EU 성립 후 유럽의 국력도 진일보 증가하고 지위도 높아져 미국에 대한 의뢰를 벗어나고자 함이라고 해석하고 있다(教育部組織編纂 2019, 98).

일본의 경우 적극적으로 정치 대국의 지위를 모색하고 있는데 중국도 개혁개방 이후 경제가 급속히 발전하여 국가 경쟁력이 현저하게 증강했으며 2010년 중국 경제 규모는 미국 다음 세계 2위를 차지하게 되었다고 설명하고 중국의 평화굴기는 세계 구조에 중대한 영향을 주고 있다고 자평하였다(教育部組織編纂 2019, 98).

특히 '국제 신질서를 세우기 위한 노력'이라는 소주제에서는 1950년대부터 새로 독립한 민족국가들은 국가 독립을 보호하고 미국과 소련의 규제를 벗어난 상태에서 평화와 비동맹 대외정책을 실행하기 위해 비동맹운동을 시작했음을 설명하면서 비동맹운동의 흥기는 개발도상국가가 국제정치 무대에서 하나의 중요한 힘이 되었다고 서술하였다(教育部組織編纂 2019, 100).

최대 개발도상국으로서 중국은 국제관계 중 상호 신뢰와 평등, 포용하고 서로 살피며, 합작하여 윈윈하는 정신을 주장하여 국제 공평과 정의를 보호하고자 함을 강조하였다. 또한 중국은 시종 평화 발전의 길을 걸어왔고 자주독립과 평화 외교정책을 견지하였다고 역설하였다(教育部組織編纂 2019, 100). 절대 다른 나라의 내정을 간섭하지 않았음을 밝히면서 중국은 적극적으로 전 세계 파트너 관계를 발전시켜 각국의 이익의 합류점을 확대시키고, 대국의 협조와 협력을 추진하여 '인류운명공동체'를 건설하며 평화 유지와 안보, 공동 번영, 포용과 개방, 청결하고 아름다운 세계를 건설하고자 함을 부연하였다. 또한 중국은 전 세계 통치 변혁을 적극적으로 추진하여 인류 문제를 해결하는 데 중국의 지혜와 중국 스타일로 공헌하고자 함을 설명하면서 '관련 역사적 사건' 항목에서 상하이협력기구 성립 선언의 의의를 소개하였다(教育部組織編纂 2019, 100).

마지막 소단원에 해당하는 제23과 활동과 '시사 근원'에서는 많은 시사의 발생이 역사와 연결됨을 설명하면서 2007년에 미국에서 서브프라임 모기지론 위기가 폭발하고 2008년 전 세계 금융 위기로 발전함을 소개하였다(教育部組織編纂 2019, 107). 특히 "약속이나 한 듯이 1929년에 폭발한 경제대위기를 생각나게 한다"고 강조하면서 이 두 위기 모두 미국에서 먼저 발생되어 나아가 전 세계에 영향을 준 것임을 역설하였다(教育部組織編纂 2019, 107). 역사가 다시 반복된 것이라고 생각하지 않을 수 없다고 설명하면서

"2008년에 시작된 전 세계 금융위기는 1929년 폭발한 경제 대위기처럼 자본주의 스스로 조정하는 진행방식을 추진한 것인가?"라고 반문하여 궁극적인 책임이 미국에 있음을 시사하며 마무리하고 있다.

지금까지 살펴본 『세계역사』 9학년 하권의 서술 특징을 정리하여 부연하면 다음과 같다.

첫째, 국제사회에서 중국의 정치적·경제적 영향력을 강조하는 가운데 미국에 대한 부정적 서술이 강화되었다. 둘째, 제2차 산업혁명의 영향으로 자본주의 국가들의 경제가 비약적으로 발전했으나 주요 자본주의 국가들에 의한 제국주의적 세력 확장으로 이어져 결국 2차 세계대전을 유발하였음을 지적하면서 산업혁명의 부정적 측면 등 자본주의의 문제점 부각시켰다. 셋째, 제1차 세계대전 중에 러시아는 10월혁명을 일으켜 세계 최초로 '무산계급 정권'을 탄생시키고 '기세등등하게' 사회주의 건설을 시작했다고 서술하여 사회주의에 대한 긍정적인 면을 강조하였다. 넷째, 일본이 『国策基準』을 제정하여 '동아시아에서 제국의 지위를 유지하기 위해 남방의 해양을 확보할 것을 일본의 근본 국책으로 삼는다'는 자료를 제시하여 일본의 해양 전략을 드러냄과 동시에 일본의 '중국정복론', 중국 침략 전쟁을 강조하면서, 제2차 세계대전 중 일본이 아시아 전쟁의 근원지였음을 밝히고 있다. 다섯째 구판과 비교해 신판에서 일본의 메이지 유신이 한 단원으로 독립돼 서술 분량이 증가된 사례와 비교하면 한국은 동남아 주변국과 함께 과도하게 경시되어 강대국 중심으로 한 서술 경향을 파악할 수 있다.

전체적으로 신판은 구판에 비해 자본주의 체제와 미국에 대한 부정적인 서술이 의도적으로 많이 추가되어 향후 중국의 반미감정이 더 고조될 것으로 예측된다. '패권주의와 지역 충돌'에서 '미국은 세계 패권 국가로서의 지위를 유지하기 위해 타국에 대한 군사 간섭을 강화하고 있으며, 세계 평화를 심각하게 방해하고 있다'는 서술을 통해 중국의 미국에 대한 시각이 그대로 투영된 것으로 보인다.

오늘날 중국이 '인류운명공동체 건설'을 표방하여 '공동 번영', '포용과 개방'을 강조하는 모습과 대비되고 있다. 또한 제15과 '제2차 세계대전의 종결'을 상세히 다루면서 포츠담선언이 재확인하고 있는 카이로선언 내용 중 '중국 동북, 대만, 팽호열도(彭湖列島)는 모두 중국으로 귀속된다'는 서술을 통해 알 수 있듯이 일본이 불법으로 중국 영토를 차지하고 있음을 보여주는 증거를 새로 추가하여(教育部組織編纂 2019, 70) 중국 내의 반일 민족주의를 자극할 것으로 보인다.


## VI 맺음말

중국 교육부는 시진핑 주석 집권 3연임을 결정하는 지난 중국공산당 제20기 전국대표대회를 통해 중국공산당의 초중등학교 사상정치 과목에 대한 전면적인 지도를 강화하여 대학교 사상정치 과목의 체계를 완비해야 한다고 밝혔다. 이는 사실상 중국 초등학생부터 중등, 고등학생에서 대학생까지 사상 통제 차원에서 중국공산당 집권의 당위성을 주입하기 위해 국정교과서를 사용하겠다는 의

지를 드러낸 것이라 볼 수 있다.

중국 중앙국무부에서 발표한 『중국 교육현대화 2035』에서 명시하고 있듯이 2035년까지 교육강국 대열에 진입하여 인재 강국으로 도약한다고 강조하는 것을 보면 '교육강국'이라는 원대한 포부 아래 전방면의 교육 개혁을 추진하는 가운데 중국 국정교과서는 장기간 사용될 가능성이 높아 보인다.

특히 최근 중국 언론에서 대학의 '대학 역사' 공공과목을 개설하자는 제안이 꾸준히 추진되고 있다고 보도하며 중국 학계에서 '역사교육을 인류 문명과 지식을 취하는 통로로 삼든, 국가정체성과 시민정체성을 향상시키는 수단으로 삼든, 중고교와 대학의 역사교육은 일관되고 연속적이어야 한다'고 강조하였다. 이러한 시점에서 본고는 중국 당대 정치와 역사교육의 함수관계를 반증하는 역사교과서에 주목하고자 하였다. 궁극적으로 21세기 중국 역사교과서의 국정화 현황 및 배경과 함께 한국사와 세계사 관련 서술의 특징을 살펴보면서 한중관계에서의 함의와 국제정치학적 시사점을 도출하고자 하였다.

다만 중국 역사교과서의 국정화가 한중관계에 주는 함의를 파악하기 위해 상술한 바와 같이 중국이 21세기 전후 추진한 다양한 국가 차원의 역사 관련 공정 중 동북공정을 대표적인 실례로 중국 역사공정과 역사교과서의 상관관계부터 검토하였다.

그 결과 '동북공정' 추진 이전 단계부터 중국 역사교과서의 고구려 서술과 관련하여 중국 학계가 논의 과정을 파악하였고, '동북공정'과 중국 역사교과서의 긴밀한 상관관계와 당대 정치와 역사학의 함수관계를 확인할 수 있었다. 예를 들어 '갑오중일전쟁' 대해 소개하면서 '조선은 중국의 번속국'이라는 내용이 추가된 사례, '항미원조'전쟁을 서술하면서 '미국 침략자'가 강조되고, '혁명영웅주의'를 드러낸 사례, 종래의 교과서와 달리 명대 장성을 압록강까지 연결한 사례 등을 제시하면서 한반도의 중국에 대한 종속성을 시사하는 내용을 소개하였다.

이상의 중국 역사교과서의 한국사 관련 서술을 통해 한중관계의 함의를 살펴보았다면 다음은 시진핑 주석 집권 2기가 시작되는 2017년 7월 중화인민공화국 수립 이후 처음으로 국무원 산하 국가교재위원회를 설립하여 교과서 국정화를 공식화한 이후 개발한 세계사 교과서의 서술 변화에 주목하였다. 전체적으로 신판은 구판에 비해 자본주의 체제와 미국에 대한 부정적인 서술이 의도적으로 많이 추가된 사실을 확인할 수 있었다. 예를 들어 '패권주의와 지역 충돌'에서 '미국은 세계 패권 국가로서의 지위를 유지하기 위해 타국에 대한 군사 간섭을 강화하고 있으며, 세계 평화를 심각하게 방해하고 있다'는 서술을 통해 중국의 미국에 대한 시각이 그대로 투영된 사례도 검토하였다. 반면 사회주의에 대한 긍정적인 면을 강조하는 가운데 국제사회에서 중국의 정치적·경제적 영향력 증대와 함께 중국의 국제 지위의 제고를 반복적으로 서술하였다. 이는 오늘날 중국이 '인류운명공동체 건설'을 표방하여 '공동 번영', '포용과 개방'을 강조하는 모습과 대비되고 있으며, 국제사회에서 신형국제관계를 구축하는 가운데 중국 역할의 당위성 확대가 중국 역사교과서 속의 세계사 관련 서술 속에 반영되었음을 시사한다.

공교롭게도 최근 중국 중국사회과학망 보도를 통해 '미국의 글로벌 주도권 고수, 서구의 발언권 주도'에 대해 비판하였는데, 이는 곧 중국의 글로벌 주도권을 고수하고자 하는 의도와 맞닿아 있음을 알 수 있다.

중국 교육부가 중국공산당 제18차 전국대표대회 이후 교육 및 국제협력 교류에 초점을 맞춘 교육 10년 시리즈 기자간담회를 통해서 교육 강국의 전략 건설을 위해 더욱 확고히 중국특색의 세계 일류대학 건설의 길을 걸어나가야 한다고 설명한 뒤, 중국의 양질의 교육자원의 국제 확대를 추진하며, 고등교육의 국제 발언권과 영향력을 높이고, 국제고등교육 거버넌스에 적극 참여해야 한다고 역설한 사례가 이를 입증한다. 글로벌 거버넌스 시스템과 인류운명공동체 구축에 더 많은 중국의 지혜로 기여하고, 더 많은 중국의 목소리를 내고, 더 많은 중국 솔루션을 제공할 것을 주문한 사례 또한 같은 맥락에서 이해할 수 있다.

상술한 바와 같이 역사교과서는 차세대의 역사인식 형성에 큰 영향을 주며 주변국의 상호 이해를 위해서도 중요한 의미를 갖는다. 자라나는 미래세대가 극단적인 대립과 단절이 아니라 좀 더 넓은 시각에서 세계를 이해하고, 주변국을 존중하여 새로운 미래 창조에 앞장설 수 있도록 국내 학계의 연구 성과 축적과 함께 국내외 학계의 연구자와 교육자들의 학술 교류를 지속적으로 확대해야 할 것이다.

# 참고문헌

## 교과서

中華人民共和國敎育部. 1987. 『初級中學課本, 中國歷史』 第1冊. 北京: 人民敎育出版社.

_____. 2012. 『義務敎育 歷史課程標準(2011)』. 北京: 北京師範大學出版社.

_____. 2000. 『九年義務敎育全日制初級中學歷史敎學大綱(試用修訂版)』. 北京: 人民敎育出版社.

人民敎育出版社歷史室. 1999. 『世界歷史』. 北京: 人民敎育出版社.

課程敎材硏究所 歷史課程敎材硏究開發中心. 2001. 『中國歷史』. 北京: 人民敎育出版社.

_____. 2004. 『義務敎育敎科書 世界歷史 九學年下冊』. 人民敎育出版社.

_____. 2005. 『義務敎育敎科書 中國歷史 七學年 下冊』. 北京: 人民敎育出版社.

_____. 2006. 『義務敎育敎科書 中國歷史 七學年 上冊』. 北京: 人民敎育出版社.

과정교재연구소 편. 2008. 『20세기 중국 중소학 과정표준·교학대강편 역사권』. 동북아역사재단(내부 자료 발간).

敎育部組織編纂 齊世榮 總主編. 2017a. 『義務敎育敎科書 中國歷史 七學年 上冊』. 北京: 人民敎育出版社.

_____. 2017b. 『義務敎育敎科書 中國歷史 八學年 上冊』. 北京: 人民敎育出版社.

_____. 2018a. 『義務敎育敎科書 中國歷史 七學年 下冊』. 北京: 人民敎育出版社.

_____. 2018b. 『義務敎育敎科書 中國歷史 八學年 下冊』. 北京: 人民敎育出版社.

_____. 2018c. 『義務敎育敎科書 世界歷史 九學年 上冊』. 北京: 人民敎育出版社.

_____. 2019. 『義務敎育敎科書 世界歷史 九學年 下冊』. 北京: 人民敎育出版社.

李卿 編輯. 2018. 『普通高中歷史課程標準)(2017)』. 北京: 人民敎育出版社

敎育部組織編寫. 2019. 『中外歷史綱要』(上). 北京: 人民敎育出版社.

_____. 2020. 『中外歷史綱要』(下). 山東: 人民敎育出版社.

## 논저

강선주. 2001. "미국의 세계교육을 둘러싼 논쟁: 다원론적 관점과 국익중심 관점." 『미국사연구』 14: 157-181.

공석구. 2014. "『中國歷史地圖集』의 戰國時期 燕 長城 고찰." 『백산학보』 99: 145-485.

_____. 2015. "『中國歷史地圖集』의 평양지역까지 연결된 秦 長城에 대한 검토." 『先史와 古代』 43: 137-168.

_____. 2017. "청천강 유역까지 연결된 漢長城 東端 문제 고찰-『中國歷史地圖集』의 사례를 중심으로." 『동북아역사논총』 56: 6-46.

권소연. 2019. "중국 의무교육교과서 『중국역사』 근대사 서술분석-국정화 교과서의 역사인식의 특징과 교과서 구성을 중심으로-." 『역사교육연구』 33: 49-82.

권소연 외. 2006. 『중국 역사교육과 교과서』. 고구려연구재단.

권은주. 2020. "『중외역사강요』의 한국 고대사·동아시아사 서술 내용과 역사인식 분석." 『동북아역사논총』 70: 7-46.

_____. 2021. "책머리에." 『중국 시진핑시대 교과서 국정화와 역사담론』. 동북아역사재단.

김경호·심재호 외. 2008. 『하상주단대공정-중국 고대문명 연구의 허와실』. 동북아역사재단.

김용수. 2009. "한·중 역사 교과서의 서술 경향 분석: 한국 초등학교 6학년 1학기 사회교과서, 중국 인민교육출판사 7학년 중국역사 상, 하권의 전근대의 한·중 관계 서술을 중심으로." 서울시립대학교 교육대학원 석사학위논문.

김유리. 2006. "중국 교과서제도의 현황과 특징-역사교과서를 사례로." 『중국의 역사교육과 교과서논집』 40: 69-116.

_____. 2008. "중국 고등학교 역사과정표준에 따른 4종 판본 『역사』 실험교과서의 구성체계 분석." 『역사교육논총』 40: 161-197.

_____. 2018. "국정제로 회귀한 중국의 중학교 역사교과서 분석." 『역사교육』 148: 75-112.

김은국. 2007. "중국의 동북공정상에 보이는 발해사 서술." 『아시아문화연구』 12: 103-132.

김종건 외. 2011. 『중국 역사교과서의 통일적다민족국가론 분석』. 동북역사재단.

김지훈. 2007. "한·중 역사갈등 줄이기-동북공정과 중국의 역사교과서-." 『역사문제연구』 17: 123-153.

_____. 2018. "현대 중국의 한국전쟁 인식 변화-역사 교과서의 서술 변화를 중심으로." 『사림』 64: 311-348.

_____. 2019a. "국가의지(國家意志)와 역사교과서의 정치화-2018년 중국 중학교 역사교과서의 현대사 서술." 『역사교육연구』 33: 83-117.

_____. 2019b. "중국 상하이 『역사』교과서 논쟁과 지식인-상하이 지역 고등학교 역사교과서의 변화-." 『중국근현대사연구』 81: 67-97.

_____. 2020. "2002년 전후 중국 동북공정의 추진과정과 추진 주체." 『백산학보』 117: 27-61.

김지훈 외. 2010. 『중국 고등학교 역사교과서의 현황과 특징』. 동북아역사재단.

김지훈·鄭永順. 2004. "최근 중국 중고등학교 역사교과서 속의 한국과 한국사-역사교학대강 교과서와 역사과정표준 교과서의 비교검토-." 『중국근현대사연구』 23: 161-192.

김현숙. 2022. "한중 역사 갈등의 현황과 과제-동북공정을 넘어 미래로." 『동북아역사논총』 77: 7-48.

김현숙 외. 2017. 『동북공정 이후 중국의 고구려사 연구동향』. 역사공간.

동북아역사재단. 2010. 『중국 역사교과서 검토회의 발표자료집』. 동북아역사재단.

동북아역사재단 편. 2006. 『중국 역사 교과서의 한국 고대사 서술문제』. 동북아역사재단.

동북아역사재단 교과서연구센터 편. 2021. 『중국 시진핑시대 교과서 국정화와 역사담론』. 동북아역사재단.

동북아역사연구재단 한중관계연구소 편. 2017. 학술회의자료집: 『중국 역사교과서

문제의 현황과 전망』. 동북아역사재단.

로라 헤인·마크 셸든 엮음. 2009.『역사 검열과 역사 교육: 일본·독일·미국에서의 공민권과 전쟁의 기억』. 정용도 옮김. 서울: 동북아역사재단.

박양진. 2008. "중국 역사공정의 비판적 검토-하상주단대공정과 중화문명탐원 공정을 중심으로."『역사비평』82: 299-320.

서길수. 2008. "중화인민공화국 동북공정 5년의 성과와 전망."『고구려발해연구』14.

손성욱. 2021. "『중외역사강요』의 전근대 대외관계 인식-두 차례 등장한 '종번관계'를 중심으로-."『사림』78: 415-440.

송요후·임상선 외. 2008.『중국과 타이완·홍콩 역사교과서 비교』. 동북아역사재단.

안병우. 2006. "중국 역사교과서의 한국 전근대사 서술 추이."『白山學報』75: 139-170.

안희천. 2006. "중국의 동북공정 교과서 왜곡 출발시점에 관한 연구."『한국초등교육』16(1).

여호규. 2022. "[시론] 더욱 교묘해진 중국의 한국사 왜곡." 중앙일보. 2022.10.2.

오강원·임상선 외. 2006.『중국 역사 교과서의 한국 고대사 서술 문제』. 동북아역사재단.

오병수. 2016. "국내 학계의 중국 역사교과서 연구 경향과 과제."『동북아역사논총』53: 147-170.

_____. 2020. "시진핑시대 중국의 역사정책과 자국사의 재구성:『歷史: 中外歷史綱要』 과목의 개설 배경과 이데올로기."『역사교육』156: 221-272.

_____. 2021.『한중 역사교과서 대화: 근대의 서사와 이데올로기』. 동북아역사재단.

王洛林. 2004. "동북변강 연구의 강화, 학과 건설의 촉진."『중국의 동북변강 연구』. 이영옥 역. 고구려연구재단.

우성민. 2012.「중국 역사학계의 새로운 해석에 대한 비판적 검토」,『진단학보』116: 89-117.

_____. 2018. "신간 중국 중등 역사교과서 개편 동향의 특징과 한국사 관련 서술 검토."『중국학연구』86: 395-430.

_____. 2020. "『중외역사강요』속의 중국식 글로벌 가치관 '인류운명공동체'의 서술과 시사점."『동북아역사논총』70: 91-145.

_____. 2022. "'동북공정' 전후 중국 역사교과서의 한국사 인식과 서술 변화에 대한 검토."『동북아역사논총』78: 7-90.

윤세병. 2019. "중국의 역사 교과서 논쟁과 국정화."『역사교육연구』33: 7-47.

이상옥. 2018. "역사의 종결-당대 중국 사상의 지형(地形)-."『중국지역연구』5(3): 283-309.

이은자. 2008. "중국과 타이완 역사교과서의 중국 근대사 서술 내용 비교 분석."『중국과 타이완·홍콩 역사교과서 비교』. 동북아역사재단.

이정빈. 2021. "중국 개정 중등 역사교과서(2016~2018)의 한국고대사상."『중국 시진핑시대 교과서 국정화와 역사담론』. 동북아역사재단.

임기환. 2009. "중국 동북사 구성의 제논점과 과제."『동북아역사재단, 중국전문가 간담회 자료집』.

임상선. 2006. "중국 역사교과서의 발해사 내용 비판."『중국 역사교과서의 한국 고대사
　　서술 문제』. 동북아역사재단.

張漢林. 2018. "國家認同的建構-以英國'加拿大和德國歷史課程標準為例(국가정체성의
　　정립-영국, 캐나다, 독일의 역사 교육과정표준을 중심으로)."동북아역사재단
　　편.『한중 역사교육 전문가 세미나: 韓·中 歷史敎育 및 敎科書의 現在와 未來』.
　　동북아역사재단.

전인갑. 2008. "현대 중국의 지식구조의 변동과 '역사공정'."『역사비평』82: 269-298.

정동준. 2019. "중국『역사』교과서의 고대사 서술 분석-2016년판 중학교 국정교과서의
　　특징과 문제점을 중심으로-."『중국고중세사연구』52: 191-230.

정호섭. 2010. "중국 교과서의 고구려와 중국 왕조와의 대외관계 서술과 그 비판."
　　『중국 역사교과서 검토회의 발표자료집』. 동북아역사재단.

조기임. 2008. "東北工程과 1990년대 이후 중국 중등 역사교과서 한국사 관련 서술
　　변화에 관한 연구." 인하대학교 교육대학원 석사학위논문.

조영래. 2010. "중국 중등 역사교과서의 고조선과 장성에 관한 서술과 그 비판."『중국
　　역사교과서 검토회의 발표자료집』. 동북아역사재단.


龔奇柱 主編. 2005.『中國歷史』7年級 下冊(經全國中小學敎材審定委員會 2003初審
　　通過). 2版(2007.11. 7刷). 四川敎育出版社.

馬大正·楊保隆·李大龍·權赫秀·華立. 2001.『古代中國高句麗歷史叢論』.
　　黑龍江敎育出版社.

步平. 2017.『黑龍江通史』. 哈爾濱: 黑龍江人民出版社.

付百臣. 2008.『中朝歷代朝貢制度硏究』. 長春: 吉林人民出版社.

李国强. 2004. "'东北工程'与中国东北史的研究"『中国边疆史地研究』14.

許紀霖. 2010. "普世問名,還是中國價值?-近十年中國的歷史主義思潮"『開放時代』.
　　第5期.

華夏子. 1988.『明長城考實』. 北京: 档案出版社.

黃松筠. 2008.『中國古代藩屬制度硏究』. 長春: 吉林人民出版社.


### 신문

"國務院決定成立國家敎材委員會劉延東(국무원이 국가교과서위원회 성립을 결정하고,
　　리우옌둥(劉延東)이 주임을 역임하다)."『中國新聞網』. 2017.7.6.

""學習貫徹党的十九大精神反對歷史虛無主義"硏討會在京召開(당의 19대 정신 '역사
　　허무주의 반대'의 학습과 관철" 세미나를 북경에서 개최하다)."『光明日報』.
　　2018.1.3.

"臺媒:臺新版敎科書編入"臺灣主權未定論"荒謬至极(타이완 매체: 타이완 신판교과서에
　　"타이완 주권미결정론" 편입, 황당하기 그지없어)."『红星新聞人民日報海外網』.
　　2019.8.13. baijiahao.baidu.com/s?id=1641683446310884902&wfr=spider&
　　for=pc

"敎育部: 新編高中歷史敎材突出國家主權·海洋意識敎育(교육부: 새로 편찬한 고등학교
역사교재·국가주권·해양의식 교육강화)."『紅星新聞』. 2019.8.27.

"普通高中思想政治·語文·歷史統編敎材今秋啓用(일반 고등학교 사상정치·어문·역사
통편교재 금년 가을부터 사용 개시)."『光明日報』. 2019.8.28.

"習近平致信祝賀中國社會科學院中國歷史硏究院成立(시진핑이 중국사회과학원(산하)
중국 역사연구원의 설립 축하 메시지를 전하다)."『新華社』. 2019.1.3.

**인터넷 웹**

중국 역사연구원 홈페이지의 개황 및 조직도, http://cah.cass.cn

中共中央·國務院印發『中國敎育現代化2035』(중공중앙·국무원 발행『중국교육현대화
2035』), 新華網, 2019.2.23. www.xinhuanet.com/2019-02/23/c_1124154392.
htm

中國 敎育部, 2018年 全國敎育事業發展情況(2018년 전국 교육사업발전현황), 2019.9.
29. www.moe.gov.cn/jyb_sjzl/s5990/201909/t20190929_401639.html

**필자 소개**

우성민 Woo Sungmin

동북아역사재단 연구위원
베이징대학 역사학 박사

논저 『한중수교 30년, 한중교류의 도전과 과제』(공저), 『중국 시진핑시대 교과서 국정화와 역사담론』(공저), 『한국고대사 계승 인식 I·II』(공저), "당대 시박사(市舶使)를 통한 동·서 해상교역과 문화적 만남에 대한 이해"

이메일 joshua1890@nahf.or.kr

김대진, 안빛 | 한국 복지국가 형성에서 정책이전의 역할·최영준, 곽숙영

## 18권  커뮤니케이션 세계정치

냉전과 인터넷 커뮤니케이션의 구조·최인호 | ICT 교역의 글로벌 거버넌스·강하연 | 전자정부와 정부개혁·정종필, 손봉 | 문화 간 커뮤니케이션과 세계정치·김범수 | 국제정치경제의 변화와 미디어 지구화론·문상현 | 중국과 한국의 사이버민족주의 비교연구 서언·서이종, 탕레이 | 커뮤니케이션, 초국가적 공론장, 그리고 초국가적 연대·신기영

## 19권  젠더와 세계정치

페미니즘 안보연구의 기원, 주장 그리고 분석·황영주 | 여성, 평화, 안보의 국제규범 형성과 확산·강윤희 | 국제 여성인권운동과 여성인권의 지역적 실천·허민숙 | 개발협력과 젠더·임은미 | 다문화주의와 여성·문경희 | 국제이주와 여성·이지영 | 베트남과 필리핀의 결혼이주 관련 정책 연구·위선주

## 20권  국제정치학 방법론의 다원성

이론, 방법 그리고 방법론·이왕휘 | 탈실증주의 국제정치학 인식론의 모색·전재성 | '국제안보연구' 방법론 고찰·박재적 | 외교정책 설명과 방법론·은용수 | 세력 균형에서 협조 체제로·안두환 | 구성주의 국제정치경제·이용욱

## 21권  동아시아의 보편성과 특수성

아시아 패러독스?·정성철 | 동아시아 지역무역협정 체결의 발전과 특징·유웅조 | 글로벌 셰일혁명과 동아시아 에너지시장/지정학 변화·김연규 | 환경정책 통일화의 지역성: 동아시아를 중심으로·임시정 | 동아시아 인권의 보편성과 상대성·송영훈 | 동아시아 역내문제 해결방식의 특수성·조동준

동북아의 불완전한 주권국가들과 복합적 무정부상태·전재성 | "상시적 망각"과 "적극적 기억"의 국제정치학·은용수 | 국제안보 개념의 21세기적 변용·조은정 | 신체 없는 종(種)의 등장과 국제정치학·도종윤

이주영

## 31권 기후변화와 세계정치

지구적 기후변화와 민주주의의 비선형성·이재현 | 기후소송의 국제 동향과 시사점·이혜경 | 한국 배출권 거래제도의 현황과 동북아 탄소시장의 통합 가능성·신상범 | 기후변화와 북한·한희진 | 파리협정 체결 이후 중국의 기후변화 외교와 대외협력·조정원 | 국가 전력시스템의 기후변화 적응역량 강화를 위한 정책방향·김성진 | 기후변화 취약성에 대한 인식과 도시 기후 적응 어젠다·이태동

## 32권 미국 국내정치와 외교정책

미국 국내정치와 외교정책 상관성·서정건 | 트럼프에 대한 또 다른 평가·김준석 | 부시 행정부의 '테러와의 전쟁' 외교정책 결정 연구·이수훈 | 미 의회의 양극화와 정당정치가 미국 군사·안보 정책에 미치는 영향·김주리 | 공화당 분파 간 세력 균형 변화가 트럼프 행정부의 대북 정책에 미치는 영향·권보람 | 트럼프 시대 미국인들의 외교정책 인식·하상응 | 예외주의의 종언?·차태서

## 33권 규범의 국제정치

국제개발 규범의 형성과 확산 과정에 관한 연구·손혁상 | 반부패 규범의 내재화 주기·김유경 | 대인지뢰금지 규범의 생애주기·조동준 | 양심적 병역거부권 인정의 국제규범화·유영수 | 이주노동자 규범의 발전 과정·이병하 | 여성 연대와 열린 해석·황영주 | 이행기정의 규범의 생애주기·김현준

## 34권 김정은의 전략과 북한

전략적 선택과 북한 사회주의 미래·정영철 | 김정은 시대 통치 이데올로기 (2012-2021)·강혜석·안경모 | 사회주의 문명국으로의 길, 전망과 과제·전영선 | 김정은 시대 북한군의 변화·장철운 | 김정은 시대 북한 경제, "사회주의기